法治文明
在交流互鉴中焕发光彩

德国联邦最高法院裁判精选

国家法官学院　德国国际合作机构 / 编著

中国法治出版社
CHINA LEGAL PUBLISHING HOUSE

序言一

习近平总书记指出，法治同开放相伴而行，对外开放向前推进一步，涉外法治建设就要跟进一步。要坚持在法治基础上推进高水平对外开放，在扩大开放中推进涉外法治建设，不断夯实高水平开放的法治根基。①

中国最高人民法院院长、首席大法官张军提出，共同推动司法文明的交流互鉴。深入分享彼此司法经验，让文明因交流而多彩、因互鉴而丰富，共同为世界法治文明发展进步注入新的活力。②

"法律的生命力在于实施，法律的权威也在于实施。"案例是法律如何实施的最好阐释。德国联邦最高法院作为德国普通法院系统的最高法院，其案例堪称德国法学教育皇冠上的明珠。本书选取、翻译、凝练了德国联邦最高法院的案例20个（其中，民事案例、刑事案例各10个），旨在借鉴德国经验，以供实务研究参酌。

中国国家法官学院作为中国最高人民法院直属的全国法院法官培训机构，始终与各国保持友好交流合作关系，不断推动交流互鉴。德

---

① 《习近平在中共中央政治局第十次集体学习时强调：加强涉外法制建设营造有利法治条件和外部环境》，载中国政府网，网址：https://www.gov.cn/yaowen/liebiao/202311/content_6917473.htm，最后访问时间：2025年5月27日。
② 《推动高质量司法合作 为共建"一带一路"营造良好法治环境》，载中国法院网，网址：https://www.chinacourt.org/article/detail/2023/10/id/7597685.shtml，最后访问时间：2025年5月27日。

国国际合作机构作为国际合作领域的服务提供者，一直致力于推动可持续发展和国际教育事业发展。1998年至今，中国国家法官学院与德国国际合作机构每年联合举办德国法律适用方法培训班、中德法官交流研讨班等，受益法官九千余名。

  此次双方联合出版本书，既是大陆法系法官的司法智慧与经验积累的展现，又为中德法治文明交流互鉴探索了创新方式。希望本书能够有益于为中国法官拓展权威域外案例法律信息获取的渠道，为两国法官拓宽法律逻辑思维的广度，为两国法律人增厚运用法治解决实际问题的能力。

李成玉

国家法官学院院长

最高人民法院案例研究院院长

Preface I

Xi Jinping, general secretary of the Communist Party of China (CPC) Central Committee, pointed out that the rule of law and opening up go hand in hand, and one step forward in opening up, the construction of the rule of law in foreign countries will be further followed. We must continue to promote high-level opening up on the basis of the rule of law, promote the construction of foreign-related rule of law in expanding opening up, and constantly consolidate the legal foundation of high-level opening up.

Zhang Jun, President of the Supreme People's Court of China and Chief Justice, proposed to jointly promote exchanges and mutual learning among judicial civilizations. In-depth sharing of judicial experience will enrich civilizations through exchanges and mutual learning, and jointly inject new vitality into the development and progress of the civilization on rule of law in the world.

"The life of the law lies in its enforcement, and the authority of the law lies in its enforcement." The cases of the German Federal Court of Justice, the highest court in the German general court system, are the jewels in the crown of German legal education. This book selects, translates and condenses 20 cases (10 civil and 10 criminal cases each) of the German Federal Court of Justice, with the aim of drawing on the German experience for the practical research.

As a national training institution for judges directly under the Supreme People's Court of China, the National Judges College of China has always maintained friendly exchange and cooperation relations with various countries to promote mutual learning. GIZ, as a service provider in the field of international cooperation, has always been committed to promoting sustainable development and international education. Since 1998, the National Judges College of China and GIZ have jointly organised annual training courses on the German judicial methodology and seminars for Chinese and German judges, benefiting more than 9,000 judges.

The joint publication of this book is not only a demonstration of the judicial wisdom and experience of civil law judges, but also an exploration of innovative ways for the mutual exchange and appreciation of the Chinese and German civilization on rule of law. It is hoped that this book will open the channels for Chinese judges to obtain information on authoritative extra-territorial cases, broaden the dimension of logical legal thinking for judges of both countries, and enhance the ability of legal practitioners of both countries to apply the rule of law to solve practical problems.

LI Chengyu
President of the National Judges College
President of the Judicial Case Academy of the Supreme People's Court

序言二

自 2000 年以来，受德国联邦经济合作与发展部的委托，德国国际合作机构（GIZ）中德法律合作项目与中国国家法官学院开展合作，促进专业领域的交流。为了引导类案同判并在总体上促进相互理解，本项目开启了中德法律专家之间的深入交流。多年来成功举办了民法、行政法和刑法领域的法律适用方法培训课程，并相继出版了配套的培训材料。近年来，这些材料还以英文和电子出版物的形式提供给更多的合作伙伴。

在此，我们很荣幸与国家法官学院一起出版这本由德国联邦最高法院（Bundesgerichtshof）裁决的 20 个民事和刑事案例合集。这些汇编的案例包含过去几年中对德国司法产生决定性影响和指导作用的代表性判决。

长期以来，最高人民法院致力于收集和应用中国的指导性案例。通过本书，读者可以研究德国的重要判例，并与中国的司法判例进行比较。

德国联邦最高法院是德国负责刑事和民事案件的最高级别法院。因此，对德国所有地区法院、州法院和州高等法院而言，它是最高权威机构，在组织上它隶属于德国联邦司法和消费者保护部。

联邦最高法院的职责首先是确保法律的统一，澄清基本的法律问题并进一步发展法律。由于德国的联邦制结构，原则上，各级法院是联邦各州主权的一部分。相反，联邦最高法院——如其名称所示——

是一个联邦法院。

一般来说,联邦最高法院只审查下级法院的决定是否存在法律错误。如果一审法院的判决上诉到联邦最高法院后被其撤销,案件被发回下级法院重新审理,则此判决受联邦最高法院法律意见的约束(参考《德国刑事诉讼法》第 358 条第 1 款和《德国民事诉讼法》第 563 条第 2 款)。

虽然联邦最高法院的裁决只对个案具有正式约束力,但下级法院几乎毫无例外地遵循其对法律的解释。因此,通过下级法院对上级法院事实上的遵从,实现了所宣告要实现的司法统一和法之安定性的目标。联邦最高法院的判决之所以具有深远的影响,也是基于法律实践经常受其指导的事实。对法律的解释以及各级法院的裁判都以联邦最高法院的裁判观点为基础。

本书选取了德国联邦最高法院裁判中对德国法律产生重大影响的指导性案例。考虑到德国司法权和立法权分立的原则,这些指导性案例并不构成法律渊源,因此不能等同于法律。

但是,这些案例对于某些术语的解释和法律规定的具体化是很重要的。它们总结了审判经验、统一和明确了法律适用、提高了审判质量,是法官对法律进一步发展的重大贡献。

这些案件的判决往往改变了旧的司法适用,从而影响了未来的法律。其中一些案件要求对尚未裁决过的问题进行新类型的司法裁判,目的是提高新类型案件的裁决质量。在下级法院,这些案件在此之前还没有得到过(法律)关注。联邦最高法院对这些案件的裁决解决了前所未有的或难以解决的法律适用问题,提高了下级法院处理此类新案件的效率和质量。有些案件还引起了德国公众的高度关注,因为它们反映了司法活动与社会价值的关系。

本书包含 10 个民事案件和 10 个刑事案件,范围广泛。其中一些判决虽然是几年前发布的,但仍然反映了当前的司法适用,与现今的司法裁判高度相关。

特别是其中包括涉及摩纳哥公主卡罗琳的民事案件（BGH, Urt. v. 19.12.1995, Az.: VI ZR 15/95），该案以隐私权和人格权（"Allgemeines Persönlichkeitsrecht"）为核心。在德国，直到今天，隐私权和人格权案件的审理仍主要以司法判例为基础。

在另一个民事案件（BGH, Urt. v. 07.02.2007, Az.: VIII ZR 266/06）中，德国联邦最高法院判决，与动物饲养有关的、会威胁到动物今后发展的风险，于生物而言是典型的，其本身并不构成违约，因此驳回了买方对卖方因质量有缺陷的马匹（Sachmangel）而承担瑕疵担保责任的请求。

此外，本书中，联邦最高法院在一个刑事案件（BGH, Beschl. v. 11.10.2016, Az.: 1 StR 462/16）中对未定义的"居住"一词进行了解释，以确定闯入房车是否构成入室盗窃（Wohnungseinbruchsdiebstahl）。

在另一个案件（BGH, Urt. v. 15.10.2003, Az.: 2 StR 283）中，联邦最高法院必须判断，如果行为人最初使用武器只为了使用暴力，然后才决定偷东西，是否属于严重抢劫（使用武器）。

虽然各个案件所涉及的法律领域不同，但这些案件都有一个共同点，就是其判决既在学术界引起了争议，又对法律实践具有特别重要的意义。

在此，我代表中德法律合作项目感谢所有为本书作出贡献的人，也特别感谢国家法官学院一直以来的支持和长期的合作信任。

汉马可 博士（Dr. Marco Haase）
项目主任
德国国际合作机构中德法律合作项目

Preface II

The Sino-German Legal Cooperation Programme, implemented by the Deutsche Gesellschaft für Internationale Zusammenarbeit (GIZ) GmbH on behalf of the German Federal Ministry for Economic Cooperation and Development (BMZ), and the National Judges College (NJC), have been cooperating since 2000 to facilitate an exchange of expertise. With the aim to guide adjudication of similar cases and in general advance mutual understanding, the Programme has initiated an intensive dialogue between Chinese and German legal experts. In order to achieve these goals, training courses on judicial methodology in civil, administrative and criminal law were successfully implemented over the course of many years as well as training materials were published. For some years now, these materials are also available in English and as electronic publications for a wider range of interested parties.

Together with the National Judges College (NJC) in Beijing, we are now proud to publish this collection of twenty cases on both civil and criminal jurisdiction decided by the German Federal Court of Justice (Bundesgerichtshof). These compiled cases contain leading decisions which have decisively influenced and guided German jurisdiction over the past years.

It has been a practice of the Supreme People's Court (SPC) collecting and applying China's Guiding Cases. The collection shall make it possible to study German leading jurisprudence, draw comparison with Chinese jurisdiction and therefore introduce these guidance cases as further reference.

The German Federal Court of Justice is the highest court in Germany for criminal and civil law. By that, it is also the supreme authority of all German district courts, regional courts and higher regional courts. It is organizationally subordinate to the Federal Ministry of Justice and Consumer Protection of Germany.

The duty of the German Federal Court of Justice is above all to ensure legal unity, to clarify fundamental legal questions and to further develop the law. Due to the structure of the Federal Republic of Germany, on principle, courts of instance are part of the federal states' organizational sovereignty. By contrast, the German Federal Court of Justice is — as its name already indicates — a federal court.

Generally, the Court reviews decisions of lower courts only with regard to errors of law. If a decision of a court of first instance submitted to the German Federal Court of Justice on appeal is overturned, the case is referred back to the lower court for a new decision, which is then bound by the legal opinion of the German Federal Court of Justice, section 358 paragraph 1 of the

German Code of Criminal Procedure (StPO) respectively section 563 paragraph 2 of the German Code of Civil Procedure (ZPO).

Although the decisions of the German Federal Court of Justice are formally binding only in individual cases, lower courts follow the legal interpretation almost without exception. The declared aim to achieve uniformity and legal security in jurisdiction is therefore achieved by a factual commitment of the lower courts to higher jurisdiction. The far-reaching effect of the decisions of the German Federal Court of Justice is also based on the fact that legal practice is regularly guided by them. Both the interpretation of law and the decisions of the courts are based on the case law of the German Federal Court of Justice.

The following collection of judicial guiding cases of the German Federal Court of Justice were selected due to their significance for German law. On account of the principle of separation of powers of jurisdiction and legislation in Germany, these guiding cases do not constitute a source of law and therefore cannot be equated with laws.

However, these cases are important for the interpretation of certain terms and the specification of legal provisions. They sum up trial experience, shall unify and at the same time specify the application of law as well as enhance the quality of trials. They represent a major contribution to further development of law by judges.

Adjudication of these cases often changed former jurisdiction and thereby shaped future law. Several of these cases required new types of jurisdiction concerning problems not yet decided with the aim of improving the quality of adjudication of new cases. At the lower courts those cases had not been of (legal) concern until then. They solved unprecedented or difficult issues of legal application, enhancing the efficiency and quality of handling of such new cases by lower courts. Some cases also attracted heightened interest by the German public because they reflect the relationship of judicial activities with values of society.

The presented compilation contains a wide range of ten civil and ten criminal cases. Some of the decisions were issued several years ago, but are still current jurisdiction and highly relevant to today's jurisdiction.

They include — among others — the civil case of the Princess Caroline of Monaco (*BGH, Urt. v. 19.12.1995, Az.: VI ZR 15/95*) that centered around the right of privacy and personality ("Allgemeines Persönlichkeitsrecht") which in Germany is still primarily based on judicial law until today.

In another civil case (*BGH, Urt. v. 07.02.2007, Az.: VIII ZR 266/06*), the German Federal Court of Justice decided that the risks associated with animal keeping for the later development of the animal are typical for living creatures and do not in themselves constitute a breach of contract therefore rejecting the warranty claims of the buyer against the seller regarding the purchase of a horse with a defect as to quality (Sachmangel).

Further, the collection includes a criminal case (*BGH, Beschl. v. 11.10.2016, Az.: 1 StR 462/16*) , where the German Federal Court of Justice had to interpret the undefined term of habitation in order to determine whether a break-in to a caravan constitutes a domestic burglary (Wohnungseinbruchsdiebstahl).

In yet another case *(BGH, Urt. v. 15.10.2003, Az.: 2 StR 283)*, it had to take the decision whether it is an aggravated robbery (committed with a weapon) if the perpetrator initially uses a weapon only to use violence and only then decides to steal something (Finalzusammenhang).

As different as the various cases can be classified, all these cases have in common that these decisions were both discussed controversially in the academic world and of particular importance for legal practice.

On behalf of the Sino-German Legal Cooperation Programme, I would like to thank all those who contributed to this publication. I am particularly grateful to the National Judges College for the continuous support and long-lasting trustful cooperation.

Dr. Marco Haase
Programme Director
GIZ Sino–German Legal Cooperation Programme

目录
CONTENT

上篇

案例Ⅰ
新闻人物的人格权和个人隐私 — 2

案例Ⅱ
动物买卖中的瑕疵担保责任 — 21

案例Ⅲ
代理和冒名行为 — 31

案例Ⅳ
特殊动产的善意取得 — 42

案例Ⅴ
非法劳工无价值补偿 — 56

案例Ⅵ
动物饲养人责任和受害人过错 — 70

案例Ⅶ
买受人因物的瑕疵而享有的留置权 — 79

案例Ⅷ
赔偿因出租场所瑕疵而产生的搬家费用 — 94

案例Ⅸ
无接触交通事故的责任问题 — 111

案例Ⅹ
破产管理人的责任 — 122

下 篇

案例 Ⅰ
结伙盗窃罪的共同正犯 　　　　　　　　136
案例 Ⅱ
危险伤害罪 　　　　　　　　　　　　　151
案例 Ⅲ
严重抢劫罪 　　　　　　　　　　　　　160
案例 Ⅳ
以操纵足球比赛实施体育博彩诈骗 　　　171
案例 Ⅴ
正当防卫情形下的错误认定 　　　　　　195
案例 Ⅵ
情节特别严重的纵火罪 　　　　　　　　211
案例 Ⅶ
引爆爆炸物罪 　　　　　　　　　　　　227
案例 Ⅷ
掳人勒索罪 　　　　　　　　　　　　　239
案例 Ⅸ
入室盗窃罪 　　　　　　　　　　　　　247
案例 Ⅹ
严重伤害罪 　　　　　　　　　　　　　257

缩写翻译 　　　　　　　　　　　　　269

上

PART ONE

篇

案例 Ⅰ

新闻人物的
人格权和个人隐私

对于绝对的新闻人物，公众有获取关于该人图像信息的正当利益，新闻人物也有保护自身隐私的正当权利。公众的合法信息利益止于被拍照人的"住宅大门"。

案例 I　　新闻人物的人格权和个人隐私

摘要

  本案涉及新闻人物的私人空间权和隐私保护。原告摩纳哥的卡罗琳公主对作为出版商的被告在其德国和法国出版的杂志上刊载自己的照片提出异议。其中包括原告与一演员一起在一家露天酒馆的照片，原告骑马的照片，原告与其子女在一起的照片等。被告要求原告今后不得对上述图片的刊载提出停止侵害的请求。原告认为这些照片的刊载侵犯了自己的人格权，要求被告停止侵害、不得继续刊载照片。法院支持了原告的主要诉求。

  对于新闻人物尤其是绝对的新闻人物，公众有获取关于该人图像信息的正当利益，新闻人物也有保护自身隐私的正当权利。在权衡二者的法律地位时，保护私人空间具有特殊的重要意义，新闻人物无须容忍他人在未经自己同意的情况下制作、刊载关于私人空间核心区域的图片。一般认为，公众的合法信息利益止于被拍照人的"住宅大门"。

  本案的重要意义在于将私人空间作了扩充意义解释。审判庭认为，德国《艺术品著作权法》绝不仅仅将保护私人空间限制在住宅范围内，而是为司法实践留出了扩展的空间。相关的法律文本中也部分承认了在住宅之外保护私人空间的必要性。法院认为，需保护的私人空间也同样可以在住宅之外存在，即在一个相对封闭的地点，当事人客观上明显地处于与公众隔开的状态，并因信任这种封闭性状态而从事某些在公共场所不会从事的行为。如果第三人通过秘密拍摄或运用远望偷窥技术制作并传播其照片，则构成对其权利的侵犯。

【案号】Ⅵ ZR15/95
【判决时间】1995年12月19日
【裁判名称】"摩纳哥卡罗琳公主Ⅱ"
【文献收录】
《联邦最高法院民事裁判集》（BGHZ）131，332，346
《媒体通信法杂志》（AfP）1996，140，144
《经济法裁判（杂志）》（EWiR）1996，371，372（全文及编辑引导语和附注）
《工业产权和著作权（杂志）》（GRUR）1996，923，927（全文及官方引导语）
《德国国际私法司法实践（杂志）》（IPRspr）1995，39
《司法办公室（杂志）》（JurBüro）1996，503（简讯）
《法学家报》（JZ）1997，39，43（全文及官方引导语）
《德国法月刊》（MDR）1996，913，915（全文及官方引导语）
《新法学周刊》（NJW）1996，1128，1131（全文及官方引导语）
《新行政法杂志》（NVwZ）1996，622（官方引导语）
《保险法（杂志）》（VersR）1996，592，597（全文及官方引导语）
《经济与银行法杂志》（WM）1996，689，694（全文及官方引导语）
《竞争法与实践（杂志）》（WRP）1996，412，416（全文及官方引导语）
【法律基础】
《基本法》第2条、第5条；《艺术品著作权法》第22条、第23条
【裁判要旨】
1. 新闻人物也有要求他人尊重自己私人空间的权利，其中包括不受他人干扰的权利。
2. 私人空间的保护也包括刊载照片，其范围并不局限于自家住宅。
3. 需保护的私人空间也同样可以在自家住宅之外存在，如在一个相对封闭的地点，当事人客观上明显地处于与公众隔开的状态，并因信任这种封闭性状态而从事某些在公共场所不会从事的行为。如果有人通过秘密拍摄或运用远望偷窥技术制作并刊载当事人处于该状

态下的照片,则构成对其受保护私人空间权利的侵犯。

4. 除此之外,绝对的新闻人物必须容忍他人拍摄并刊载其照片,即使图片中他们并没有从事公共事务,而是涉及其广义上的私人生活。

案件事实

原告——摩纳哥的卡罗琳公主——对被告作为出版商在其德国和法国出版的《F.R.》和《B.》杂志上刊载自己的照片提出异议。

在1993年7月22日出版的《F.R.》杂志第30期中,被告让人洗印了总计五张所谓的狗仔照片,照片拍摄的是原告与演员文森特·林顿(Vincent Lindon)一起在St. R.(法国)的一家露天酒馆中。该期杂志的封面是一张原告并未提出异议的原告本人的大幅照片,旁边是上面五张照片中的一张,其预告标题是"她与文森特罗曼史中最温柔的照片"。杂志第4页、第5页中是该系列中的另外四张照片,其标题是:"这些照片是我们这个时代最温柔的一段罗曼史的明证。"

在1993年8月5日出版的《B.》图片杂志第32期中,被告在第88页刊载了一张原告骑马的照片,第89页则刊载了原告与其子女P.和A.的一张照片。这些照片是文章《卡罗琳:"我不认为自己是一个男人的理想妻子"》中的配图。

而在1993年8月19日出版的《B.》杂志第34期中,被告刊载了题为"简单的幸福"的文章及多张照片,照片内容为原告与其女儿在划船,原告挎着篮子独自散步、骑自行车、和文森特·林顿一起在餐馆、和文森特·林顿及儿子P.在一起,以及和一位女性在集市上。

由于对是否可以刊载这些照片意见不一，本案被告曾将本案原告诉至慕尼黑第一州法院，请求确认被告今后无须放弃刊载上述图片，要求原告今后不得对上述图片的刊载提出停止侵害的请求。

原告认为这些照片的刊载侵犯了自己的人格权，因此在本案中——根据德国和法国法律——要求被告停止侵害、不得继续刊载照片。她认为，即便自己是绝对的新闻人物，也不能任由他人刊载自己的照片。这些照片将自己私人空间中的各种事件变成了报道主题，并且是在自己不知情的情况下从很远的距离拍摄的。她称自己一直被摄影师跟踪，在外面一刻也不得安宁。她认为在自家住宅以外也必须拥有受保护的私人空间。

州法院支持原告的部分——涉及在法国销售上述杂志的——诉讼请求。其余部分被驳回。原告针对上述判决提出上诉，而被告也提出附带上诉。州高等法院完全驳回了起诉。在被许可的法律审上诉中，原告继续提出全部的诉讼请求。[1]

判决理由

一

上诉法院的判决刊载在1996年第69期《媒体通信法杂志》（AfP）上，判定控告理由总体不成立。对于在德国刊载的照片，应仅适用德国法律。根据德国法上的关键性条款，原告必须容忍刊载照片，因为她作为摩纳哥公国的公主是绝对的新闻人物，所以公众有对其与何人一起出现、在何种公众场合有信息需求。刊载的照片并未触

---

[1] 译者注：法律审上诉（Revision），又译为"第三审上诉"或"上告"，其对象主要是二审法院的判决，该审级仅审查法律适用问题。

及原告的私人空间。公众的正当信息利益虽然止于被拍照人的"住宅大门",但并不止于每个人都可进入的空间或其他公共场合。

针对在法国销售上述杂志的停止侵害请求理由也不成立。虽然原告可以选择希望按法国还是德国法律来审理,但对于照片按法国法律是否允许刊载,目前尚无定论,因为依据《德国民法典施行法》第38条之规定,原告向德国法庭提出的请求不能超出德国法律规定的范围。而按照德国法律,原告的停止侵害请求权不成立。

二

上诉法院认为本案中提出的停止侵害之诉具有可受理性,是正确的。之前被告向慕尼黑州法院提起的消极确认之诉与该可受理性并不矛盾,因为司法判决已承认,消极确认之诉并不会对之后提起的给付之诉造成诉讼系属障碍[帝国民事法庭裁判集(RGZ)71,68,73及以下内容[1];帝国法院(RG),《德国法(杂志)》(DR)1939,1914,1915[2];联邦最高法院,1989年1月20日判决——案号:V ZR 173/87——《新法学周刊》(NJW)1989,2064]。

三

就案件事实本身而言,上诉法院的判决中的部分内容经不起法律审查。

法律审上诉中提出,展示原告在一家露天酒馆与文森特·林顿

---

[1] 译者注:RGZ,71,68,73及以下内容表示《帝国民事法庭裁判集》第71卷,该判例起始页为第68页,所引用的观点位于第73页及以下内容。
[2] 译者注:RG,DR,1939,1914,1915表示帝国法院的判决刊载于《德国法(杂志)》1939年合集,该判决的起始页为合集的第1914页,所引用的观点位于第1915页。

在一起的照片涉及原告的私人空间，这一看法是正确的。刊载这些照片侵犯了原告的人格权，因此应禁止刊载。

但其他照片并不存在问题。

A.

1. 涉及上述杂志在德国的销售时，上诉法院的判决以德国法律为依据，这是正确的。

根据国际私法的基本原则，当针对一项未经允许的行为提出请求权时——其中也包括基于侵犯人格权的停止侵害请求权［请参见帝国法院（RG），《佐伊费特德意志帝国各邦最高法院裁决档案（杂志）》（SeuffA）93 编号 90；弗赖堡州高等法院，《德国国际私法司法实践》（IPRspr.）1950/51 第 117 期；MünchKomm/Kreuzer，《慕尼黑民法典评注》，第 2 版，《德国民法典施行法》第 38 条边码 289、300；Staudinger/v.Hoffmann，《施陶丁格民法典评注（2004）》，第 12 版，《德国民法典施行法》第 38 条边码 477、480］，应适用行为实施地的法律。对于本案所涉及的新闻出版物，侵权行为地一方面是印刷品的出版发行地（行为实施地），另一方面也包括新闻出版物的传播地区［1977 年 5 月 3 日审判庭判决——案号：VI ZR 24/75——《新法学周刊》（NJW）1977，1590（联邦最高法院，1977 年 5 月 3 日——案号：VI ZR 24/75）及其他参考资料］。被告在德国所销杂志的行为实施地和结果发生地均位于德国境内，因此在传播地区必须适用德国法律［也请参见《联邦最高法院民事裁判集》（BGHZ）128，1（联邦最高法院，1994 年 11 月 15 日——案号：VI ZR 56/94）］。

除此之外的诉讼请求——涉及上述杂志在德国以及在法国以外国家的销售——是否也可考虑适用法国法律，在此无须做最终澄清，因为根据《德国民法典施行法》第 38 条之规定，原告不能针对德国境内的被告主张任何超出德国法律规定的权利。

2. 根据德国法律，照片不得在上述区域内传播。尤其是其传播不受《艺术品著作权法》（KUG）第 22 条、第 23 条或《基本法》第 5 条第 1 款所保障的新闻出版自由的保护。

a）原则上，关于某人的图片只有在得到其本人允许的情况下才能传播（《艺术品著作权法》第 22 条）。对自己肖像的权利是一般人格权的一种特殊表现形式。因此，原则上只有被拍照人有权决定自己的图像是否可以以及以何种方式向公众展示［已决判例，请参见《联邦宪法法院裁判集》（BVerfGE）35，202，224；审判庭判决 1992 年 4 月 14 日——案号：Ⅵ ZR 285/91——《保险法（杂志）》（VersR）1993，66，67；1995 年 4 月 25 日判决——案号：Ⅵ ZR 272/94——《保险法（杂志）》（VersR）1995，841——及各自的其他参考资料］。

但毫无疑问的是，原告在本诉讼案中并未同意刊载这些照片。

b）但是，即使在没有当事人同意的情况下，新闻时事图片也允许传播或公开展示，除非这样会侵犯被拍照人的正当权益（《艺术品著作权法》第 23 条第 1 款第 1 项、第 2 款）。

新闻时事图片尤其包括新闻人物的图片，特别是那些被视为绝对新闻人物的图片。原告便属于这类人士。而法律审上诉对此提出质疑是不恰当的。

至于某人是否可被列入绝对新闻人物，关键要看公众舆论是否认为关于某人的图片资料是重要的、是否值得重视，以及公众是否真的有获取关于该人图像信息的正当利益［德国最高法院民事裁判集（BGHZ）20，345，349 及以下内容；德国最高法院民事裁判集（BGHZ）24，200，208；审判庭判决 1995 年 12 月 12 日——

案号：VI ZR 223/94（公开刊载版）］，其中尤其包括君主、国家首脑及政要［请参见柏林高等法院，《法学周刊》（JW）1928，363——威廉二世皇帝案；阿伦斯伯克地方法院，《德意志法学家报》（DJZ）1920，596——帝国总统艾伯特和帝国国防部长诺斯克案；1995年11月14日审判庭判决——案号：VI ZR 410/94——联邦总理案（公开刊载版）；慕尼黑州高等法院，《媒体法和媒体学档案》（UFITA）41（1964），322——联邦总理候选人案］。

原告身为摩纳哥公国执政大公的长女，属于此类人士。她自己也持同样观点。而1995年12月12日（见上文）的审判庭判决也以此观点为依据。

c）而新闻人物的图片如果未经当事人的同意便不得被无限制地传播。《艺术品著作权法》第23条第2款规定，如果被拍照人的合法权益受到侵犯，则不允许刊载相关图片。是否属于这种情况必须通过利益权衡来确定，即在个案中判断被告可援引的、受新闻出版自由保护的公众信息利益，是否优先于原告要求保护的人格权。（《基本法》第2条）［《联邦宪法法院裁判集》（BVerfGE）34，269，282；《联邦宪法法院裁判集》（BVerfGE）5，202，221；审判庭判决1993年10月12日——案号：VI ZR 23/93——《保险法（杂志）》（VersR）1994，57，58——氯氟烃案（FCKW）；审判庭判决1994年11月15日——《联邦最高法院民事裁判集》（BGHZ）128，1，10（联邦最高法院，1994年11月15日——案号：VI ZR 56/94）=《保险法（杂志）》（VersR）1995，305，308］

aa）在权衡二者的法律地位时，保护私人空间具有特殊的重要意义。私人空间权是一般人格权的重要组成部分，自然人享有在一个自主空间内不受他人干扰地、自由地发展和实现个性的权利。其中也包括为自己而存在和使自己属于自己的权利［《联邦宪法法院裁判集》(BVerfGE) 34, 238, 245 及以下内容; 35, 202, 220; 请参见美国法律中"不受干扰的权利"被视为"隐私权"的产物,请参见美国联邦最高法院判决:凯茨诉美国案(Katz v. United States), 389 Supreme Court (1967), 347, 350 及以下内容; Warren/Brandeis,《哈佛法学评论》(Havard Law Review), 1890 年第 4 卷, 193 及以下内容; Götting,《个人权利即财产权》(Persönlichkeitsrechte als Vermögensrechte)(1995), 168 及以下内容, 174]。同时,德国法庭在战后的判决——包括在私法中——始终极为重视对私人空间权的保护,将其视为受宪法保护的基本权利,其中也包括对自己肖像的权利[《联邦宪法法院裁判集》(BVerfGE) 27, 1, 6(联邦宪法法院,1969 年 7 月 16 日——案号:1 BvL 19/63);《联邦宪法法院裁判集》(BVerfGE) 34, 269, 282 及以下内容;《联邦宪法法院裁判集》(BVerfGE) 35, 202, 220; 44, 353, 372;《联邦最高法院民事裁判集》(BGHZ) 24, 200, 208 及以下内容;《联邦最高法院民事裁判集》(BGHZ) 27, 284, 285 及以下内容(联邦宪法法院,1958 年 5 月 20 日——案号:VI ZR 104/57);《联邦最高法院民事裁判集》(BGHZ) 73, 120, 122 及以下内容; 审判庭判决 1965 年 1 月 26 日——案号:VI ZR 204/63——《法学家报》(JZ) 1965, 411, 413——Gretna Green 案; 汉堡州高等法院,《媒体法和媒体学档案》(UFITA) 78(1977), 252, 257; 汉堡州高等法院,《媒体法和媒体学档案》(UFITA) 81(1978), 278, 285; 汉堡州高等法院,《新法学周刊》(NJW 1970), 1325(汉堡州高等法院,1970 年 3 月 26 日——案号:3 W 4/70)——Haus Hohenzollern 案]。

bb)每个人均可要求他人尊重自己的私人空间,而原告作为新闻人物也有此权利。原则上,新闻人物也无须容忍他人在未经自己同意的情况下制作关于自己私人空间核心区域(如住宅内的图片并用于刊载[《联邦最高法院民事裁判集》(BGHZ) 24, 200, 208；联邦最高法院，1961年11月10日判决——案号：I ZR 78/60——《工业产权和著作权(杂志)》(GRUR) 1962, 211, 212——婚礼照片案；1965年6月9日——案号：Ib ZR 126/63——《新法学周刊》(NJW) 1965, 2148——游伴案]。只有在例外情况下，即当公众利益超过个人权利时，才允许传播关于其私人空间的图片[请参见审判庭1965年1月26日判决，见上文第413页——Gretna Green案；汉堡州高等法院，《媒体法和媒体学档案》(UFITA) 78 (1977), 252, 257——Grace Kelly案；汉堡州高等法院，《媒体法和媒体学档案》(UFITA) 81 (1978), 278, 285；汉堡州高等法院，《新法学周刊》(NJW) 1970, 1325 (汉堡州高等法院，1970年3月26日——案号：3 W 4/70)；慕尼黑州高等法院，《媒体法和媒体学档案》(UFITA) 41 (1964), 322, 324]。

d) 上诉法院同样认可上述准则，但同时认为，公众的合法信息利益只是止于被拍照人的"住宅大门"，而并非止于人人均可进出的空间——如本案中的对公众开放的露天酒馆或其他公共场所——的"门前"。也就是说，上诉法院希望将私人空间限制为不对公众开放的自己住宅内的空间。

这符合司法判决和法律文本中的普遍观点[柏林高等法院，Schulze编著《著作权法判裁判集》(UrhRspr.)，柏林高等法院裁判编号14；Schricker/Gerstenberg，《著作权法(1987)》(Urheberrecht)，《艺术品著作权法》(KUG) 第23条边码35；Wenzel，《文字图片报道权》(Das Recht der Wort-und Bildberichterstattung)，第4版(1994) 边码5.46和5.60；Evers，《私人空间与宪法保护部门》(Privatsphäre und Ämter für Verfassungsschutz)，第44页]。

但审判庭不能同意上述观点。《艺术品著作权法》并不是要将私人空间在空间上限制在住宅范围之内，因为该法应保护《艺术品著作权法》第23条第2款中规定的被拍照人的合法权益，"明确避免个人、住宅和家庭生活的各种事件被曝光给公众"（《帝国议会听证速记报告1905/1906》，附录第2卷，第1526页、第1541页）。该段文字绝不仅仅将保护私人空间限制在住宅范围内，也为司法实践留出了扩展的空间。同时，相关的法律文献中也部分承认了在住宅之外保护私人空间的必要性，尽管其原因和目的各不相同［Allfeld，《德意志法学家报》（DJZ）1920，702；Evers，见上文，第44页；Hubmann，《人格权》（Das Persönlichkeitsrecht），第2版（1967），第322页；Helle，《私法中的特殊人格权（1991）》（Besondere Persönlichkeitsrechte im Privatrecht），第180页；Paeffgen，《法学家报》（JZ）1978，738，740；Prinz，《新法学周刊》（NJW）1995，817，820；Siegert，《企业》（Betrieb）1958，419，421；同文，《新法学周刊》（NJW）1963，1953，1955；同见科隆州法院，《媒体通信法杂志》（AfP）1994，166，168；也可参见《联邦最高法院刑事裁判集》（BGHSt）18，182，186（联邦最高法院，1963年1月15日——案号：1 StR 478/62）——应召女郎丑闻案］。

审判庭同时认为，需保护的私人空间也同样可以在住宅之外存在，即在一个相对封闭的地点，当事人客观上明显地处于与公众隔开的状态，并因信任这种封闭性状态而从事某些在公共场所不会从事的行为。如果第三人通过秘密拍摄或运用远望偷窥技术制作并传播其照片，则构成对其权利的侵犯。

aa）新闻人物和其他人一样，有权在自己住宅之外的某个地点独处或与公众相隔离，第三人必须尊重这种权利。当然，其也可以在人人均可直接进入的地点，即在公共场合这样做。

当然其前提条件是：如果当事人在特定时间将特定空间适当与

其他公共空间分隔，并且客观上第三人可以了解这种分隔的存在。比如在餐厅的包间或宾馆的房间、体育场所的特定房间、电话亭的隔离空间内，此外还包括自然中的某个相对独立的开放空间，只要该部分不是以公共空间的形式出现。

bb）此外，要求第三人尊重自己权利的请求权还有一个前提条件，即当事人的活动具有私人属性。比如，当某人因信任这种封闭状态而从事某些在公共场所不会从事的行为，做出一些明显不适合第三人看到的私人性的或随心所欲的举动。只有在这种状态下，才可以推定当事人——客观明显地——不想让其他人参与自己的行动，并可以期待其他人会尊重自己不受公众干扰的状态。

cc）如果有人利用当事人在不被人观察的状态下毫无猜疑的心态而制作图片以用于自身目的，便是侵犯了这种需保护的私人空间。比如，拍照人通过钥匙孔观察当事人，并运用这种方法以对方不知情的方式秘密制作图片。同样，如果虽然是在公共场合拍照，却是通过运用远望偷窥技术制作、使当事人无法对之采取应对措施的，那么也是对私人空间的侵犯。这种限制是出于利益权衡的考虑，即在一个人人均可进入的场所，当拍照人只能通过未经允许的秘密拍摄或运用远望偷窥手段才能拍摄到当事人的隐私状态的时候，当事人可以提出在该场所保护私人空间的请求。

通过秘密拍摄方式来制作图片在司法判决中一直以来都是被视为违法的［《联邦最高法院民事裁判集》（BGHZ）24，200，208；审判庭判决 1966 年 9 月 16 日——案号：Ⅵ ZR 268/64——《新法学周刊》（NJW）1966，2353，2355——"我们自家的房门前"（Vor unserer eigenen Tür）；法兰克福州高等法院，《新法学周刊》（NJW）1987，1087；请参见《联邦最高法院民事裁判集》（BGHZ）27，284（联邦最高法院，1958 年 5 月 20 日——案号：Ⅵ ZR 104/57）——磁带录音案；73，120——电话窃听案；联邦劳动法院，1987年10月7日——案号：5 AZR 116/86——《法学家报》（JZ）1988，108]。但这只适用于自己住宅内部的私人空间，原则上只有在当事人同意后才被允许拍摄照片。不过，如果当事人在某种程度上将自己的私人空间带到自家住宅之外，那么也可同样提出保护私人空间的请求。出于同样的权衡考虑，在这些地点原则上也只有在获得当事人同意后才能制作和刊载当事人的照片。

3. 根据上述基本原则进行权益权衡后得出的结论是：被告刊载拍摄于露天酒馆并在《F.R.》杂志第30期以"这些照片是我们这个时代最温柔的一段罗曼史的明证"为题印刷的照片是对原告受保护私人空间的侵犯，是不被允许的行为。因此原告可以要求禁止继续刊载上述图片。

a）在上述图片中，原告在一个光线昏暗的露天酒馆内和演员文森特·林顿坐在桌边。图片配文的标题为"不再躲猫猫"，配文称：

"美貌公主及其羞涩的崇拜者的最佳躲藏地——他俩这么认为。但是相机目睹了文森特温柔地抓住卡罗琳的手。咔嚓。他把她的手拉到自己唇边温柔地轻吻。

咔嚓，咔嚓。"

aa）我们可以从照片和配文了解到，原告来到了这样一个不受人干扰的地方并在隐秘的氛围中与人进行私人交谈。虽然原告处于一个有限的公众场合中，因为酒馆中的其他客人及其他人能够知道并看到两人在这里，同时他们也可以看到原告的举止行为——这正是照片拍摄的内容。但是，当事人是仅仅能够被周围偶然在场的人所看到和观察到，还是在这种场合下被人有意拍照并用于公开刊载，这二者之间是有巨大差别的[赞同观点请见Allfeld，《德意志法学家报》（DJZ）1920，702，对阿伦斯伯克地方法院判决的批评，该判决见于《德意志法学家报》（DJZ）1920，596；Frank，《人格保护今论（苏黎世 1983）》（Persönlichkeitsschutz heute），第 116 页；Helle，见上文第 180 页］。很显然，原告并不想被人拍到及让照片公开刊载，因此提出保护请求。因为原告和文森特·林顿的谈话很明显是私人性质的，并不想被广大的、不确定的公众看到。由此可以很容易地辨识出该场所的封闭状态、原告对该场所的信任以及原告与陪伴者共处这一最具私人属性的生活表达方式。摄影记者不得通过秘密拍摄照片的方式侵犯这一私人空间。

bb）这些照片很显然是在原告无法察觉的情况下从很远距离用长焦距镜头秘密拍摄的，因此具有偷拍的特征。偷拍是为了不必征求原告的同意，从而让对方无法反对在这种时刻被拍。偷拍还是为了利用原告毫无察觉、自由自在的状态，以便偷窥到对方最个人化的情绪和举动，而事实上摄影师也的确成功地拍摄到了原告与他人温柔相处的照片。

b）此外，在对双方利益进行权衡时，被拍照的事件的信息价值也十分重要。公众的信息利益越大，新闻人物的利益保护就越要让位于公众信息权。相反，图片的公众信息价值越低，当事人人格权保护的权重也就越高。

而在本案诉讼中，关于原告和文森特·林顿在一家露天酒馆中的照片的信息价值是较低的。拍照的目的仅仅是满足好奇心、猎奇及单纯的娱乐。不过正如司法判决中所反复强调的，此类动机——尤其是单纯为娱乐读者，如本案中只是为了满足读者对原告私生活的好奇心——并不能被认可具有受保护的价值［《联邦宪法法院裁判集》（BVerfGE）34，269，283；《联邦最高法院民事裁判集》（BGHZ）24，200，208；128，1，12 =《保险法（杂志）》（VersR）1995，305，308；

联邦最高法院，1965年6月9日判决——见上文，第2149页——游伴案；1965年1月26日，见上文，第413页——Gretna Green案；汉堡州高等法院《媒体通信法杂志》（AfP）1992，376，377］。

4. 原告提出的关于其他杂志中照片的法律审上诉被驳回，因为这些照片并未侵犯原告受保护的私人空间。

a）这包括"B"第32期和第34期所刊载的照片，即原告在骑马、划船、骑自行车、购物或其在街上的照片。此外还包括"B"第32期第88页所刊载的照片，即原告和文森特·林顿在一家餐馆吃饭，周围还有其他就餐者的照片。

这些照片是在人人均可进入的公共场所拍摄的。在这些地方，原告因进入了公共场所而成为公共场所的一部分。此时既无法辨识她是在一个与广大公众空间相分隔的封闭空间内，也无法确定她所处的环境一定具有上文所述的私人属性。

原告无法禁止刊载上述图片。作为新闻人物，她必须接受公众有权了解她在何处以及她在公众场合的举动：无论是在集市上购物，还是在咖啡馆里，抑或是从事体育活动及其他日常活动。这也包括"B"第34期刊载的原告和其他人坐在一家餐馆桌旁的照片。该照片不同于在St.R.露天酒馆中所拍摄的照片，此处缺少后者不允许刊载的特征：在这张照片中，原告坐在餐馆里，既不处于一个与广大公众空间相分隔的封闭空间内，也无法确定她所处的环境具有上文所述的某种私人属性。虽然照片是在原告不知情的情况下拍摄的，但这一事实并不像原告认为的那样给予她要求停止侵害的理由，因为新闻人物一般情况下必须容忍他人在自己未察觉的情况下拍摄，甚至是偷拍自己在公共场合的举动（Frank，见上文，第118页边码280）。

b）不过，上述照片均有一个共同点，即它们展示的都不是原告在从事公共事务的状态，而是广义上的私人生活。原告希望原则上禁止这些照片在法国和德国公开刊载。但按照德国法律，原告是无法禁止的。

在法国，《法国民法典》第9条"保护私人生活条款"（vie privee）规定，原则上只有得到被拍照人的同意才允许刊载图片。这同样适用于君主及其他公众人物，除非当事人当时正在从事公共事务［请参见法国最高法院（Cour de Cassation），《最高法院案例选编》（Bulletin des arrets），民事法庭（Chambres civiles），1988年4月，第一民事法庭编号98，第67页——Farah Diba，巴黎大审法院（Tribunal de grande instance de Paris），Dalloz Sirey 汇编（Recueil Dalloz Sirey），1977年，法学（Jurisprudence）第364页及以下内容——摩纳哥卡罗琳公主案；此外请参见Hauser，《工业产权和著作权杂志国际版》（GRUR Int.）1988，839，840；Ehlers/Baumann，《比较法学研究杂志》（ZvglRWiss.）1978，421及以下内容；Codes Dalloz，《法国民法典》，第92版（1992—1993），第9条附注9］。

但根据德国相关法律——此处主要是指《艺术品著作权法》第23条——则不会如此操作。正如审判庭1995年11月14日判决（请见上文）中所表述的那样，公众有权知悉绝对新闻人物在图片中所展示的形象。为此，无须找到关于该人物正在从事公共事务的关联。因此，《艺术品著作权法》第23条第1款第1项规定，如果图片仅涉及当事人以普通人身份处于公共场合之中，即在其不从事公共事务时，也要承认存在受保护的公众信息权。只有当刊载图片会与具体的被拍照人的合法利益发生冲突时，公众信息权才让位于个人权利（《艺术品著作权法》第23条第2款）。但是本案所争议的杂志第32期和第34期刊载的照片并没有对原告不利，因此并不属于上述情况。

B.

就原告针对杂志在法国传播的诉求理由从法国法律角度考虑是否成立的问题，此处——与法律审上诉观点相反——无须对之作出最终裁决。

1. 上诉法院的判断，即按照法国法律承认停止侵害请求权违反了《德国民法典施行法》第 38 条，是正确的。该条款规定，如果一个发生在国外的侵权行为按照德国法律是合理的，那么基于该行为就不能再针对德国当事人继续提出请求权。这也适用于住址在德国境内的法人被告［《帝国法庭民事裁判集》（RGZ）129，385，388；汉堡州高等法院，《德国国际私法司法实践（杂志）》（JPRspr.），1930，编号 155；请参见《联邦最高法院民事裁判集》（BGHZ）86，234，237］。因此，当确定德国法律一开始就没有赋予任何请求权时，那么也就无须对德国法律和法国法律进行结果比较［《联邦最高法院民事裁判集》（BGHZ）71，175，177（联邦最高法院，1978 年 3 月 29 日——案号：Ⅷ ZR 220/76）；《联邦最高法院民事裁判集》（BGHZ）86，234，237（联邦最高法院，1983 年 1 月 17 日——案号：Ⅱ ZR 259/81）；《新法学周刊》（NJW）1964，990，991（联邦最高劳动法院，1963 年 10 月 30 日——案号：1 AZR 468/62）：请参见 Bar,《法学家报》（JZ）1985，961，963］。

2. 法律审上诉中针对《德国民法典施行法》第 38 条所规定特权的权衡对本案裁决结果并无影响。尽管各方对该条款和《欧洲共同体条约》第 6 条适用范围内规定的禁止歧视条款是否一致给出了不同的答案，比如《欧洲共同体条约》第 6 条第 1 款（前《欧洲经济共同体》条约第 7 条）规定，"不违反条约特别规定的前提下禁止以国籍为由在条约的适用范围内采取任何歧视行为"。不过对于《德国民法典施行法》第 38 条与该禁止歧视条款是否一致，此处无须作出裁决。摩纳哥并非欧洲共同体成员国［欧共体条约第 227 条，请参见 Grabitz/Hilf/Hummer，《欧盟法评注：欧共体条约》(Kommentar zur Europäischen Union, EG-Vertrag)，第 227 条边码 54］。作为第三国的国民，原告无法按照《欧洲共同体条约》第 6 条之规定提出保护请求权。《欧洲共同体条约》第 59 条第 2 款对此作出了禁止规定［Bode,《欧洲经济共同体条约中的禁止歧视条款（1968）》(Die Diskriminierungsverbote im EWG-Vertrag)，第 302 页；Ehle,《欧洲经济共同体条约评注》(Kommentar zum EWG-Vertrag)，第 7 条边码 19；Feige,《欧洲经济共同体法律中的平等原则（1973）》(Der Gleichheitssatz im Recht der EWG)，第 31 页及以下内容，第 34 页；Niessen,《新法学周刊》(NJW) 1968, 2170, 2172；Staudinger/v. Hofmann，见上文,《德国民法典施行法》第 38 条边码 245；类似观点请见 Groeben/Thiesing/Ehlermann,《欧洲经济共同体条约评论》(Kommentar zum EWG-Vertrag)，第 4 版，第 7 条边码 16 及以下内容；不同观点请见 Grabitz/Hilf/von Bogdandy，见上文,《欧洲共同体条约》(EG-Vertrag) 第 6 条边码 34、35］。

四

依上所述，撤销有争议的判决，撤销范围以判决的正式陈述（Urteilsformel）为准，判定被告停止侵害及继续刊载相关图片。原告的其他法律审上诉因理由不成立被予以驳回。

费用支付裁决的依据是《德国民事诉讼法》第 92 条和第 97 条。

案例 II

动物买卖中的
瑕疵担保责任

如果合同双方未对买卖标的物的品质达成约定，则当标的物适合合同预定的效用时，即不存在瑕疵。如果该标的物适合通常的效用，且具有同种的物通常具有的、买受人能够按物的种类而预期的品质，则该标的物也无瑕疵。

摘要

本案涉及马匹买卖中买方针对卖方所享有的瑕疵担保请求权。根据德国法律规定，动物虽然不属于物，但对于动物参照适用包括买卖法中的瑕疵担保规定在内的关于物的相关法律规定。

"千里马常有，而伯乐不常有。"用于练习休闲马术的马匹质量是否存在瑕疵，在盛行马术的德国一直是一个常谈常新的话题。本案中当事人所购马匹在马鞍后部的两个棘突之间的区域有些狭窄，此处存在轻微的棘突边缘硬化现象。这种情况在交付时便已存在，但未被发现。棘突变化还造成背部压力敏感症、马背下压及后腿拖拉等。原告诉请退款及支付寄养费用，基本获得州法院和州最高法院支持。被告继续提出法律审上诉，并获得成功，案件发回重审。

法院认为，如果双方未对物的品质达成约定，则当物适合于合同预定的效用时，即不存在瑕疵。如果该物适合于通常的效用，且具有同种的物通常具有的、买受人能够按物的种类而预期的品质，则该物也无瑕疵。骑乘马的买受人不能预期自己在没有特殊约定的情况下可以获得"理想"资质的动物，而是在通常情况下必须预料到自己所获得的动物在某个方面会和理想状态存在生理偏差，这对生物体而言并非不同寻常的情况。所以，会威胁到动物今后发展的风险对于生物体而言是很典型的，其本身并不构成违反合同的状态。

从市场角度而言，某物在继续销售时，即使"市场"在定价时因同种类的物的实际通常品质会更优而降价，那么该降价也不足以证明该物存在瑕疵。

案例 Ⅱ

【案号】Ⅷ ZR 266/06
【判决时间】2007 年 2 月 7 日
【文献收录】
《参考资料集》：是
《联邦最高法院民事裁判集》（BGHZ）：否
《联邦最高法院判例集》（BGHR）：是
【法律基础】
《德国民法典》第 434 条第 1 款第 1 项和第 2 项
【裁判要旨】
无明显临床症状的马匹是否适合用于满足合同预定效用的骑乘马，并不因其与"生理标准"有所偏差且因该动物未来有很小可能会出现与其骑乘马效用不符的临床症状而受到影响。

被卖出的马匹虽然与"生理标准"相比有偏差，但如果该偏差尚在有可比性的马匹所具有的通常品质范围之内，则不应因"市场"为此类偏差降价而将其归类为瑕疵。物在继续出卖时降价的原因是"市场"在定价时认为同种类的物的实际通常品质要高于该物，但这并非判定该物有瑕疵的理由。

【裁判结果】
联邦最高法院第八民事审判庭基于主审法官波尔及法官维歇斯、法官赫尔曼斯、米尔格博士和黑塞尔博士于 2007 年 2 月 7 日进行的口头审理作出如下裁判：
根据被告提出的法律审上诉，撤销卡尔斯鲁厄州高等法院第 11 民事审判庭于 2006 年 5 月 23 日作出的判决。
本案被发回上诉法院重审裁定并重新审定法律审上诉程序费用。

案件事实

原告在经过试骑后，于 2002 年 10 月 9 日从被告手中以 7000 欧元的价格买下 1998 年出生的牝马"E.",目的是用于练习休闲马术,并希望在经过相应准备后将来可以用于远距离骑乘。

该马匹在马鞍后部的两个棘突之间的区域有些狭窄;此处还存在轻微的棘突边缘硬化现象。这种情况在——当时并未发现——马匹交付的时候便已经存在。据联邦兽医协会与高校和兽医合作编写的《X 光指导手册》——其中包含对动物进行检查时医生应尽的咨询义务建议,"E."的当前诊断结果应归类为 X 光二级到三级。其中 X 光二级的定义是"与标准略有偏差且不太可能出现临床症状的诊断结果",而 X 光三级则是"与标准有显著偏差且有较小可能出现临床症状的诊断结果"。依据《X 光指导手册》中的建议,如果是二级诊断结果,则兽医无须向对方提及;如果是三级诊断结果,则兽医必须向对方告知并详细介绍诊断结果。

原告提出,除此之外动物身上已经出现的一些临床症状——比如背部的压力敏感症——也是由于棘突变化所造成的。原告在 2002 年 11 月 29 日的律师函中提出要解除购买合同,同时要求被告收回马匹。

原告提起诉讼,除要求被告退回马匹价金 7000 欧元及相应利息外,还要求被告支付 2002 年 12 月到 2003 年 2 月共计 675 欧元的马匹寄养费用及相应利息,同时退还马匹。此外,原告还要求确定债权人延迟及被告需承担其他供养和寄养费用的义务。

州法院同意原告起诉要求。州最高法院驳回了被告的上诉,仅对州法院批准的利息要求作出少许修正。在经上诉法院许可的法律审上诉中,被告继续要求驳回起诉。

判决理由

法律审上诉获得成功,案件被发回上诉法院重审。

案例 Ⅱ   动物买卖中的瑕疵担保责任

一

上诉法院在陈述裁决理由时提出：

原告享有《德国民法典》第 434 条第 1 款第 2 句第 1 项、第 437 条第 2 项、第 440 条第 1 句及相关第 323 条第 1 款和第 2 款第 3 项、第 346 条第 1 款中规定的在退还马匹的同时要求退还价金的请求权，因为被告所卖的动物在风险因素转移时存在瑕疵，表现形式为两个棘突之间的空间变小，同时该区域存在边缘硬化的现象。此类由专家鉴定后归类为 X 光二级到三级的生理标准偏差与现在是否存在可视为物的瑕疵的临床诊断结果无关，因为存在——哪怕是很小的——会由此发展出某种临床诊断结果并使马匹无法再用于合同预定的远距离及休闲马术效用的可能性。

虽然有一项对 900 匹没有临床症状且未被骑坐或很少骑坐的马匹所做的 X 光检查表明，67.5% 的动物身上存在不同程度乃至相互重合的棘突，但也不能据此得出其他结论。即便大多数存在 X 光二级到三级变异的马匹可以毫无问题地供人骑坐，但与符合标准的 X 光诊断结果相比，此类生理标准偏差会导致更大的风险。因此，存在今后会出现不允许将马匹继续用于合同约定效用的临床症状的"很大可能性"。专家 H. 确认，市场认为此类变异本身属于瑕疵，因此会做出降价 20% 到 25% 的反应。推定存在瑕疵的其他理由还包括：《X 光指导手册》规定，提供医疗咨询的兽医有义务向对方告知并详细介绍 X 光三级的诊断结果。

根据《德国民法典》第 323 条第 2 款第 3 项之规定，有鉴于瑕疵的不可修复性，因此既可以要求对方改进瑕疵，也可以不提出请求。

二

上述判断在关键点上经不起法律审查。原告不能用上诉法院所给出的理由获得《德国民法典》第 346 条第 1 款以及《德国民法典》第 437 条第 2 项"或"之前部分、第 440 条、第 326 条第 5 款和第 323 条中所提及的请求权来要求解除 2002 年 10 月 9 日订立的购买合同。从上诉法院之前的确认中，不能得出卖给原告的马匹"E."在风险责任转移时一定存在物的瑕疵的结论。

1.《德国民法典》第 434 条第 1 款——该条款依据《德国民法典》第 90a 条适用于动物——规定，如果物在风险责任转移时具有双方约定的品质，那么该物便不存在瑕疵。该条款第 2 句规定，如果双方未对物的品质达成约定，则当物适合合同预定的效用时，即不存在瑕疵（第 1 项），此外，如果该物适合通常的效用，且具有同种的物通常具有的、买受人能够按物的种类而预期的品质，则该物也无瑕疵（第 2 项）。

2. 本案的双方当事人并未就具体的品质达成约定——譬如动物的身体特征，或者其诊断结果应归类为某一 X 光级别。上诉法院也持相同观点。因此，所出卖的马匹是否存在瑕疵，首先取决于马匹是否因为马鞍后部区域无法治愈的诊断结果而不适合于合同预定的效用，即作为休闲马术和远距离骑行的骑乘马。对于本案是否属于上述情况，上诉法院并未作出足够充分的确认。上诉法院所作的裁决——在得到专家咨询建议之后——更多的是建立在估测的基础上，即该牝马"目前并不（能）排除"适合用于上述目的，同时归类于 X 光二级到三级的"生理标准"偏差会导致临床症状的可能性被认定较小。但法院并未对原告提出的主张（被告对此提出异议）进行探讨，即 X 光变异已导致临床症状的出现，如马匹背部的压力敏感症、马对装马鞍的抗拒反应、马背下压及后腿拖拉等。

由于当 X 光变异继续发展时会出现所谓"背部问题",从而导致原告所认为的并根据专家 G. 教授博士的鉴定意见可归类为这一诊断结果的临床反应——马匹在安装马鞍时的抗拒反应、压力敏感的背部、骑乘时马背下压、马鞍后部的马背出现疼痛以及装上马鞍后马匹的抗拒表现等——的可能性很小,因此并不适合以此怀疑该马匹在风险因素转移的关键时刻是否适合于合同预定的效用。

3. 此外,也不能从上诉法院的确认中得出因为该牝马不适合通常效用或不具有同种的物通常具有的、买受人能够按物的种类而预期的品质,因此便是有瑕疵的结论。

a)在出卖骑乘马时,与生理标准有偏差的 X 光诊断结果中是否已经存在物的瑕疵,即使(还)没有与之相关的临床症状,对此各方持有不同看法。有人对此持否定观点,理由是某种(遗传性)疾病倾向并不构成与通常品质之间的偏差,因此也并非瑕疵,因为购买生物体的买受人必然应预料到会存在此类与理想状态之间的偏差[Bemmann,《农业法(杂志)》(RdL)2005,57,62;吕纳堡州法院,《农业法(杂志)》(RdL)2005,66],而一种疾病倾向只有当其必然会导致某种疾病时才允许被判定为瑕疵(蔡勒州高等法院,《农业法(杂志)》(RdL)2006,209,210)。因此,对于没有临床症状的骑乘马,其 X 光二级和三级诊断结果在高等法院的判决中未被归类为瑕疵[哈姆州高等法院,《新法学在线杂志》(NJOZ)2006,4207,4208 以及 2005 年 7 月 1 日判决——案号:11 U 43/04(juris),部分边码 22,该部分在《全债法杂志》(ZGS)2006 第 156 页开始的文章中未刊印;或许还可参见奥尔登堡州高等法院,《农业法(杂志)》(RdL)2006,319,320,但其中已将硬化视为临床症状]。

而反对意见(包括上诉法院)则认为,马匹市场已经用显著的价格偏差对 X 光二级到三级的诊断结果做出了反应，而且具有此类诊断结果的动物今后患病的风险也要高于那些没有偏差性诊断结果的马匹 [E. v. Westphalen,《农业法（杂志）》(RdL) 2006, 284, 285；也请参见 Neumann 的详细介绍,《债法现代化之后的买马权利》(Das Pferdekaufrecht nach der Schuldrechtsmodernisierung), 2005, 第 94 页及以下内容]。本审判庭不认可上述观点。

b）马匹的通常效用——作为骑乘动物——符合本案中合同预定的效用。至于"E."是否有限适合或根本不适合该效用，从目前为止上诉法院所作的确认中——如上所述——并不能得出结论。而从迄今为止的基本事实中，也无法推定"E."因棘突之间的区域变小以及该区域内的小幅边缘硬化而不具有同种的物通常具有的、买受人能够按照物的种类而预期的品质。

aa）动物"通常"具有的品质并不包括从各个角度都要符合生物或生理"理想标准"。上述评价标准考虑到了动物处于一个不断发展的过程当中，不同于物，动物总是拥有个体化的资质，因此也必然会具有相关的不同风险 [请参见《联邦最高法院民事判例汇编》(BGHZ) 167, 40, 50 及以下内容]。从经验来看，生物体往往和理想的生理状态相比存在一定的——后天或先天——偏差。因此，骑乘马的买受人不能预期自己在没有特殊约定的情况下可以获得"理想"资质的动物，而是在通常情况下必须预料到自己所获得的动物在某个方面会和理想状态存在生理偏差，这对生物体而言并非不同寻常的情况。而与此相关的会威胁到动物今后发展的风险对于生物体而言是很典型的，其本身并不构成违反合同的状态，因为动物的出卖人并不需要对风险因素转移时的健康状态的后续发展负责 [请参见《联邦最高法院民事判例汇编》(BGHZ) 167, 40, 56]。

至于牝马"E."的 X 光诊断结果与该年龄段和价格区间的马匹

通常具有的，且此类马匹的买受人可以预期的品质之间是否存在负面偏差，取决于该类别的马匹出现此类 X 光二级到三级诊断结果的可能性有多大。对此，上诉法院并未作出足够充分的确认。因此不能排除牝马"E."尽管有已确认的 X 光诊断结果，但仍然具有同种类马匹通常具有的品质。对此，专家 G. 教授博士所提到的研究项目也持相同观点，该研究对 295 匹临床诊断健康的马匹进行了棘突 X 光检查，其中 54.2% 的动物被诊断出存在 X 光二级到三级的"带有反应性变异的狭窄现象"。

上诉法院所认为重要的情况——法院确认"市场"对 X 光二级到三级诊断结果所作出的反应是降价，并不能用来作为推定物存在瑕疵的辩解理由。关键的并不是出卖人（或者市场）实际上预期会有哪些品质（Bamberger/Roth/Faust，《班贝克·罗特民法典评注》，第 434 条边码 74）及其对有偏差的品质会做何反应。《德国民法典》第 434 条第 1 款第 2 句第 2 项更多针对的是买受人按照物的种类可以预期有哪些品质，也就是说，按照客观合理的买受人预期，当缺少偏差依据时，一般来说必定会以同种类的物的通常品质为准［Bamberger/Roth/Faust，见上文，边码 72；Staudinger/Matusche-Beckmann，《施陶丁格民法典评注（2004）》，第 434 条边码 77 及以下内容］。因此，某物在继续销售时，如果由于"市场"在定价时因同种类的物的实际通常品质会更优而降价，那么该降价也不足以证明该物存在《德国民法典》第 434 条第 1 款第 2 句第 2 项所指的瑕疵。

三

综上所述，不能维持上诉判决，因此应予撤销（《德国民事诉讼法》第 562 条第 1 款）。本法律诉讼未达到足以作出最终判决的成熟程度，因为上诉法院——在其法律观点逻辑一贯的背景下——并未针对原告主张的临床症状作出确认。因此，本案被发回上诉法院重审裁决（《德国民事诉讼法》第563条第1款第1句）。

法官签名：波尔、维歇斯、赫尔曼斯、米尔格博士、黑塞尔博士

前审法院裁判：

卡尔斯鲁厄州法院，2005年2月1日裁判——案号：8 O 103/03

卡尔斯鲁厄州高等法院，2006年5月23日裁判——案号：11 U 9/05

案例 Ⅲ

代理和冒名行为

对冒名行为下的特殊动产交易,适用无权处分下的善意取得规则:一是出于交易安全和效率考虑;二是二手车市场中通常没有对当事人的特殊身份要求;三是冒名行为下自始不存在三角式的代理关系。

摘要

本案涉及特殊动产的无权处分问题。被告将自己拥有所有权的一辆房车租赁给第三人，但在租赁期满后未从对方处取回。第三人后将车辆出售给原告，合同签名处签有被告姓名，并交付车辆和相关证件（证件亦为被告姓名，后证明为伪造）。车辆后被警察扣押，原告诉请被告返还车辆，获得一审法院支持。被告进行上诉，被上诉法院驳回。被告的法律审上诉亦未能得到德国联邦最高法院的支持，因此他必须将房车返还给原告。

本案对于理解德国现有的物债两分概念和善意取得制度颇有裨益。对冒名行为下的特殊动产交易，是适用无权代理或表见代理路径，还是适用无权处分下的善意取得，法院越发倾向于后者：一是出于交易安全和效率考虑；二是二手车市场中通常没有对当事人的特殊身份要求；三是冒名行为下自始不存在三角式的代理关系。

本案同时也有助于理解交易过程中的委托与授权问题，特殊动产物权变动的生效要件，以及善意取得制度下善意的判断标准。

案例 Ⅲ

【案号】V ZR 92/12
【判决时间】2013 年 3 月 1 日
【文献收录】
《参考资料集》：是
《联邦最高法院民事裁判集》（BGHZ）：否
《联邦最高法院判例集》（BGHR）：是
【法律基础】
《德国民法典》第 164 条
【裁判要旨】
如果一辆被侵占的机动车的出让人冒用所有权人的名义行为，那么原则上，只要买卖马上完成，冒名行为者而非所有权人便成为受让人的合同相对方。
【裁判结果】
联邦最高法院第 5 民事法庭针对主审法官施特雷泽曼博士及法官莱姆克博士、施密特-兰奇教授博士、丘布博士和卡泽尔博士于 2013 年 3 月 1 日的审判结果作出如下裁判：
对卡尔斯鲁厄州高等法院弗赖堡第 9 民事审判庭 2012 年 3 月 29 日所作判决的法律审上诉被驳回，相关费用由被告承担。

案件事实

被告将自己所有的一辆房车租赁给第三人，但在租赁期满后未从对方处取回。

原告为一家二手车销售商，在一份报纸内页广告上看到有人要出售该房车。在通过广告刊登的手机号码与出卖人取得联系后，原告指示一名员工开车前往 N. 办理买车事宜。当该员工到达火车站后，发现无人按事先约定前来接他，于是便用电话和出卖人取得联系。出卖人声称自己有事无法前来，但称该员工可自行前往 E. 区域的一家停车场，房车便停在此处。

在该停车场，原告的员工遇到由出卖人委托的两个人。在该员工和出卖人及原告通过电话后，双方约定购买价格为 9000 欧元。原告员工手写了一份购车合同，并代表原告在合同上签字。合同上的出卖人处填写的是被告的名字。出卖人所委托的两人中的一人代表出卖人在合同上签下了被告的姓氏。原告员工用现金向其谈判相对人支付了购车款。然后，房车和以被告为对象出具的车辆证明文件（机动车行驶证和机动车产权证）被交给该员工本人。这份机动车产权证后来被发现是伪造的。之后，员工将房车交给原告。但后来警察扣押了原告的房车，并将其返还给被告。

州法院支持原告提出返还房车的诉讼要求。被告提出上诉但未获成功。在经州高等法院许可的法律审上诉中，被告继续提出驳回起诉的申请。原告则申请驳回法律审上诉。

判决理由

一

上诉法院认为，根据《德国民法典》第 985 条之规定，被告有义务返还自己所占有的房车。原告对房车的所有权属于善意取得。对原告而言，合同另一当事人并非被告，而应当是采取事实行为的出卖人。因此，只要在场的人员获得了出卖人的全权授权，便足以使意思表示有效。同时，作为原告代理人行事的员工也是善意的。通常情况下，如果——如本案——出卖人占有车辆并且能够出示机动车登记证和机动车行驶证，那么二手汽车的买受人便可以相信出卖人对该车拥有所有权。至于原告员工没有发现机动车产权证是以假乱真的伪造文件，并不能成为指责他的理由。此外，签订合同的整个过程也不会引起他任何特别的怀疑。

二

上述论述经法律审上诉程序审查后被证明是正确的。

1. 上诉法院有理由认为，原告（由其员工代表）和使用被告名义出现并由现场行事人员所代表之人对转让所有权达成了合意（《德国民法典》第 929 条第 1 句）。将争议车辆的所有权转让给原告并不因在现场代表出卖人行事的人没有取得被告的代理权且被告也未追认这一法律行为而失败。

a）当涉及冒名行为时，需区分——关键是在另一方当事人看来——这是姓名担受人（Namenträger）行为还是行为人本人的行为[基本依据：联邦最高法院，1966 年 3 月 3 日判决——案号：Ⅱ ZR 18/64，《联邦最高法院民事裁判集》（BGHZ）45，193，195 及以下内容]。当使用他人名义在合同另一方当事人处未引起其对行为人身份的错误认识，即对方只想和该行为人签订合同，那么这便是冒用他人姓名的本人行为，应由行为人本人承担义务[联邦最高法院，1988 年 1 月 18 日判决——案号：Ⅱ ZR 304/86，《新法学周刊：判例报告》（NJW-RR）1988，814，815；2005 年 12 月 8 日判决——案号：Ⅲ ZR 99/05，《新法学周刊：判例报告》（NJW-RR）2006，701，702]。相反，当行为人的出现指向特定的另一个人且交易相对方可以认为是与该人签订合同时，应认定存在姓名担受人的行为（联邦最高法院，1988 年 1 月 18 日判决——案号：Ⅱ ZR 304/86，同上）。在这种情况下，应相应适用代理（《德国民法典》第 164 条及以下内容）的基本原则[联邦最高法院，1966 年 3 月 3 日判决——案号：Ⅱ ZR 18/64，《联邦最高法院民事裁判集》（BGHZ）45，193，195 及以下内容]。姓名担受人可以追认交易，从而使其本人成为合同当事人。如果他拒绝追认，那么未经其许可使用其名义行事的人作出的意思表示便是无效的。而根据《德国民法典》第179条第1款的规定，合同另一方当事人有权依其选择责令他履行义务或者赔偿损害［联邦最高法院，1990年6月7日判决——Ⅲ ZR 155/90，《联邦最高法院民事裁判集》（BGHZ）111，334，338；2005年12月8日判决——案号：Ⅲ ZR 99/05，《新法学周刊：判例报告》（NJW-RR）2006，701，702］。

b）在相关文献和司法实践中，对于当出让人使用他人名义出现时，谁才是取得二手汽车的交易当事人，存在不同的观点。一种观点认为，交易当事人是姓名担受人。尽管合同相对方最初对于实施交易行为者的姓名并无任何概念，但当其查阅了自己所拿到的证明姓名担受人是待出卖车辆的持有人的资料后，他进行交易的愿望已然基于自己是和姓名担受人而非其他人进行交易［杜塞尔多夫州高等法院，《新法学周刊》（NJW）1985，2484；科布伦茨州高等法院，《新法学周刊：判例报告》（NJW-RR）2011，555及以下内容；类似案例请见蔡勒州高等法院，《德国法月刊》（MDR）2007，48及以下内容；juris-PK-BGB/Gehrlein-Weinland，《Juris民法典实务评注》，第6版，第164条边码29.1；Palandt/Ellenberger，《帕兰特民法典评注》，第72版，第164条边码11］。与之相反，另一种观点主要考虑到的是交易当事人既不认识行为人，也不认识姓名担受人。因此他会认为自己面对的人便是自己的交易相对方。尽管他认为对方便是姓名担受人，但这并不会改变其认为实际行为人便是交易相对方的看法。只有当姓名对于交易当事人十分重要，以至于其只想和姓名担受人达成交易时，他才有理由做出其他判断。然而考虑到此类典型的二手车买卖往往采用现金交易的特点，这一点又无从谈起。因此这里并不存在出让人身份冒用（Identitätstäuschung）的问题［杜塞尔多夫州高等法院,《新法学周刊》(NJW)1989,906; BeckOK-BGB/Valenthin,《贝克网络民法典评注》,版本:2012年11月1日,第164条边码33; Jauernig,《尧尔尼希民法典评注》,第14版,第177条边码8; MünchKomm-BGB/Schramm,《慕尼黑民法典评注》,第6版,第164条边码43; NK-BGB/Stoffels,《诺莫斯民法典评注》,第2版,第164条边码72; Soergel/Leptien,《索戈尔民法典评注》,第13版,第164条边码25; Reinking/Eggert,《购车宝典》(Der Autokauf),第11版,边码4737; Giegerich,《新法学周刊》(NJW)1986,1975及以下内容; Mittenzwei,《新法学周刊》(NJW)1986,2472,2473; Holzhauer,《法学训练》(JuS)1997,43,48]。

c)审判庭对上述争议问题作出判断,认为仅仅因为出让人使用机动车证明文件中注明的名字出现,尚不足以认定买卖合同及——这里所关注的是——物权合意是与姓名担受人达成的。当出让人的名字与机动车相关证件中填写的名字一致时,受让人——除非有其他理由——可以相信出让人的所有权人身份,而当出现《德国民法典》第932条第2款所规定的偏差时,受让人负有调查现有所有权关系的义务。这些观点是正确的[联邦最高法院,1977年5月4日判决——案号:Ⅷ ZR 3/76,《联邦最高法院民事裁判集》(BGHZ)68,323,325;1991年10月9日判决——案号:Ⅷ ZR 19/91,《新法学周刊》(NJW)1992,310]。然而,并不能就此得出结论:买受人永远只想从机动车证明文件中注明名字的姓名担受人处——也就是从真正的所有权人处——取得车辆。原则上,受让人关心的是出让人的名字要和机动车产权证中显示的持有人的名字相符,而非关心名字背后的人。如果一辆被侵占的机动车的出让人出具了机动车证明文件,并声称自己是该车的所有权人,那么仅这一点还不足以使受让人产生任何身份概念,而进行交易的出让人本人则退居其后（Soergel/Leptien，《索戈尔民法典评注》，第 13 版，第 164 条边码 25）。只有当姓名担受人对于受让人具有特殊意义的时候，才能认为受让人对对方有身份概念。但本案中并不存在上述似例外情况，比如没有立刻进行给付交换，或者出卖人是一位知名人士。

2. 上诉法院同样正确地认为原告是善意取得诉讼标的车辆的。

a）在《德国民法典》第 929 条第 1 句所规定的——正如本案——让与过程中，即使物品不属于出让人，受让人也同样可以成为所有权人，除非受让人在根据上述规定取得所有权时并非出于善意（《德国民法典》第 932 条第 1 款第 1 句）。《德国民法典》第 932 条第 2 款规定，受让人明知或者因重大过失不知物品不属于出让人的，视为受让人非出于善意。此处所指的可属于重大过失的行为一般理解为：总体来看异常严重地未尽必要的注意，以及没有注意到在当时情况下每个人都应该清楚知晓的事情［联邦最高法院，1980 年 6 月 18 日判决——案号：Ⅷ ZR 119/79，《联邦最高法院民事裁判集》（BGHZ）77，274，276］。

b）因此，上诉法院关于不应将房车不属于出让人的事实强加于原告的员工——《德国民法典》第 166 条规定其因重大过失的不知应归属于原告［请参见联邦最高法院，1981 年 10 月 5 日判决——案号：Ⅷ ZR 235/80，《新法学周刊》（NJW）1982，38，39］——的观点，从法律角度来看无可指摘。

aa）与法律审上诉意见相反，上诉法院在关于《德国民法典》第 932 条第 2 款所提出的注意要求方面并未偏离联邦最高法院的判决。依据此判决，在取得二手车辆时，仅占有该车辆本身并不能证明具备了《德国民法典》第 932 条规定的善意取得所需的权利外观。相反，一般情况下，受让人要求出示机动车产权证以便核实出让人的权利，属于善意取得此类机动车的最低要求［联邦最高法院，1996年5月13日判决——案号：Ⅱ ZR 222/95，《新法学周刊》（NJW）1996，2226，2227及其他参考资料］。即便出让人占有车辆和产权证，如果特殊情况必然会引起受让人的怀疑，但受让人放任不管，那么同样可以视为他是恶意的［联邦最高法院，1966年5月23日判决——案号：Ⅷ ZR 60/64，《经济与银行法杂志》（WM）1966，678及以下内容和其他参考资料］。相反地，不存在受让人的一般性调查义务［联邦最高法院，1975年2月5日判决——案号：Ⅷ ZR 151/73，《新法学周刊》（NJW）1975，735，736］。上诉法庭便是从这些标准出发的。

bb）法律审上诉时提到联邦社会法院的判决［《联邦社会法院判例汇编》（BSGE）52，245，248］，认为不能从伪造的机动车产权证推导出权利外观，因此不可能是善意取得，但此处并不适用。机动车产权证［《德国道路交通管理条例》（StVZO）第25条第4款第2句］以及目前已取代前者的机动车上路许可证书的第二部分［《机动车管理条例》（FZV）第12条第6款］并不能书面证明车辆的所有权。该证书的意义和目的在于保护所有权人或其他对机动车享有物权者［联邦最高法院，1953年6月25日判决——案号：Ⅲ ZR 353/51，《联邦最高法院民事裁判集》（BGHZ）10，122，125；1996年5月13日判决——案号：Ⅱ ZR 222/95，《新法学周刊》（NJW）1996，2226，2227］。借助登记资料，可以核查所登记的权利人是否拥有车辆占有人的过户权限［联邦最高法院，1975年2月5日判决——案号：Ⅷ ZR 151/73，《新法学周刊》（NJW）1975，735，736］。受让人应进行上述核查，以避免自己遭受重大过失的指责。如果受让人履行了上述义务，并收到一份伪造的机动车产权证，那么只要其不是必须知道文件是伪造的，并且不存在引起其怀疑的其他情况，受让人就没有其他的调查义务。而且考虑到机动车产权证的功能，也没有任何理由因受让人拿到一份自己不能明辨的伪造文件就拒绝对其善意取得加以保护。同样，在上述情况下，保护法律关系要优先于现有所有权人的利益。上诉法院确定原告的代理人无法明辨机动车产权证是否伪造，对这一点被告并未提出异议。

cc）上诉法院最终正确地认为，并不存在可证明代表原告行事的员工负有进一步调查义务的特殊情况。尽管二手汽车交易者在进行街头买卖时需格外谨慎，因为根据经验，街头买卖时很难发现车辆是不是被窃车辆［联邦最高法院，1991 年 10 月 9 日判决——案号：Ⅷ ZR 19/91,《新法学周刊》（NJW）1992，310；请参见石勒苏益格州高等法院，《新法学周刊》（NJW）2007，3007，3008］。但是，当受让人对街头买卖不是特别重视和敏感时，那么他便没有进一步调查的义务。上诉法院认为是后一种情况。法律审上诉法院只能核查这一事实法律评价中的关键法律概念——这里是指重大过失的概念——是否被错误判断，或者是否违反了《民事诉讼法》第 286 条、违反了思维逻辑的规律或经验［请参见联邦最高法院，2005 年 2 月 9 日判决——案号：Ⅷ ZR 82/03,《新法学周刊》（NJW）2005，1365，1366；1999 年 11 月 15 日判决——案号：Ⅱ ZR 98/98,《经济与银行法杂志》（WM）2000，153，154］。法律审上诉无法揭示此类法律错误。法律审上诉中提出异议称，上诉法院在其法律评价中未提到代表出让人出现的人员着装鲜艳且其中一人明显不能读写的事实，但这并不能就此认为上诉法院未予以考虑。更可能的认定是，上诉法院并未赋予这些事实情况——如同那些在评价中明确提到的情况，即上述人员很可能是吉普赛人——重要意义。无论是从法律审上诉法的角度来看,还是从事实法律评价的角度来看,这一点都难以指责;即便是在总体考量本案被评价的事实情况的特殊之处时,如未到火车站接原告员工、出卖人未到现场、未通过证件证明代其行为人的身份以及在停车场上进行交易等,也必须承认评价结果是正确合理的。

三

费用支付裁决的依据是《德国民事诉讼法》第 97 条第 1 款。

法官签名:施特雷泽曼、莱姆克、施密特-兰奇、丘布、卡泽尔

前审法院裁判:

康斯坦茨州法院,2010 年 9 月 10 日裁判——案号:3 O 73/10 B

位于弗赖堡的卡尔斯鲁厄州高等法院,2012 年 3 月 29 日裁判——案号:9 U 143/10

案例 Ⅳ

特殊动产的善意取得

涉及二手车交易时，善意取得的标准为：买受人既不知晓，也非因重大过失而不知晓汽车并不属于出卖人，而是属于第三方。在占有辅助人未经许可将物出让给第三人的情况下，是否存在非自愿丧失占有情形的判断标准是，能否证明存在他人可明确辨识的社会依存关系作为标准。

案例Ⅳ 特殊动产的善意取得

摘要

本案涉及特殊动产的善意取得问题。原告的经济状况比较紧张，便将其宝马汽车作为担保转让给 G 先生担任董事长的 W 信托股份公司。W 公司向原告提供贷款，供其支付其他债权人的债务。根据协议，原告将其宝马汽车过户给 W 公司。数日后，原告将宝马汽车及一把汽车钥匙和一套两份的机动车上路许可文件交给 G 先生的代理人。而后汽车被注销，原告未再收回该宝马汽车。被告随后以现金付款，从汽车销售商处拿到一把汽车钥匙和车辆的正本文件，文件中写明了该车持有人并非出卖人，而是原告。原告起诉被告，要求被告交出宝马汽车和支付使用赔偿金，其诉求于一、二审均未获得支持。

本案主要涉及德国善意取得的判断标准，以及占有辅助人行使对物的占有。出于二手车市场交易的特性，法院将善意取得的标准界定为"被告既不知晓，也非因重大过失而不知晓宝马汽车并不属于出卖人，而是属于第三方的时候，被告就是善意的"。而针对所有权人经一位占有辅助人行使对物的占有，而该占有辅助人在未经所有权人许可的情况下将物出让给第三人时，是否会出现非自愿丧失占有这一问题，法院倾向于将能否证明存在他人可明确辨识的社会依存关系作为判断标准。

原告的法律审上诉亦未能得到法院的支持。被告善意取得了汽车的所有权，因此无须将其返还给原告。

【案号】V ZR 58/13
【判决时间】2013 年 12 月 13 日
【文献收录】
《参考资料集》：是
《联邦最高法院民事裁判集》（BGHZ）：是
《联邦最高法院判例集》（BGHR）：是
【法律基础】
《德国民法典》第 935 条第 1 款
【裁判要旨】
如果共同占有的所有权人本人在未经无所有权的共同占有人同意的情况下自愿放弃直接占有，则不存在《德国民法典》第 935 条第 1 款意义上的某动产从所有权人处脱手。
【裁判结果】
联邦最高法院第五民事审判庭基于法官莱姆克博士、施密特-兰奇教授博士、丘布博士、法官布吕克讷博士和法官卡泽尔博士于 2013 年 12 月 13 日进行的口头审理作出如下裁判：
针对斯图加特州高等法院第 3 民事法庭 2013 年 2 月 27 日所作判决的法律审上诉被驳回，费用由原告承担。

案件事实

身为医生的原告于 2010 年 11 月 25 日签订合同，以 46490.80 欧元的价格购买了一辆全新的宝马品牌轿车（以下简称宝马汽车）。该车于 2011 年 1 月 24 日交付到原告手中。当时，原告的经济状况比较紧张。其病人之一的 G 先生表示，如原告以其宝马作为担保，他愿向其提供贷款，供其支付其他债权人的债务。原告于 2011 年 1 月 30 日在一家酒店中与 G 先生会面，并与 G 先生担任董事长的

案例 Ⅳ 特殊动产的善意取得

W 信托股份公司签署了一份协议,根据该协议,原告将其宝马汽车过户给该公司。数日之后,G 先生打电话给原告,通知称在大约 15 分钟之后会有一位 F 先生到其诊所并取走宝马汽车。当后者出现时,原告将宝马汽车及一把汽车钥匙和一套两份的机动车上路许可文件(机动车产权证及机动车行驶证)交给了对方。原告则留下另一把汽车钥匙、车辆的行车日志和保养记录,他复印了 F 先生的身份证件,并让 F 先生对车辆交付和行驶里程数进行了确认。2011 年 2 月 22 日,这辆宝马汽车在 N 被注销。原告未再收回该宝马汽车。

2011 年 4 月 7 日,被告以折价出售其旧宝马汽车并额外付款的方式从一家汽车销售商手中购买了这辆行驶里程显示为 1960 公里的汽车,购买价格为 42500 欧元。被告以现金付款,拿到一把汽车钥匙和车辆的上路许可文件,文件中写明了该车持有人并非出卖人,而是原告。同时对方在被告追问时称宝马汽车的这些文件本是放在车辆杂物箱内的。第二天,该宝马汽车被登记到被告名下。数日后,出卖人将不在车内的第二把汽车钥匙、行车日志和保养记录邮寄给了被告。

州法院驳回了原告交出宝马汽车和支付使用赔偿金的起诉要求。州高等法院驳回了原告的上诉,但许可了法律审上诉。在该上诉中,原告继续坚持自己的诉请;被告则请求驳回该法律救济。

判决理由

一

在 2013 年《经济与银行法杂志》(WM)第 1481 页发表的判决中,上诉法院认为原告提出的请求权落空,理由是被告已善意取得宝马汽车的所有权。州法院关于被告在取得宝马车时是善意的判定是正确的。被告既无须因出卖人关于其所提行车日志和保养记录问题的回答,也无须因出卖行为本身而必须产生怀疑。考虑到该车的行驶里程,购买价格从约 46000 欧元降到 42000 欧元是合理的。出卖人在汽车上路许可文件中被列为汽车销售商而非汽车持有人,这一点并非不同寻常之现象,因为车辆预注册的费用很高,而且如果增加注册车辆的前持有人,会造成车辆价值的损失。首先,出卖人已将车辆的上路许可文件交给了被告。被告对宝马汽车所有权的善意取得,并不会因宝马汽车从原告处脱手而失败。因 F 先生侵占车辆而脱离物之占有的前提条件是:F 先生曾经是原告的占有辅助人。但事实并非如此。根据原告自己的答辩,F 先生和原告之间并不存在社会依存关系。此外,也不能因为原告的妻子——证人 M——曾经共同占有宝马汽车,就认为宝马汽车是丢失物。如果物的单独所有权人自愿放弃该物,那么就其他共同占有人来说就排除了该物脱手的可能性。

二

上述考虑是正确的。法律救济不成立。

1. 原告既不能要求被告返还宝马汽车,也不能要求对方返还车辆的用益。此类请求权只能基于《德国民法典》第 985 条(返还宝马汽车)及第 990 条第 1 款第 1 句、第 987 条第 1 款(返还用益)之规定。只有当原告依然是宝马汽车的所有权人时,他才有权提出上述请求权。上诉法院不承认这一前提条件是正确的。被告已经善意取得了宝马汽车的所有权。

2. 根据《德国民法典》第 932 条第 1 款第 1 句和第 929 条第 1 句的规定,被告善意取得宝马汽车所有权的前提条件是:被告与出卖人针对车辆所有权的转移达成了合意,并且出卖人使被告获得了对车辆的直接占有,同时被告在取得所有权的整个过程中是善意的。而根据《德国民法典》第 932 条第 2 款之规定，当被告此时既不知晓，也非因重大过失而不知晓宝马汽车并不属于出卖人，而是属于第三人的时候，被告就是善意的。上诉法院判定本案具备上述前提条件。上诉法院认为，被告和出卖人就被告（在现金支付购车价格并折价出售自己的旧车之后）获得宝马汽车的所有权达成了合意。出卖人将宝马汽车交付被告。上诉法院确定被告此时并不知晓出卖人并非宝马汽车的所有权人，同时被告也没有充足理由怀疑出卖人的所有权。由于这些事实确认在法律审上诉过程中很难百分之百得以查验，因而在此无法对其提出异议。而原告在法律审上诉时也未对其提出指责。

3. 与原告观点相反，被告对宝马汽车所有权的善意取得并不因《德国民法典》第 935 条第 1 款之规定而无效。该款规定，如果某项动产是从所有权人处被盗窃的、由所有权人遗失的或因其他原因脱手的，那么即使受让人是善意的，其也不能善意取得该物的所有权。当某项动产的所有权人非自愿失去占有时，则认为该物从所有权人处脱手。[联邦最高法院，1951 年 11 月 15 日判决——案号：Ⅲ ZR 21/51,《联邦最高法院民事裁判集》（BGHZ）4，10，33 以及 1969 年 4 月 16 日判决——案号：Ⅷ ZR 64/67,《经济与银行法杂志》（WM）1969，656，657;《帝国法院民事裁判集》（RGZ）101，224，225; MünchKomm-BGB/Oechsler,《慕尼黑民法典评注》，第 6 版，第 935 条边码 2; Staudinger/Wiegand,《施陶丁格民法典评注（2011）》，第 935 条边码 4]。而原告并非这种意义上的非自愿失去对宝马汽车的占有。

a) 但是在具有争议的个案中，当所有权人根据《德国民法典》第 855 条之规定经一位占有辅助人行使对物的占有，而该占有辅助人在未经所有权人许可的情况下将物出让给第三人时，可能会出现非自愿地失去占有［《帝国法院民事裁判集》（RGZ）71，248，253；科隆州高等法院，《德国法月刊》（MDR）2006，90；具体规定请见：MünchKomm-BGB/Oechsler，《慕尼黑民法典评注》，第 6 版，第 935 条边码 10；Staudinger/Gutzeit，《施陶丁格民法典评注（2012）》，第 855 条边码 28］。原告认为，由于自己将宝马汽车交给证人 F 并由其送给银行查看，而证人 F 又将车辆交给证人 G 或证人 G 所代表的公司，之后汽车销售商又从后者处购得车辆，因此符合上述前提条件。但此观点并不正确。

aa）《德国民法典》第 855 条规定，为了他人、在他人的家务、营业或者其他的类似关系中，遵照他人有关其物的指示，对此物行使实际控制的，则此人为占有辅助人。为此，必须证明存在外人可明确辨识的社会依存关系［联邦最高法院，1952 年 4 月 24 日判决——案号：IV ZR 107/51，《联邦最高法院参考文献》（LM）中关于《德国民法典》第 1006 条的第 2 点，活页本第 876 页背面；审判庭，1958 年 5 月 30 日判决——案号：V ZR 205/56，《联邦最高法院民事裁判集》（BGHZ）27，360，363；《帝国法院民事裁判集》（RGZ）77，201，209］，而该关系至少在事实上使占有人在面对占有辅助人时能够贯彻执行自己的意愿［巴姆贝格州高等法院，《新法学周刊》（NJW）1949，716，717；石勒苏益格州高等法院，《石荷州通报》（SchlHA）1969，43，44；斯图加特州高等法院，《经济与银行法杂志》（WM）2009，1003；Soergel/Stadler，《索戈尔民法典评注》，第 13 版，第 855 条边码 8；Staudinger/Gutzeit，《施陶丁格民法典评注（2012）》，第 855 条边码 16］。

bb）上诉法院有理由拒绝承认存在此类法律关系。

（1）原告始终认为自己和证人 F 之间存在上述法律关系。但事实不可能如此，因为该证人是受证人 G 之委托来取宝马汽车，而他也履行了这一委托,因此,正如上诉法院所指出的那样,原告"不能简单地'以自己的意愿'使其成为自己的占有辅助人"。上诉法院的上述观点是正确的。对此原告并未提出反对意见。

(2)和原告观点相反,无论是证人 G 还是他所代表的公司,都并非原告的占有辅助人。

(a)原告提出反对意见的依据是:证人 G 或其所代表的公司与自己之间是委托或处理事务的关系,而基于这一法律关系,前者应当听从自己的指示。但仅这一点并不足以使证人或其所代表的公司成为原告的占有辅助人。并非每个必须听从物的所有权人指示的人都是占有辅助人,而是只有当所有权人可以根据指示权或类似权限在某人不听从指示时自己直接采取措施使此人听从自己指示,该人才是占有辅助人。而此类权限既不包括委托权,也不包括处理事务权。因此,被委托人、事务处理人及承揽人应被视为占有媒介人[《帝国法院民事裁判集》(RGZ)100,190,193;109,167,170 关于委托;哈姆州高等法院,《新法学周刊:判例报告》(NJW-RR)1995,1010,1011;勃兰登堡州高等法院,《高等法院报告 2006》(OLGR),第 850 页关于处理事务合同;《帝国法院民事裁判集》(RGZ)98,131,134 关于无因管理;联邦最高法院,1951 年 10 月 11 日判决——案号:IV ZR 90/50,转印印刷品第 29 页,因此在《联邦最高法院参考文献》(LM)关于《同盟国高级委员会法 13》(AHKG 13)第 3 条的第 2 点和关于《德国民法典》第 855 条的第 1 点中均未印刷出版,以及《英占区最高法院民事裁判集》(OGHZ)2,157,160 关于货运合同;科布伦茨州高等法院,《新法学周刊:判例报告》(NJW-RR)2003,1563,1564 等关于承揽合同],而非占有辅助人。

(b)原告认为本案中的法律关系类似汽车出卖人与经其允许

试驾车辆的有意购车者之间的法律关系，但这一类比并不正确。当然，试驾自己感兴趣的车辆的有意购车者确实被看作是出卖人的占有辅助人［科隆州高等法院，《德国法月刊》(MDR) 2006, 90；MünchKomm-BGB/Joost，《慕尼黑民法典评注》，第 6 版，第 855 条边码 14；与之略有不同：Staudinger/Gutzeit，《施陶丁格民法典评注（2012）》，第 855 条边码 22］。是否可以毫无迟疑地认同该观点，在此无须探究。无论如何被认可的是，当所有权人放弃自己的影响力时，汽车钥匙的拥有人便肯定不再只是所有权人的占有辅助人，而是其自己便是车辆的直接占有人［石勒苏益格州高等法院，《石荷州通报》(SchlHA) 1969, 43, 44；Soergel/Stadler，《索戈尔民法典评注》，第 13 版，第 855 条边码 10 等；Staudinger/Gutzeit，《施陶丁格民法典评注（2012）》，第 855 条边码 16 第 2 段］。本案便是这种情况。原告将宝马汽车交付给证人 F，证人 F 受证人 G 之委托，而原告对证人 G 是无法直接施加影响的。此外，原告不仅将车辆、车钥匙及开车到银行所需的机动车行驶证交给证人 F，还将机动车产权证交给对方。至于这么做出于何种目的，此处无须予以澄清。原告在前一天与证人 G 所代表的公司达成约定，将宝马汽车的产权过户给该公司。在此背景下，原告同时又将机动车产权证——这一点与出卖人在交付车辆供人试驾的情况不同——交给证人 G 或其所代表的公司，使后者可以作为车辆的所有权人行事。这样，他便自愿放弃了自己的直接占有，因此也就没有占有辅助人并通过其继续行使占有。

b) 此外，原告将宝马汽车交给证人 F 时，并不是让其任意使用，而只是让其将汽车出示给银行并在需要时作为担保过户给银行，但这一点并不会导致原告失去宝马汽车。虽然如上所述，原告因此与将证人 F 派到原告处的证人 G 或与其所代表的公司签订了一份处理事务的合同，同时根据该合同，他依然是宝马汽车的间接占有人。但是，与占有辅助人自作主张的行为不同，占有媒介人——这里是证人 G 或其所代表的公司——自愿交出某物，并不会阻碍第三人的善意取得［联邦最高法院，1969 年 4 月 16 日判决——案号：Ⅷ ZR 64/67,《经济与银行法杂志》（WM）1969，656，657；2004 年 9 月 20 日判决——案号：Ⅱ ZR 318/02,《新法学周刊：判例报告》（NJW-RR）2005，280，281］。这虽然会导致占有媒介关系的结束，并使间接占有人——此处即原告——在违背本人意愿的情况下丧失其间接占有，但是，依据《德国民法典》第 935 条第 1 款之规定排除善意取得时，丧失间接占有并非关键性因素［联邦最高法院，1969 年 4 月 16 日判决——案号：Ⅷ ZR 64/67,《经济与银行法杂志》（WM）1969，656，657］。依据该条款，关键要看是不是非自愿丧失直接占有，而间接占有人在建立占有媒介关系时就已经自愿放弃了直接占有（MünchKomm-BGB/Oechsler,《慕尼黑民法典评注》，第 6 版，第 935 条边码 9）。

c）最后，与原告观点相反，不能因其配偶原本曾共同占有宝马汽车，但当其将宝马汽车交付给证人 F 时失去共同占有而认定宝马汽车脱手。

aa）但原告的以下观点是正确的：如果受让人在未经其他共同占有人知晓和同意的情况下从一名共同占有人处取得占有，那么，依据无可争议的观点，就排除了对这一处于多名共同占有人直接占有下的物之单独所有权的善意取得［联邦最高法院，1995 年 3 月 6 日判决——案号：Ⅱ ZR 84/94,《新法学周刊》（NJW）1995，2097，2099；慕尼黑州高等法院，《德国法月刊》（MDR）1993，918；不伦瑞克州高等法院，《州高等法院民事裁判汇编》（OLGE）26，58，59；Bamberger/Roth/Kindl,《班贝克·罗特民法典评注》，第 3 版，

第935条边码4；jurisPK-BGB/Beckmann，《Juris民法典实务评注》，第6版，第935条边码6；MünchKomm-BGB/Oechsler，《慕尼黑民法典评注》，第6版，第935条边码3；NK-BGB/Meller-Hannich，《诺莫斯民法典评注》，第3版，第935条边码4；Palandt/Bassenge，《帕兰特民法典评注》，第73版，第935条边码9；Soergel/Henssler，《索戈尔民法典评注》，第13版，第935条边码9；Staudinger/Wiegand，《施陶丁格民法典评注（2011）》，第935条边码7］。然而，到目前为止，这种可能性只在下列情况下被讨论过，当物的共同占有人同时也是物的共有人时［联邦最高法院，1995年3月6日判决——案号：Ⅱ ZR 84/94，《新法学周刊》（NJW）1995，2097，2099；不伦瑞克州高等法院，《州高等法院民事裁判汇编》（OLGE）26，58，59］，以及当为自己或第三人设立单独占有的共同占有人本人并非物的所有权人时［慕尼黑州高等法院，《德国法月刊》（MDR）1993，918；Staudinger/Wiegand，同上，边码8］。但本案并不涉及上述任何一种情况，而是第三人从享有物的单独所有权的那位共同占有人处取得占有。

bb）《德国民法典》第935条第1款的相关条文并不适用于本案。只有当所有权人本人（第1款第1句）或作为所有权人占有媒介的直接占有人非自愿丧失直接占有（第1款第2句）时，该规定才排除善意取得。而原告配偶损失共同占有的情况既不满足本条第1句，也不满足第2句的构成要件。原告并不是非自愿地丧失其直接共同占有。其配偶也并不是其占有宝马汽车的媒介，因为除其配偶，他本人也曾经是直接共同占有人。

cc）在上述两种情形下，本条款都无法相应适用于本案。如欲适用，前提条件是该条款在本案情形中存在非故意的漏洞，而依据立法规划必须在本案中相应适用本规定来弥补这一漏洞［请参见审判庭，2013 年 7 月 12 日判决——案号：V ZR 85/12，《德国和国际建筑法杂志》（ZfBR）2013，766，768 边码 26；2004 年 3 月 19 日判决——案号：V ZR 214/03，《财产和投资法杂志》（VIZ）2004，374，375］。但此处并不存在非故意的漏洞。

（1）《德国民法典》第 935 条第 1 款保护所有权人在非自愿丧失其占有时免受因第三人善意取得而造成的所有权丧失。也就是说，如果是非自愿的占有丧失，那么直接占有及与其相关的对所有权的推定（《德国民法典》第 1006 条）就不能作为善意取得的基础。而在上述讨论的案例中同样如此。如果受让人违背所有权人的意愿，从一个物不属于其所有的共同占有人手中获得对物的直接占有，那么物的所有权人肯定是非自愿丧失占有。如果共同占有人同时也是共有人，那么虽然并非所有共有人都是非自愿丧失占有的，但那些并未（共同）让第三人取得占有的共有人肯定是非自愿丧失占有。在这两种情况下，均不可适用关于善意取得的条款。两种情况都包括在《德国民法典》第 935 条第 1 款第 1 句的条文中。

（2）但是，当第三人从物单独属于其的共同占有人处获得直接占有时，则不属于《德国民法典》第 935 条之规定应解决的问题。在这种情况下，所有权人是自愿地完全放弃自己对物的直接占有并将其转与第三人，由此使后者获得直接占有，而根据《德国民法典》第 1006 条之规定，这又可推定其获得了所有权。因此，并无事实依据可以保护所有权人免受善意取得后果的影响。《德国民法典》第 935 条之规定不适用此种情况，符合法律的立法计划和条款目的。与原告的全权代理人在审理过程中提出的观点相反，虽然车辆的女性共同占有人在本案中是原告的配偶，但也并不能改变这一结论。根据《德国民法典》第 935 条第 1 款之规定，善意取得的条款是否适用，仅取决于所有权人或其占有媒介人是不是非自愿丧失其直接占有的。相反，相关的占有关系建立在什么基础之上对于交易保护的效果并不重要。

（3）与原告观点相反，也不能因为在本案的具体情况下对无所有权的共同占有人保护不足，就认为《德国民法典》第935条是存在漏洞的。

（a）当然，对共同占有人的保护是否不足是存在疑问的。无所有权的共同占有人可以依据其曾取得共同占有所依据的法律关系，享有取得或重新取得共同占有的实体权利性请求权。此外，其还可以提出一般性的占有保护请求权，该请求权在被完全剥夺共同占有的情况下不会被《德国民法典》第866条排除［审判庭，1973年4月6日判决——案号：V ZR 127/72，《联邦最高法院参考文献》（LM）中关于《德国民法典》第854条的第8点；杜塞尔多夫州高等法院，《州高等法院民事裁判集》（OLGZ）1985，233，235］。

（b）即使对共同占有人免受共同占有的所有权人侵害的保护是不足的，也并不表示《德国民法典》第935条的规定存在非故意的漏洞。在这种情况下，存在漏洞的反而是那些旨在解决规定不够充分之问题的条款［请参见审判庭，2004年3月19日判决——案号：V ZR 214/03，《财产和投资法杂志》（VIZ）2004，374，375］。此处或许是《德国民法典》第866条，但不会是第935条。只有前者涉及对共同占有人的保护问题。相反，第935条规定的是保护所有权人在非自愿占有丧失时免受善意取得后果的影响。因此，第935条旨在保护所有权人，而非保护占有人。即便当共同占有人相互之间的保护不足时，本条款也不可能存在漏洞，这一点可从该条款相应适用于共同占有的所有权人剥夺共同占有显示出来。该条款虽然排除了第三人善意取得物的所有权的情况，并避免了最终丧失对物的占有。但从该条款中受益的只有所有权人。而对于无所有权的共同占有人而言却并无好处。如欲重新获得共同占有，后者仍然需要依靠始终存在的实体权利性请求权和占有保护请求权。

三

费用支付裁决的依据是《德国民事诉讼法》第 97 条第 1 款。

法官签名：莱姆克、施密特 - 兰奇、丘布、布吕克讷、卡泽尔
前审法院裁判：
斯图加特州法院，2012 年 7 月 20 日裁判——案号：20 O 499/11
斯图加特州高等法院，2013 年 2 月 27 日裁判——案号：3 U 140/12

案 例 V

非法劳工无价值补偿

如果某人有意违反某项法律禁止性规定,那么就不值得保护其免受该行为所造成后果的影响,此类保护只会使其不公正得利。这种一般性预防效果要优先于当事人的利益或公正性权衡。

案例 V 非法劳工无价值补偿

摘要

本案讨论的是合同无效时不当得利返还的问题。众被告与原告签订承揽合同，委托原告实施电气安装工作。双方确定总包价格为18800欧元，并备注："5000欧元按约定结算。"完工后，原告先后出具了两份账单，而后双方产生争议。原告要求对方支付剩余的承揽报酬，但被告一则认为工程质量存在瑕疵，因此原告的剩余报酬请求权与自己享有的瑕疵担保损害赔偿请求权在同等金额范围内可以实现抵销。州法院判决众被告向原告支付5342.26欧元及利息，并驳回反诉。众被告上诉，上诉法院驳回起诉。于是原告提出法律审上诉，但未获成功。

双方约定部分承揽工作不出具账单，以此向税务部门隐瞒相应部分的营业额。这导致承揽合同无效。原告虽然在没有权利的情况下管理了他人事务，但由于其在履行事务的过程中违反了法律的禁止性规定，因此不得认为相应的费用是必要的。如果给付人因给付而违反法律禁止性规定或者善良风俗的，则相应条款将排除任何基于给付型不当得利的返还请求权。

本案的判决思路集中体现了法律的预防性和震慑性效果。如果某人有意违反某项法律禁止性规定，那么就不值得保护其免受该行为所造成后果的影响，此类保护只会使其不公正得利。这种一般性预防效果要优先于当事人的利益或公正性权衡。定作人可能取得的利益并不是放弃法律规定的对违法行为之制裁的充分理由，应"丢车保帅"以实现震慑效果。

【案号】Ⅶ ZR 241/13
【判决时间】2014 年 4 月 10 日
【文献收录】
《参考资料集》：是
《联邦最高法院民事裁判集》（BGHZ）：是
《联邦最高法院判例集》（BGHR）：是
【法律基础】
《德国民法典》第 812 条第 1 款第 1 句第 1 种情形、第 818 条第 2 款、第 817 条第 2 句；《反非法劳工法》第 1 条第 2 款第 2 项
【裁判要旨】
如果承揽合同因违反 2004 年 7 月 23 日生效的《反非法劳工法》第 1 条第 2 款第 2 项而无效，则承揽人不享有为已完成的建筑工程向定作人要求价值补偿的不当得利返还请求权。
【裁判结果】
联邦最高法院第七民事审判庭基于主审法官克尼夫卡教授博士及法官萨法瑞·查贝斯塔里、法官哈尔福米耶、卡尔茨克博士和尤格莱特教授博士于 2014 年 4 月 10 日进行的口头审理作出如下裁判：
原告对石勒苏益格的石勒苏益格赫尔施泰因州高等法院第 1 民事审判庭 2013 年 8 月 16 日所作判决的法律审上诉被驳回，相关费用由原告承担。

案件事实

原告要求众被告就已完成的承揽工作支付报酬。2010 年，众被告委托他人在他们共有的位于 B. 的土地上建造四座连排房屋。其中原告受委托实施电气安装工作。原告于 2010 年 10 月 28 日发给众被告一份委托确认书，被告一于 2010 年 11 月 1 日在该确认

书上签字。确认书中描述了需完成的工作内容，确定总包价格为18800欧元，并备注："5000欧元按约定结算。"之后，被告一和原告订立了一份总包合同，合同金额为13800欧元，付款条件为按施工进度分期付款。被告一以现金方式支付给原告的总经理2300欧元；之后，被告一将另一笔2700欧元的现金款交给自己的建筑设计师，由其付给原告，但这笔钱最终并未交给原告。

完工后，原告于2011年4月29日就总包13800欧元中的余额3904.63欧元（税前）出具了一份结算账单，并于2011年5月5日就2700欧元（税前）出具了另一份账单。据原告称，双方约定被告在13800欧元的总包承揽报酬之外再用现金支付5000欧元，而这笔金额将无须出具账单。如有疑问，被告一称已获得被告二的全权授权。众被告均否认上述两点。被告一用其因所谓瑕疵而享有的损害赔偿请求权在同等金额范围内抵销了原告的——被告一认为还未支付的——1220欧元承揽报酬请求权，同时因超额支付而提出反诉。

州法院驳回起诉，判决众被告作为集体债务人向原告支付5342.26欧元及利息，并驳回反诉。众被告提出上诉，但并未继续提出反诉，上诉法院驳回起诉。在经上诉法院许可的法律审上诉中，原告要求恢复州法院的裁决。

判决理由

原告的法律审上诉没有成功。

一

在2013年《德国法学月刊》（MDR）第1399页发表的裁决中，上诉法院认为，原告不享有支付剩余承揽报酬的请求权，因为双方之间并未订立有效的承揽合同。本人并未参与合同订立的被告二并未由被告一有效代理，因此并非原告的合同另一方当事人。根据《德国民法典》第 134 条之规定，被告一和原告之间订立的承揽合同因违反《反非法劳工法》（SchwarzArbG）第 1 条第 2 款第 2 项而无效。因为双方约定部分承揽工作将不出具账单，以此向税务部门隐瞒相应部分的营业额，被告一也因此在价格上获得了好处。《反非法劳工法》第 1 条第 2 款之规定属于《德国民法典》第 134 条所指的法律禁止性规定。双方当事人如有违反，则即便如本案中只是部分承揽报酬在支付时没有发票，也会导致承揽合同无效。

原告不享有《德国民法典》第 677 条和第 670 条所规定的偿还费用请求权。原告虽然在没有权利的情况下管理了他人事务，但由于其在履行事务的过程中违反了法律的禁止性规定，因此不得认为相应的费用是必要的。

同样，按照《德国民法典》第 817 条第 2 句之规定，原告也不享有《德国民法典》第 812 条第 1 款第 1 句所规定的不当得利返还请求权。如果给付人因给付而违反法律禁止性规定或者善良风俗的，则相应条款将排除任何基于给付型不当得利的返还请求权。本案原告也有此类违反行为，因为其有意识地想要逃缴因其承揽报酬而应缴纳的部分营业税。

联邦最高法院 1990 年 5 月 31 日裁决［Ⅶ ZR 336/89,《联邦最高法院民事裁判集》（BGHZ）111,308］所持的观点——在违反《反非法劳工法》情况下排除不当得利返还请求权不合理——是不成立的。该观点与法律的文义相矛盾，因为该法旨在使不当得利返还请求权丧失。如果某人有意违反某项法律的禁止性规定，那么就不值得保护其免受该行为所造成后果的影响，此类保护只会使其不公正得利。这种一般性预防效果要优先于当事人的利益或公正性权衡。

如果批准不当得利返还请求权，就会与立法机构通过《反非法劳工法》中各构成要件明确表示的反对非法劳工的主张相矛盾。这会在一定程度上降低非法务工的风险，因为务工者虽然违反了法律，但可以通过国家法院的帮助，要求获得对待给付，从而使公法和民法综合制裁措施本可达到的震慑效果减小。

定作人可能取得的利益并不是放弃法律规定的对违法行为之制裁的充分理由，应"丢车保帅"以达到震慑效果。因为当事人中哪一方在给付关系受干扰时会得利，纯属偶然事件。承担风险的是已履行给付的那一方。预期不会有大量定作人利用不当得利返还请求权的排除规则。因为这样做虽然表面看有节省费用的优势，同时也存在严重的缺点，即会丧失针对给付人的各种请求权，尤其是定作人将不享有任何基于瑕疵的权利。

二

上述观点经受住了法律审查。

A.

原告不享有要求被告支付的请求权。

1. 上诉法院关于被告一和原告之间订立的承揽合同因违反法律的禁止性规定而无效的观点是正确的（《德国民法典》第 134 条）。

原告不想为在书面约定的承揽报酬之外又约定的现金支付 5000 欧元开具发票并缴纳营业税，这违反了《反非法劳工法》第 1 条第 2 款第 2 项之规定。上诉法院确定被告一至少知悉这一意图并且企图利用其获益，法律审上诉中对此无异议。正如审判庭在 2013 年 8 月 1 日的判决［案号：Ⅶ ZR 6/13,《联邦最高法院民事裁判集》（BGHZ）198，141］中确定的那样，这一点足以推定该行为违反了法律的禁止性规定，从而导致合同无效。即便逃税行为只涉及承揽报酬这一部分，也改变不了这一事实。双方当事人订立承揽合同是整体性的法律行为。当然，如果当时双方当事人将约定的包含营业税的部分报酬划分给了具体的原告需完成的部分给付，那么该法律行为尚可视为部分有效［请参见联邦最高法院，1998年11月13日判决——案号：V ZR 379/97，《新法学周刊》（NJW）1999，351；Staudinger/Roth，《施陶丁格民法典评注》，2010年新修订版，第139条边码64；MünchKomm-BGB/Busche，《慕尼黑民法典评注》，第6版，第139条边码25］。然而双方当事人并未进行上述划分，因此对《反非法劳工法》的违反导致整个承揽合同无效。

2. 上诉法院正确地认为，原告不能向被告一提出因无因管理而偿还费用的请求权，因为其在履行事务的过程中违反了《反非法劳工法》第1条第2款第2项的法律禁止性规定，所以不得认为自己支付的相关费用是必要的［请参见联邦最高法院，1992年4月30日判决——案号：Ⅲ ZR 151/91，《联邦最高法院民事裁判集》（BGHZ）118，142，150及其他参考资料］。

3. 原告也不能向被告一提出不当得利法上的价值补偿请求权。

a）依据《德国民法典》第812条第1款第1句第1种情形及第818条第2款之规定，原告享有价值补偿请求权的前提条件是满足的。原告完成了无效承揽合同中规定的电气安装工作，从而在缺乏法律依据的情况下向被告一履行了给付。被告一无法交还原告已履行的承揽给付。因此，原告原则上享有价值补偿请求权。

b）但依据《德国民法典》第817条第2句之规定，原告不得享有上述请求权。

aa）根据《德国民法典》第817条第1句之规定，如果给付的目的是以受领人因受领而违反法律禁止性规定的方式确定的，则受领人应负返还义务。该条款的第 2 句则规定，如果给付人对此种违反行为同样也应负责任时，不得要求返还。返还请求权的排除，并不以双方同时违反法律的禁止性规定为前提，而是只要给付人错误行事便可［联邦最高法院，1968 年 4 月 29 日判决——案号：Ⅶ ZR 9/66，《联邦最高法院民事裁判集》（BGHZ）50，90，91；联邦最高法院，1993 年 7 月 14 日判决——案号：XII ZR 262/91，《新法学周刊：判例报告》（NJW-RR）1993，1457，1458；Palandt/Sprau，《帕兰特民法典评注》，第 73 版，第 817 条边码 12；Bamberger/Roth/Ch. Wendehorst，《班贝克·罗特民法典评注》，第 3 版，第 817 条边码 11］。

bb）原告按照约定完成了电气安装工作。此类给付的履行是价值中立的。但是，由于原告早在与被告一订立合同约定时就已存在不想履行因承揽给付所生之纳税义务的意图，因而违反了《反非法劳工法》第 1 条第 2 款第 2 项的禁止性规定。《反非法劳工法》不仅要解决偷税漏税的问题——这方面的目的是财政性的，而且更要通过法律规定来阻止或至少限制因非法劳工而导致的妨碍竞争现象，从而保护遵纪守法的经营者和劳动者［请参见《联邦议院出版物》（BT-Drucks.）第 15/2573 号第 17 页］。根据《反非法劳工法》的这一目标，不仅是与《反非法劳工法》第 1 条第 1 款第 2 项相矛盾的双方合同约定，原告在履行这一约定过程中所形成的给付也是违反法律的禁止性规定的。由此，只要根据禁止性法律规定的意义和目的不对《德国民法典》第 817 条第 2 句进行限制性解释［请见下文 cc）部分］，或者适用该句会违反诚实信用原则［请见下文 dd）部分］，那么就排除了原告依据《德国民法典》第 812 条第 1 款第 1 句第 1 种情形及第 818 条第 2 款享有的价值补偿请求权。

cc）就本案案情，不能对《德国民法典》第 817 条第 2 句进行限制性解释。

（1）在适用《德国民法典》第 817 条第 2 句关于给付人不得要求返还的严格规定时，正如审判庭在其 1990 年 5 月 31 日判决中的观点［案号：Ⅶ ZR 336/89，《联邦最高法院民事裁判集》（BGHZ）111，308，312］，不能忽略有争议的禁止性法律规定所遵循的目的。因此，如果禁止性法律规定的意义与目的都强制性要求保障不当得利返还请求权，那么即使《德国民法典》第 817 条第 2 句作出规定，但给付人依然可以享有该请求权［Tiedtke,《企业（杂志）》（DB）1990，2307 及其他参考资料；MünchKomm-BGB/Schwab,《慕尼黑民法典评注》，第 6 版，第 817 条边码 20］如当禁止性法律规定颁布的主要目的是保护给付人时。但是，如果承揽人违反了《反非法劳工法》第 1 条第 2 款第 2 项之规定，便不满足上述前提条件。审判庭在其裁决中同样指出的是，从第 1 版开始,《反非法劳工法》的首要目的就是维护公共利益。在官方理由陈述中［《联邦议院出版物》（BT-Drucks.）第 2/1111 号第 3 页，以及第 9/192 号第 5 页］提到，非法劳工会导致失业率上升和偷漏税，从而影响社会保险和失业保险的缴费总额；此外，还应保护定作人不会得到粗制滥造的工作结果。当时的《反非法劳工法》便不是以保护非法劳工为主要目的。这一点在 2004 年 7 月 23 日颁布的新版《反非法劳工法》中也没有改变［请参见《联邦议院出版物》（BT-Drucks.）第 15/2573 号第 1 页、第 17 页及以下内容］。

（2）此外，当维持因违反法律禁止而产生的状态不符合禁止性法律规定的意义和目的，并因此无法为法律制度所容忍时，也需要限制性地解释《德国民法典》第 817 条第 2 句［请参见 Tiedtke,《企业（杂志）》（DB）1990，2307；联邦最高法院，2005 年 11 月 10

日判决——案号：Ⅲ ZR 72/05，《新法学周刊》（NJW）2006，45，边码 11 及以下内容，以及 2008 年 3 月 13 日判决——案号：Ⅲ ZR 282/07，《新法学周刊》（NJW）2008，1942，边码 8 及以下内容；Staudinger/Lorenz，《施陶丁格民法典评注》，2007 年新修订版，第 817 条边码 10]。如当因违反法律禁止而产生的状态本身就违反了禁止性法律规定时。但本案并非如此。《反非法劳工法》第 1 条第 2 款第 2 项的禁止性规定仅涉及电气安装工作的履行过程，并不涉及其结果，也就是并不涉及已经完成的电气安装本身。

dd）而且，适用《德国民法典》第 817 条第 2 句并不违背诚实信用的基本原则。

（1）但是，审判庭在 1990 年 5 月 31 日的判决（案号：Ⅶ ZR 336/89，如上文）中适用了当时版本的《反非法劳工法》，认为拒绝不当得利返还请求权是不合理的。审判庭的依据是，排除合同请求权可在很大程度上满足法律的主要秩序政策目标。而在牺牲已履行给付的非法劳工者利益的情况下，允许非法劳工的定作人保留给付而无须支付报酬，对于实现法律目标并不是绝对必要的。因为考虑到非法劳工事实被揭露后要被追究刑事责任的风险以及税款和社保费的补缴，排除合同请求权已经产生了立法者希望达到的一般性预防效果。此外，按照立法者的设想，经济上大多更为强势的定作人绝不应得到比经济上更弱势的非法劳工者更有利的待遇。这时，以诚实信用为准的观点就起到关键作用，即因已履行的给付而取得利益的定作人无须支付报酬便获得无正当理由的利益是不公平的。

（2）与 1990 年 5 月 31 日（案号：Ⅶ ZR 336/89，如上文）裁决中的观点不同，审判庭的看法，即排除合同请求权外加非法劳工事实被揭露后被追究刑事责任的风险以及税款和社保费的补缴已经产生了立法者希望达到的一般性预防效果，是无法得到证实的。

相当数量的手工劳动仍然以非法劳工的形式提供。2004年7月23日版本的《反非法劳工法》的官方理由陈述［《联邦议院出版物》（BT-Drucks.）第15/2573号第1页和第17页］指出，非法劳工在德国已经达到了警戒水平。非法劳工并非轻微过失，而是具体的经济刑事犯罪，并会给社会大众带来损失。而新版《反非法劳工法》的目的正是帮助人们重新树立非法劳工是不公平现象的意识，从而大幅降低社会公众对非法劳工的接受程度，同时鼓励务工行为遵纪守法。因此依据诚实信用的原则，不能用以下论点来主张不应严格适用《德国民法典》第817条第2句之规定，即如果赋予非法劳工者——即使可能有所限制的——不当得利法上的价值补偿请求权，也可以实现立法者希望达到的一般性预防效果。

（3）此外，按照诚实信用的原则，也并不需要对《德国民法典》第817条第2句作限制性解释，因为即便是定作人本身违反了法律，或是参与了违法行为，其依然有可能在未提供任何对待给付的情况下保留所受领的给付。

在这种情况下，双方当事人之间不会发生价值补偿。如有一方有意违反《反非法劳工法》，依照立法者的意图，则其不应受到法律保护，并不应完成被法律禁止的交易［请参见联邦最高法院，1992年5月5日判决——案号：X ZR 134/90,《联邦最高法院民事裁判集》（BGHZ）118，182，193］。

其他结论也不能从下述论点得出：立法者判定定作人的行为方式和非法劳工者的行为方式是同样违法的，并因此不希望定作人得到更好的待遇［请参见《联邦议院出版物》（BT-Drucks.）第2/1111号第4页］。同样，在考虑立法者曾在1954年的官方理由陈述［《联邦议院出版物》（BT-Drucks.）第2/1111号，如上文］中提出的观点时，也不能得出其他结论，即定作人多数属于经济上更为强势的一方，常常会出于一己私利和为追求利润而随意利用经济上弱势一方所处的困境状态。不应忽略的是，《德国民法典》第817条第2句的适用并不只能给承揽人带来严重打击。因为定作人既不享有瑕疵担保请求权，也不享有合同约定的瑕疵后果请求权，而这些请求权在某些案例中可能会远远超出无效约定的承揽薪酬的数倍。因此，如果瑕疵未能当时发现，那么批准不当得利返还请求权便会使非法劳工的境况甚至要好于遵纪守法的承揽人［请参见Kern，《法学训练（杂志）》（JuS）1993，193，195］。

c）不当得利返还请求权的排除及由此所产生的威慑作用［MünchKomm-BGB/Schwab，《慕尼黑民法典评注》，第6版，第817条边码13］是一种适合借助民法手段来推动实现立法者在立法理由中所述目标的方法［Lorenz，《新法学周刊》（NJW）2013，3132，3135］。因为《德国民法典》第817条第2句的结果是非法劳工交易必然要承受极大的风险［Tiedtke，《企业（杂志）》（DB）1990，2307，2309］。

4. 同样，原告也不能依据《德国民法典》第951条第1款、第812条第1款第1句第1种情形享有请求权。因为《德国民法典》第951条第1款第1句包含的是对不当得利法的法律原因准用（MünchKomm-BGB/Schwab，《慕尼黑民法典评注》，第6版，第812条边码278）。即使存在上述请求权的其他前提条件，但是该请求权——如《德国民法典》第812条第1款第1句第1种情形和第818条第2款规定的请求权——也会因《德国民法典》第817条第2句而落空。

B.
　　原告同样也不享有针对被告二的支付请求权。该请求权不能依据《德国民法典》第 951 条第 1 款第 1 句、第 812 条第 1 款第 1 句产生。

虽然被告二作为原告进行电气安装施工的连排房屋所处土地的共有人，取得了对原告所带来材料的（共同）所有权，如《德国民法典》第 946 条之规定。但由于《德国民法典》第 951 条包含的是法律原因准用规范，要想提出不当得利法上的请求权，就必须满足《德国民法典》第 812 条第 1 款第 1 句所规定的不当得利返还请求权的所有前提条件［联邦最高法院，1955 年 5 月 13 日判决——案号：V ZR 36/54，《联邦最高法院民事裁判集》（BGHZ）17，236，238 及以下内容；联邦最高法院，1971 年 1 月 11 日判决——案号：Ⅷ ZR 261/69，《联邦最高法院民事判例集》（BGHZ）55，176，177；Staudinger/Gursky，《施陶丁格民法典评注》，2011 年新修订版，第 951 条边码 1］。但本案并不满足所有前提条件。如果引起权利变动的物的附合可以被认定为材料的原所有权人向第三人的给付，那么《德国民法典》第 951 条之规定就不适用（Staudinger/Gursky，请见上文，第 951 条边码 7）。本案即是如此。原告依据与被告一所订立的合同完成了电气安装工作，由此客观上看原告仅对被告一履行了给付。至于原告是否基于其看法——承揽合同也是与被告二订立的——而也想向被告二履行给付，在此可以搁置不论。由于缺乏双方的合同约定，因此对于被告二而言，原告所完成的工作是对被告一履行的给付。在这种情况下，如同在错误的自我给付时一样，要从客观的受领人角度进行考量［请参见联邦最高法院，1963 年 10 月 31 日判决——案号：Ⅶ ZR 285/61，《联邦最高法院民事裁判集》（BGHZ）40，272，276 及以下内容；MünchKomm-BGB/Schwab，《慕尼黑民法典评注》，第 6 版，第 812 条边码 179 和 184］。被告二并非通过原告的给付，而是以其他方式并在原告受有损失的情况下取得其所带来材料的（共同）所有权的。因此，依据非给付型不当得利的从属性原则［MünchKomm-BGB/Füller，《慕尼黑民法典评注》，第 6 版，第 951 条边码 9］，原告根本不享有对被告二的请求权。即便原告向被告一提出的基于给付型不当得利的价值补偿请求权因《德国民法典》第 817 条第 2 句而被排除，也并不能改变这一事实［请参见联邦最高法院，1961 年 10 月 5 日判决——案号：Ⅶ ZR 207/60，《联邦最高法院民事裁判集》(BGHZ) 36，30，32］。

三

费用支付裁决的依据是《德国民事诉讼法》第 97 条第 1 款。

法官签名：克尼夫卡、萨法瑞·查贝斯塔里、哈尔福米耶、卡尔茨克、尤格莱特

前审法院裁判：

基尔州法院，2013 年 2 月 5 日裁判——案号：11 O 209/11

石勒苏益格州高等法院，2013 年 8 月 16 日裁判——案号：1 U 24/13

案 例 VI

动物饲养人责任和
受害人过错

在动物争斗事件中，侵权人对自己的动物有义务进行充分的监督，但是，也必须考虑到受害人的动物所具有的风险，从而减少对侵权人的索赔。但是，如果侵权人由于对动物的监管不力而存在过错，那么受害人就不用承担这种共同责任。

案例Ⅵ 动物饲养人责任和受害人过错

摘要

　　本案涉及动物致害侵权责任问题。在原告牵着狗经过被告土地附近时，被告的狗挤出树篱与原告的狗发生争斗，并致使原告被咬伤。原告诉请被告承担财产损失和精神损失。一审支持赔偿，被告不服提起上诉，二审降低了赔偿金额。根据被告要求，联邦法院进行复审，撤销上诉法院裁判，发回重审。

　　本案对于理解德国现有的典型性动物风险的侵权责任认定颇有裨益。本案探讨了动物争斗事件中的责任分配问题，联邦法院认为，侵权方对自己的动物有义务进行充分的监督，但是，如果在争斗过程中受害方的动物也存在与动物本性相应的、不可预测的独立行为，那么受害方也必须考虑到自己的动物所具有的风险，从而减少对侵权方的索赔。但是，如果侵权方不仅作为动物的主人承担无过错责任，而且由于对动物的监管不力而存在过错，那么受害方就不用承担这种共同责任。

【案号】VI ZR 465/15
【判决时间】2016 年 5 月 31 日
【文献收录】
《参考资料集》：是
《联邦最高法院民事裁判集》（BGHZ）：否
《联邦最高法院判例集》（BGHR）：是
【法律基础】
《德国民法典》第 833 条第 1 句、第 254 条第 1 款、第 823 条、第 840 条第 3 款
【裁判要旨】
a）如果两条狗发生争斗事件，其中一条狗的饲养人被另一条狗咬伤，那么受害人的狗所具有的典型动物危险也已成为损害产生的具有相当性的原因之一。依据《德国民法典》第 254 条第 1 款和第 833 条第 1 句，受害人必须允许将此作为减分项计入其依据《德国民法典》第 833 条第 1 句的请求权。

b）但是，如果咬人的狗的饲养人也要依据《德国民法典》第 823 条第 1 款对受害人承担损害赔偿责任，那么根据《德国民法典》第 840 条第 3 款的内容，共同作用的动物危险导致的请求权减损就会被排除。

【欧洲法院判决识别码】（ECLI：DE：BGH：2016：310516UVIZR465.15.0
【裁判结果】
联邦法院第六民事审判庭基于主审法官高克、法官维尔纳和石杜尔以及女法官冯·潘策和穆勒于 2016 年 5 月 31 日进行的口头审理作出如下裁判：

根据被告的法律审上诉请求，撤销图林根州高等法院第一民事审判庭于 2015 年 7 月 16 日所作出的判决。

对案件的重新审理、裁决以及对法律审上诉费用的裁决将发回上诉法院处理。

案例 Ⅵ　　　　　动物饲养人责任和受害人过错 | 73

案件事实

被被告的狗咬伤后，原告以物质及精神损失为由，向被告提出赔偿要求。

2011年7月16日22时左右，原告牵着狗在前往主干道的路上途经被告所有的土地。原告的狗是一条拉布拉多混血犬，狗绳拴在前左脚上。在被告的土地上站着他自己的狗——一条金毛寻回犬。该犬挤过大约一米高的树篱，向原告和他的狗扑去。两条狗之间发生了争斗。在这个过程中，被告的狗不断袭击原告。原告的手因为拴着狗绳而受到限制，无法有效自卫。在这种情况下，他被被告的狗咬伤，伤口流血。

州法院判决被告赔偿原告2000欧元精神损失费，并判决被告赔偿原告服装损失费及眼镜损失费1560.10欧元，原告的其他诉讼请求被驳回。被告提起上诉，对州法院的判决提出异议，因为他被判令支付超过880.05欧元的费用。图林根州高等法院修改了州法院的判决，将精神损害赔偿金降至1100欧元，总赔偿金额降至2660.10欧元。此外，根据原告提出的上诉，法院还判决被告赔偿原告的诉前律师费用。在其他方面，原告和被告的上诉被驳回。在经上诉法院许可的法律审上诉中，被告继续坚持其在上诉中提出的要求。

判决理由

一

上诉法院根据《德国民法典》第833条第1句的内容，判决被告作为金毛寻回犬的主人，赔偿原告因被狗咬伤带来的一切物质及精神损失。原告无须依据《德国民法典》第254条第1款为自己的共同过错承担责任,因为他没有采取任何有意识的行动来干预狗之间的纠纷、将两条狗分开或者防御被告的狗袭击自己的狗。原告也无须——在类推适用《德国民法典》第254条第1款的情况下——为自己的狗所具有的动物危险承担责任。如果原告没有牵着狗走在街上,那么被告的狗或许不会袭击原告,即便如此,原告牵着被拴着的狗走在街上的状态,并不构成可归责于原告的、对于因被告之狗的攻击而产生的损害的因果贡献。仅仅因为原告的狗是狗这一事实,不能成为原告需承担共同责任的理由。

州法院判决中的支付令应减少900欧元,因为被告已经支付了相应款项的精神损失费。

二

上诉判决经不起法律审的审查。

法律审上诉成功推翻了上诉法院的判断,即在被告承担的动物饲养人责任范围内,原告无须——类推《德国民法典》第254条第1款——为自己的狗所具有的动物危险承担责任。而上诉判决本身也存在明显问题,即只认定了被告依据《德国民法典》第388条第1句作为动物饲养人的责任,却没有审查《德国民法典》第823条规定的过错责任问题。如果该责任的前提要件满足——对此接下来还会审查,那么原告的拉布拉多混血犬所具有的动物危险就不再重要(《德国民法典》第840条第3款),因此,被告最终还是会承担全部责任。

1. 上诉法院正确地认为——这一点也没有受到法律审上诉的质疑,根据《德国民法典》第833条第1句,被告(无论如何)需要对其金毛巡回犬咬伤原告这一事实所造成的损害承担责任。相反,上诉法院的下述观点却经不起法律审查,即在被告依据《德国民法典》第 833 条第 1 句所担责任的范围内，原告不需要——类推适用《德国民法典》第 254 条——为自己的狗所具有的动物危险承担责任以致减少对损害的赔偿。

a）如果受害人自己的动物所具有的动物危险也是损害产生的原因之一，那么根据《德国民法典》第 254 条第 1 款和第 833 条第 1 句，受害人必须允许将此作为减分项计入其依据《德国民法典》第 833 条第 1 句的请求权［请参见 1985 年 3 月 5 日的审判庭判决——案号：VI ZR 1/84，《保险法（杂志）》（VersR）1985，665，666，及其相应参引；2015 年 10 月 27 日的判决——案号：VI ZR 23/15，《保险法（杂志）》（VersR）2016，60，边码 26］。前提是：受害人的动物具有的典型动物危险已成为损害产生的具有相当性的原因之一［请参见 1976 年 7 月 6 日的审判庭判决——案号：VI ZR 177/75，《保险法（杂志）》（VersR）1976，1090，1091，因此在《联邦最高法院民事裁判集》（BGHZ）67，129 中未刊印；2005 年 12 月 20 日的判决——案号：VI ZR 225/04，《保险法（杂志）》（VersR）2006，416，边码 7；2015 年 1 月 27 日的判决——案号：VI ZR 467/13，《保险法（杂志）》（VersR）2015，592，边码 12］。依据审判庭一贯的判决，典型动物危险表现为与动物本性相应的不可预测的独立行为［请参见作为基础的 1976 年 7 月 6 日的审判庭判决——案号：VI ZR 177/75，见上文；2005 年 12 月 20 日——案号：VI ZR 225/04，见上文；2014 年 3 月 25 日——案号：VI ZR 372/13，《保险法（杂志）》（VersR）2014，640，边码 5；2015 年 1 月 27 日——案号：VI ZR 467/13，见上文，及其相应参引］。当事件不涉及动物自身的能量（2014 年 3 月 25 日的审判庭判决——案号：VI ZR 372/13，见上文）或者动物只是听从人类的指挥和意志时（2005 年 12 月 20 日的审判庭判决——案号：VI ZR 225/04，见上文，及其参引），则尤其缺少典型动物危险的现实化。相反，来自一只动物向另一只动物自发的攻击，则构成共同导致损害的动物危险（请参见1976年7月6日的审判庭判决——案号：VI ZR 177/75，见上文，涉及母狗发情时散发出的气味）。

根据《德国民法典》第254条第1款需要对两位动物饲养人的因果贡献进行权衡，这取决于各个动物所具有的潜在危险在损害中具体表现出来的权重［1985年3月5日的审判庭判决——案号：VI ZR 1/84，见上文，第666页；哈姆州高等法院，《保险法（杂志）》（VersR）1996，115，116］。

b）上诉法院的推断无法支撑其法律判断，即拉布拉多混血犬具有的动物危险并不构成可归责于原告的、对于损害发生的因果贡献。

此处，动物纯粹的被动行为是否以及在何种条件下会排除损害是由动物具有的危险促成的假设，可暂且不论。因为在原告被被告的狗咬伤的情况下，原告的狗并不像上诉法院所认为的那样，只扮演被绳拴住的狗这一角色。从上诉法院的事实确认中可以看出，实际上发生的是两条狗之间的争斗、激战，而原告夹在两条狗之间无法脱身，并在这个过程中被被告的狗咬伤。所谓争斗是两只狗之间的交锋，它们遵循自己的本性相互作用，最终导致原告受到伤害。因此，两条狗所具有的动物危险通过咬伤得以现实化，且构成了具有相当性的共同原因。至于争斗的起因，以及哪条狗在争斗过程中扮演主要或者次要角色，对于原告与有责任的构成并不重要。然而，这些情况对于责任份额的形成可能具有重要意义［请参见哈姆州高等法院，《保险法（杂志）》（VersR）1996，115，116；法兰克福州高等法院，《新法学周刊：判例报告》（NJW-RR）2007，748，749；科布伦茨州高等法院，《贝克裁判数据库》（BeckRS）2014，

00768]。

2. 但是，当被告不仅依据《德国民法典》第833条第1句，也依据《德国民法典》第823条第1款有义务向原告赔偿损害时，那么就损害的产生起共同作用的拉布拉多混血犬之动物危险就不能被视为请求权的减分项。因为根据《德国民法典》第840条第3款的内容，原告之狗的动物危险对于《德国民法典》第823条的过错责任不具有任何意义（审判庭2015年10月27日的判决——案号：VI ZR 23/15，见上文，边码26及相应参引）。被告的金毛巡回犬设法挤过树篱的事实引发了一个问题，即被告是否因未能充分保护其土地前的（行人）交通免受其狗带来的危险，从而过失地侵害了原告的健康。在交通安全保障义务范围内，被告必须通过足够的监管或者在土地设置足够安全的围栏来确保其狗无法逃脱 [审判庭2015年10月27日的判决——案号：VI ZR 23/15，见上文，边码9；1992年4月28日的判决——案号：VI ZR 314/91，《保险法（杂志）》（VersR）1992，844]。州法院根据原告的观点认为被告违反了上述义务，相反，上诉法院却没有进一步探究这个问题。但是，该问题应先被澄清，因为在违反交通安保义务的情况下可能会禁止将动物风险作为请求权的减分项。

三

据此，撤销上诉法院的判决，并退回上诉法院重新审理判决此案（《德国民事诉讼法》第562条第1款，第563条第1款第1句）。

上诉法院必须——如有必要在双方补充陈述后——补作必要的判断，即被告是否依据《德国民法典》第823条承担过错责任。如果情况并非如此，那么根据《德国民法典》第254条第1款的规定，权衡两条狗各自的动物危险对因果关系的贡献，并就此作出可能依然必要的判断。

法官签名：高克、维尔纳、石杜尔、冯·潘策、穆勒
前审法院裁判：
埃尔福特州法院，2014 年 9 月 9 日裁判——案号：8 O 1517/11
耶拿州高等法院，2015 年 7 月 16 日裁判——案号：1 U 652/14

案例 Ⅶ

买受人因物的瑕疵而
享有的留置权

出卖人有义务交付无物的瑕疵和权利瑕疵之物，否则买受人可拒绝支付全部价款或者拒绝领取／受领标的物直至瑕疵消除。但是，在出卖人只是轻微违反义务的情形下，买受人拒绝支付价款违背诚实信用原则。

摘要

本案涉及出卖人交付过程中物品存在瑕疵的问题。本案原告为汽车经销商，被告为汽车买受人，原告最初交付的汽车车身存在瑕疵，被告因此拒绝领受交付并拒绝支付全部价款，原告取回汽车修复后再次交付，之后被告支付了全部价款。原告诉请被告承担因标的领取/受领迟延和价款支付迟延产生的滞纳费用等。第一审和第二审法院驳回原告的诉讼请求，法律审法院仍驳回其诉讼请求。

本案有益于帮助理解《德国民法典》中，给付瑕疵下的买卖双方义务承担。通过本案的论证，可以加深关于对待给付请求权、价款支付保留和因为领取/受领迟延形成之赔偿/费用返还请求权的认识理解。根据《德国民法典》的规定，出卖人有义务交付无物的瑕疵和权利瑕疵之物，否则买受人可拒绝支付全部价款或者拒绝领取/受领标的物直至瑕疵消除。同时也规定，出卖人只是轻微违反义务的情形下，买受人拒绝支付价款违背诚实信用原则。综合权衡本案中双方的利益，即便车身瑕疵修复费用有限，被告拒绝支付价款和领取汽车也不违背诚实信用原则，因此不产生支付迟延和领取/受领延迟的法律效果，不承担相应赔偿责任。

另外，德国现行消费者商品买卖政策规定，只要出卖人交付存在瑕疵的物，就必须承担事后补充履行的费用，包括再次运输标的和妥善保管的费用。

案例 Ⅶ 买受人因物的瑕疵而享有的留置权

【案号】Ⅷ ZR 211/15
【判决时间】2016 年 10 月 26 日
【文献收录】
《参考资料集》：是
《联邦最高法院民事裁判集》（BGHZ）：否
《联邦最高法院判例集》（BGHR）：是
【法律基础】
《德国民法典》第 433 条第 1 款第 2 句、第 242 条
【裁判要旨】
基于出卖人交付无物的瑕疵和权利瑕疵之物的义务（《德国民法典》第 433 条第 1 款第 2 句），买受人在物存在可修复的——即使很微小的——瑕疵的情况下，也有权依据《德国民法典》第 320 条第 1 款拒绝支付全部价款以及依据《德国民法典》第 273 条第 1 款拒绝领取货物直到瑕疵消除，只要并未出现特殊情形导致留置权违反诚实信用原则（《德国民法典》第 242 条）。
【欧洲法院判决识别码】（ECLI）：DE：BGH：2016：261016UVIIIZR 211.15.0
【裁判结果】
联邦最高法院第八民事审判庭基于审判庭庭长米勒咖博士、女法官赫塞博士以及法官阿奇勒斯博士、施耐德博士和科斯茨勒于 2016 年 10 月 26 日进行的口头审理作出如下裁判：
原告针对拉文斯堡州法院第一民事庭于 2015 年 8 月 25 日作出的判决提起的法律审上诉被驳回。
原告须承担法律审上诉审诉讼费用。

案件事实

原告是汽车经销商，其基于 2013 年 1 月 15 日的订购将一辆新

汽车"菲亚特菲跃"以 21450 欧元的价格转让给被告。双方约定：由原告免费将车运往被告住所。

2013 年 7 月 16 日汽车交货时，驾驶员侧车门有一处油漆损伤。运输公司发货单上记载着："驾驶员侧车门有小凹坑，修复费用将由……［原告］……承担。"当日被告就打电话说他"拒绝接受"汽车，之后发传真给原告：

"很遗憾，如发货单上记载的，（车门上）有一个小的凹坑，而且并不是非常小。这个小凹坑穿过底漆至车身材料（铁）差不多 2 厘米至 3 厘米深……在事实最后弄清楚以前，我不能开放支付权限。"

在 2013 年 7 月 17 日的信中，原告声称小凹坑只是轻微损伤，并要求就全部买卖价款进行转账。随后，被告于 2013 年 7 月 17 日发给原告一份由某汽车油漆工厂出具的费用估算，据此会产生 528.30 欧元的油漆费用。

原告于 2013 年 7 月 25 日书面回复称，她将依据修理账单原件最多承担 300 欧元的费用，但她并不承认自己负有某项法律义务。在 2013 年 7 月 26 日的律师函中，被告要求原告为自己免费修复漆面损伤，并设定了 2013 年 8 月 10 日为最后期限，之后原告于 2013 年 8 月 6 日取回了被告尚未使用的汽车。

在 2013 年 9 月 11 日的律师函中，被告要求不迟延地交付该汽车。作为回应，原告于 2013 年 9 月 12 日通知他：汽车可以被取走了。2013 年 10 月 6 日，原告交付了汽车，而该车的漆面损伤已被修复。之后被告支付了全部的买卖价款。

原告援引 2013 年 8 月 7 日收到的报价，声称漆损修复只需要 249.90 欧元，并要求原告支付 2013 年 7 月 25 日至 2013 年 10 月 20 日的买卖价款延迟支付利息（235.65 欧元），偿还汽车取回费用（净额

167.64 欧元）和重新交付汽车的费用（总额 350 欧元）以及 2013 年 8 月 8 日至 2013 年 10 月 15 日的"滞期费"（621 欧元）。

该诉请在下级法院并未得到支持。在经上诉法院许可的法律审上诉中，原告继续要求支付款项。

判决理由

法律审上诉未成功。

一

第二审法院——就与法律审有关的部分而言——主要认为：

原告无权依据《德国民法典》第 280 条第 1 款和第 2 款以及第 286 条请求损害赔偿。被告既未就领取汽车也未就买卖价款支付陷入债务人迟延。

原告之汽车领取请求权以及价款支付请求权于 2013 年 7 月 16 日尚未到期。被告有权拒绝领取汽车，因为它——不同于买卖新车时默示约定的那样（《德国民法典》第 434 条第 1 款第 1 句）——并非完好无损的，因此不是全新的。无论必要的维修费用是 249.90 欧元还是 528.30 欧元，对此都不产生影响。

"买受人退回买卖标的物的权利"不受《德国民法典》第 323 条第 5 款第 2 句意义上的显著性门槛的限制。即使是在——像本案中——微小瑕疵的情况下，买受人也可以拒绝接受已提供的货物，因为提供有瑕疵的给付仅为部分给付，买受人可以依据《德国民法典》第 266 条予以拒绝。这同样适用于出卖人轻微违反义务的情形。在这种情形下，被排除的只有合同解除权（《德国民法典》第 323 条第 5 款第 2 句）和"重大"损害赔偿请求权（《德国民法典》第 281 条第 1 款第 3 句），而不包括此处涉及的买受人的退回权和拒绝领取的权利。

在此处给定的个案情况下，诚实信用原则（《德国民法典》第242条）不会构成障碍。该漆损与约定好的汽车崭新性有关。即使如原告所说，该漆损只需要249.90欧元就可以修复，但这也并非一个不显著的损伤。

二

该判断经得起法律审查，因此法律审上诉被驳回。

无论是从债务人迟延的角度（《德国民法典》第280条第1款和第2款、第286条第1款），还是——涉及运输费和"滞期费"——从债权人受领迟延的角度（《德国民法典》第304条）来看，原告都不享有其所主张的请求权。被告并未陷入价款给付迟延，因为原告没有提供给被告无瑕疵的汽车在先（《德国民法典》第433条第1款第2句），被告因此有权依据《德国民法典》第320条第1款第1句保留约定的全部价款，直到交付的标的物不再有瑕疵。依据《德国民法典》第273条第1款，被告也有权拒绝受领具有瑕疵的汽车（《德国民法典》第433条第2款），直到汽车漆损被修复，因此被告既未陷入债务人迟延，也未陷入债权人受领迟延。

1. 上诉法院并未判给原告2013年7月16日至2013年10月20日的买卖价款迟延支付利息，这在法律上是没有错误的，因为被告并未陷入买卖价款给付迟延。根据《德国民法典》第286条第1款的规定，迟延的前提要件是：债务人在收到催告后仍未按照债权人到期且可行使的（即未罹于抗辩权）债权履行给付。此要件在有争议的时间范围内（2013年7月16日至2013年10月20日）并不具备。

a）在2013年7月16日首次（试图）交付汽车时，存在排除迟延的留置权。因为依据《德国民法典》第 320 条第 1 款第 1 句，被告享有针对债权人全部债权的拒绝履行权，直到债权人交付无瑕疵的汽车［请参见 2009 年 5 月 20 日审判庭判决——案号：Ⅷ ZR 191/07,《联邦最高法院民事裁判集》（BGHZ）181，170，边码 19 及其相应参引］。根据该规则，双务合同中双方当事人——只要其并不负有先履行义务——都可以拒绝履行自己所负担的给付，直到对待给付被履行为止。该对待给付并非在 2013 年 7 月 16 日，而是于 2013 年 10 月 6 日才被履行。

aa）根据《德国民法典》第 433 条第 1 款第 2 句，原告有义务提供无物的瑕疵和权利瑕疵的物，也就是说，原告必须将车辆以完好的油漆状态交付给被告，此种状态因约定的新车特征而理所当然［请参见 2013 年 2 月 6 日审判庭判决——案号：Ⅷ ZR 374/11,《新法学周刊》（NJW），2013，1365，边码 10］。因此，原告只有在交付此种——无瑕疵——状态的汽车并转移汽车所有权的同时，才能要求被告支付双方约定好的价款。然而，2013 年 7 月 16 日交付的汽车——法律审上诉状对此也没有提出异议——却因驾驶员侧车门油漆凹坑而具有瑕疵（《德国民法典》第 434 条第 1 款第 1 句）。

bb）对于原告来说，履行买卖合同仍旧是（充分）可能的，因为瑕疵是可以被修复的。与法律审答辩相反，在这种情况下值得思考的是，是否可以通过对漆损的事后修复而恢复新车的特性［请参见 1980 年 6 月 18 日审判庭判决——案号：Ⅷ ZR 185/79,《新法学周刊》（NJW），1980，2127，第 Ⅱ.2.b. 部分］。但是无论如何，被告一开始就要求消除瑕疵且——从他之后表现出来的，因此具有决定性的实际行为来看［请参见联邦最高法院，2013 年 6 月 12 日判决——案号：Ⅻ ZR 50/12,《新法学周刊：判例报告》（NJW-RR）2013，1232，边码 38；MünchKommBGB/Fetzer,《慕尼黑民法典评注》，第 7 版，第 363 条边码 3 及其相应参引］——没有质疑 2013 年 10 月 16 日再次交付的、已经修复损坏的汽车是否适合债务的履行，而是直接受领汽车作为债务人的履行（请参见《德国民法典》第 363 条）并支付全部价款。

cc）法律审上诉状质疑的上诉法院的判断，即在整个买卖价款债权的范围内行使拒绝履行义务权并未违背诚实信用原则（《德国民法典》第 242 条；《德国民法典》第 320 条第 2 款的法律理念），没有法律错误。

（1）诚然，买受人例外地不能或者不能完全依据《德国民法典》第 320 条第 1 款第 1 句拒绝支付价款，如果根据整体的情况——尤其当出卖人的义务违反相对轻微时——拒绝支付价款会违背诚实信用原则［请参见联邦最高法院，1956 年 12 月 11 日判决——案号：Ⅷ ZR 61/56，《企业（杂志）》（DB）1957, 88，第 2 部分，第 3 部分，第 5 部分；1974 年 2 月 27 日判决——案号：Ⅷ ZR 206/72，《经济与银行法杂志》（WM）1974, 369，第Ⅲ.2.a 部分；2009 年 5 月 6 日判决——案号：Ⅻ ZR 137/07，《联邦最高法院民事裁判集》（BGHZ）180, 300，边码 14；2011 年 6 月 9 日判决——案号：Ⅲ ZR 157/10，《新法学周刊：判例报告》（NJW-RR）2011, 1618，边码 11；2015 年 3 月 26 日判决——案号：Ⅶ ZR 92/14，《联邦最高法院民事裁判集》（BGHZ）204, 346，边码 41；也请参见 2015 年 6 月 17 日审判庭判决——案号：Ⅷ ZR 19/14，《联邦最高法院民事裁判集》（BGHZ）206, 1，边码 50（关于《德国民法典》第 320 条第 2 款）］。

（2）但是，法律审上诉状——其采纳了上诉法院对其有利的判断即原告对于义务的违反只是轻微的——的下述指责却未获成功，即上诉法院没有考虑到该汽车漆损是可以修复且微不足道的，特别是——被告也能认识到——修复该损坏只是"几百欧"的事情，而且原告从一开始就提出了要修复损坏。不同于法律审上诉观点，这些情况的存在并不意味着，被告有义务早在 2013 年 7 月 16 日就缴纳大部分价款——除维修漆损的扣款外。

（a）《德国民法典》第 320 条具有双重目的：既保证想要遵守合同的债权人之对待给付请求权，也对债务人施加压力，敦促其履行合同［请参见联邦最高法院，1991 年 12 月 6 日判决——案号：V ZR 229/90，《联邦最高法院民事裁判集》（BGHZ）116，244，249；2015 年 3 月 26 日判决——案号：Ⅶ ZR 92/14，见上文，边码 58；及各自的参引］。在汽车存在瑕疵且被告必须收回该汽车以消除瑕疵的情况下，仍旧承认被告在第一次汽车交付时就负有全部或者大部分价款支付的义务，这是不符合上述目的的。有必要通过对（全部）买卖价款的扣留给债务人施加压力，这在本案给定的情况下变得尤为明显，因为原告再次交付汽车已经是 2 个月后了，而被告在此期间无法使用汽车。

（b）法律审上诉状的观点并未考虑到争端中具有决定性的情况。独立于上诉法院的——由于对约定的、通常表现卖方违约显著性的性质［此处指全新的物品（或商品）］［请参见 2010 年 2 月 17 日审判庭判决——案号：Ⅷ ZR 70/07，《新法学周刊：判例报告》（NJW-RR）2010，1289，边码 23；2013 年 2 月 6 日判决——案号：Ⅷ ZR 374/11，见上文，边码 16；2014 年 5 月 28 日判决——案号：Ⅷ ZR 94/13，《联邦最高法院民事裁判集》（BGHZ）201，290，边码 14］的违反而并非无争议的论断：原告对义务的违反虽然"并非完全不显著"但仍是轻微的，而在根据个案情况进行必要的综合性利益权衡时（请参见 2014 年 5 月 28 日审判庭判决——案号：Ⅷ ZR 94/13，见上文，边码 16 及其相应参引），不能仅仅以漆损修复费用低为依据，而该笔费用根据法律审中作为基础的原告之主张为

249.90 欧元。

法律审上诉状没有认识到，原告从一开始就没有向被告提出过由自己来安排对漆损进行适当的修复，以履行作为出卖人的义务。因为，根据 2013 年 7 月 16 日的交货单，原告只同意承担费用。被告并没有义务委托他人来进行修复，而应该由原告在其履行义务范围内自担责任与风险地来安排此事。此外，在履行义务的范围内，原告本身并非无限制地坚守其承担费用的（非足够的）意愿，而是设置了 300 欧元的上限，这样被告就得承担维修费用的风险，包括维修厂完成了不经济或者不当维修工作的风险。

b）因此，被告根据《德国民法典》第 320 条第 1 款第 1 句拒绝履行的权利（仅）在 2013 年 10 月 6 日交付（无瑕疵的）汽车时消灭。被告随后支付了买卖价款，原告于 2013 年 10 月 20 日收到了该价款，而此前她仍未发出催告。因此，在无瑕疵交货至价款支付期间被告同样没有陷入迟延，所以无须负担迟延利息。

2. 无论是依据《德国民法典》第 280 条第 1 款、第 2 款和第 286 条第 1 款从债务人就领取汽车而陷入迟延的角度（《德国民法典》第 433 条第 2 款），还是从债权人受领迟延的角度（《德国民法典》第 304 条），原告都无权要求支付"滞期费"和偿还运输费用。

a）被告也没有在 2013 年 7 月 16 日就领取买卖标的物的义务（《德国民法典》第 433 条第 2 款）而陷入迟延（《德国民法典》第 286 条第 1 款）。相反，被告正当地拒绝了领取标的物，因为他享有拒绝履行权，该权利并非依据《德国民法典》第 320 条第 1 款第 1 句，而是依据《德国民法典》第 273 条第 1 款产生的。

aa）针对原告的领取标的物请求权，被告并不享有《德国民法典》第 320 条第 1 款第 1 句所规定的拒绝履行权。因为一般来说，买受人领取标的物的义务并非交付标的物的对待给付，因此只在例外情况下——此处并不明显——与交付存在对应关系，比如当这种对应关系构成不履行合同抗辩权的前提条件时［请参见联邦最高法院，1975 年 5 月 28 日判决——案号：Ⅷ ZR 6/74，《经济与银行法杂志》（WM）1975，863，第 I.1a 部分；2006 年 5 月 19 日判决——案号：V ZR 40/05，《新法学周刊》（NJW）2006，2773，边码 21；2015 年 6 月 17 日判决——案号：Ⅷ ZR 19/14，见上文，边码 49］。

bb）但是被告依据《德国民法典》第 273 条第 1 款——基于原告提供无瑕疵之买卖标的物的义务（《德国民法典》第 433 条第 1 款、第 2 款）——有权拒绝领取汽车，只要该汽车在提供给他时没有处于无瑕疵的，也就是车漆完好的状态。无论如何，被告于 2013 年 7 月 16 日要求免费修复瑕疵并表示"拒绝"（当时有瑕疵的）汽车，从而默示地主张了这种留置权。

cc）与法律审上诉状的观点相反，另外的一种判断即使考虑到下述情况也是不适当的：漆损的修复只需花费"几百欧"，因此该损坏应被视为"轻微"的。

（1）但是审判庭至今仍未确定：债法改革后，买受人在何种条件下可以"拒绝"有瑕疵之物［请参见 2013 年 2 月 6 日审判庭判决——案号：Ⅷ ZR 374/11，见上文，边码 15；2010 年 2 月 17 日判决——案号：Ⅷ ZR 70/07，《新法学周刊：判例报告》（NJW-RR）2010，1289，边码 21 及下页］。审判庭目前只是决定，买受人在瑕疵——即使是微小的——可修复的情况下，原则上可以依据《德国民法典》第 273 条第 1 款主张留置权，也就是说不必领取标的物，而是可以"拒绝"该物，直到瑕疵被修复。

因为，违反《德国民法典》第 433 条第 1 款第 2 句的规定，交付存在权利瑕疵和物的瑕疵的物，构成对出卖人义务的违反［《联邦议院出版物》（BT-Drucks.）第 14/6040 号，第 94 页、第

209 页]。《德国民法典》第 433 条第 1 款第 2 句——与《德国民法典》第 323 条第 5 款第 2 句和第 281 条第 1 款第 3 句不同——没有区分显著和非显著的出卖人义务之违反。上述规定涉及的是，买受人主张与合同解除或者替代给付的损害赔偿请求权有关的权利，从而对整个买卖合同的存在提出质疑。然而，如果买受人——比如本案中的被告——遵守合同并要求取得无瑕疵的标的物，那么情况就不同了。

在此种情形下，相关文献也——正确地——赋予了买受人下述权限，即在对应为的无瑕疵给付进行提示的情况下拒绝具有可修复瑕疵的标的物〔NK-BGB/Büdenbender，《诺莫斯民法典评注》，第 3 版，第 437 条边码 113；Staudinger/Beckmann，《施陶丁格民法典评注》，2013 年新修订版，第 433 条边码 132、220；Erman/Grunewald，《艾曼民法典评注》，第 14 版，第 437 条前注边码 6；MünchKomm-BGB/Westermann，《慕尼黑民法典评注》，见上文，第 433 条边码 69；BeckOK/Faust，《贝克网络民法典评注》，日期：2014 年 8 月 1 日，第 433 条边码 40；Oetker/Maultzsch，《合同之债》，第 4 版，第 2 章边码 131、148；Canaris，载：Lorenz 主编《卡尔斯鲁厄论坛》2002，5，74；Reinking/Eggert，《汽车买卖》，第 13 版，边码 340；也请参见 Lorenz，《新法学周刊》（NJW）2013，1341，1343（但是牵涉《德国民法典》第 266 条）〕。因为通过这种方式，买受人获得了必要且依据法律理念设置的施压手段，以使出卖人妥善地履行买卖合同，所以出卖人不能要求买受人首先领取具有瑕疵的标的物，为了之后再主张物的瑕疵担保权（请参见 Staudinger/Beckmann，《施陶丁格民法典评注》，见上文，第 433 条边码 132 及其相应参引）。

（2）法律审上诉诉状对《德国民法典》第 640 条第 1 款第 2 句涉及承揽合同之规则的援引未获成功，根据该规定，定作人不得因不重要的瑕疵拒绝验收。该规定通过 2000 年 3 月 30 日的《加速届期债权清理法》[《联邦公报》（BGBl.）Ⅰ部分，第 330 页] 被引入，专门用于改善承揽人的法律地位。承揽人"依据现行的、有关民法典之承揽合同的规则处于非常弱势的地位，因为他必须完成全部工作，而定作人在其全部完成之前不必支付报酬"。因此立法者想要澄清，"只能因为超出轻微的瑕疵"才能拒绝验收工作[请参见《加速届期债权清理法草案》，《联邦议院出版物》（BT-Drucks.）第 14/1246 号，第 6 页]。

该规则在买卖合同法上没有对应条款，且——在缺少法律漏洞和具有可比性的利益情况时——也不能相应适用。

dd）但是，《德国民法典》第 273 条第 1 款意义上的留置权——作为禁止权力滥用（《德国民法典》第 242 条）的特殊适用情形——本身也不得以违背诚信的方式行使[请参见联邦最高法院，1984 年 4 月 11 日判决——案号：Ⅷ ZR 302/82，《联邦最高法院民事裁判集》（BGHZ）91，73，82 及下页；2004 年 6 月 8 日判决——案号：X ZR 173/01，《新法学周刊》（NJW）2004，3484，第 I.1.b.aa 部分；以及各自的参引]。然而，如前所述，本案中不存在特殊情况，会在这一点上导致与上诉法院的判断相偏离。

b）根据上述情形，同时也可以认为，原告也不能依据《德国民法典》第 304 条请求偿还多支出的费用，即额外的运输费用以及重新交付前的汽车保管费用。因为被告并未于 2013 年 7 月 16 日陷入受领迟延；法律审上诉也未主张这一点。根据《德国民法典》第 294 条，债务人必须向债权人实际提出给付，像它应被履行的那样。2013 年 7 月 16 日的情况却并非如此，因为原告没有提供无物的瑕疵的汽车，因此并未像应履行的给付那样实际提供汽车（请参见 Staudinger/Feldmann，《施陶丁格民法典评注》，2014 年新修订版，

第 294 条边码 7 和 8；Palandt/Grüneberg，《帕兰特民法典评注》，第 75 版，第 294 条边码 4；以及各自的参引）。2013 年 10 月 6 日第二次交付时上述要件才得到满足，此时被告也领取了该标的物。

c）不考虑被告就领取汽车既未陷入债务人迟延又未陷入受领迟延的事实，原告也无法请求返还运输费用和"滞期费"，因为这些费用在本案中属于提供无瑕疵的物所必需的履行费用，因此无论如何都必须由出卖人承担，其依据《德国民法典》第 448 条第 1 款前半句有义务将标的物运送至约定的履行地（请参见 Jauernig/Berger，《尧尔尼希民法典评注》，第 16 版，第 448 条边码 2；Staudinger/Beckmann，《施陶丁格民法典评注》，见上文，第 448 条边码 6 及其相应的参引）。

如果被告——如原告所要求的——于 2013 年 7 月 16 日领取该汽车，那么《德国民法典》第 439 条第 2 款也不支持运输费用和"滞期费"的返还。该条款旨在确保《消费者商品买卖政策》第 3 条第 3 款第 1 句、第 4 款所要求的事后补充履行之无偿性〔请参见 2014 年 4 月 30 日审判庭判决——案号：Ⅷ ZR 275/13，《联邦最高法院民事裁判集》（BGHZ）201，83，边码 11〕，规定了只要——如本案一样——存在瑕疵，出卖人就必须承担事后补充履行的必要费用〔请参见 2005 年 12 月 21 日审判庭判决——案号：Ⅷ ZR 49/05，《新法学周刊》（NJW）2006，1195，边码 21〕。举例来说，法律提到了运输和在途成本，这与原告所主张的相同。如果事后补充履行要求出卖人收回买卖标的物，那么出卖人也必须承担保管费用，即原告所说的"滞期费"，因为这也是向买受人承担的、无偿创设符合合同状态之义务的一部分。

法官签名：米勒咖博士、赫塞博士、阿奇勒斯博士、施耐德博

士、科斯茨勒

前审法院裁判：

旺根地方法院，2014 年 5 月 22 日裁判——案号：4 C 91/14

拉文斯堡州法院，2015 年 8 月 25 日裁判——案号：1 S 86/14

案例 VIII

赔偿因出租场所瑕疵而产生的搬家费用

除了纯粹的租赁物的性质缺陷外,行政机关的限制和使用障碍也可能导致租赁物丧失或减损其依约使用的适宜性,构成租赁物的瑕疵。合法替代行为异议的法律合理性取决于其所违反的相关法律规范的保护目的。

案例Ⅷ　赔偿因出租场所瑕疵而产生的搬家费用

摘要

本案涉及合同法中的合法替代行为与损害赔偿请求权。原告向被告租用了由其与他人共有的一栋办公楼的底层，双方约定了月租金。后有关部门查明，该建筑在火灾防护方面存在诸多问题，有关部门通知建筑所有权人（被告）限期消除隐患。后到期未消除隐患，有关部门通知承租人（原告）如果继续使用该建筑，那么有关部门会立即强制封锁该建筑，以禁止其使用。被告提出让原告搬到其指定的另一地点以作替代，原告拒绝并主张终止租赁合同，后搬进自己暂时租赁的新办公场所。从搬出之日起原告便不再向被告支付租金。一审和二审法院判决，被告赔偿原告因搬家产生的费用，原告向被告支付剩余部分的租金。法律审法院撤销部分判决，发回重审。

本案有助于理解房屋租赁合同双方当事人因特殊原因导致合同目的不能实现而享有的非常通知终止权以及在合同终止条件下的损害赔偿请求权。法院认为，除了纯粹的租赁物的性质缺陷外，行政机关的限制和使用障碍也可能导致租赁物丧失或减损其依约使用的适宜性，构成租赁物的瑕疵。

基于租赁物的瑕疵，原告有权因故终止租赁合同。被告不能以合法替代行为为依据，即使被告采取同样可行且合法的行为方式，原告的损害也会发生。被告主张自己也可以终止租赁合同，但法律审法院并未支持该主张，因为根据上诉法院的事实认定，如果租赁物不存在瑕疵或者被告及时消除了瑕疵，租赁合同就不会被终止，损害也不会产生。同时，该主张也不符合《德国民法典》相关条款的保护目的。

然而，原告有义务继续支付约定的租金，直到他搬走为止。

【案号】XII ZR 153/15
【判决时间】2016 年 11 月 2 日
【文献收录】
《参考资料集》：是
《联邦最高法院民事裁判集》（BGHZ）：否
《联邦最高法院判例集》（BGHR）：是
【法律基础】
《德国民法典》第 536 条第 1 款、第 536a 条第 1 款、第 543 条第 2 款第 1 句、第 249 条
【裁判要旨】
a）在损害结果的可归责性问题上，合法替代行为异议的法律合理性取决于所违反的法律规范的目的。还有一个前提条件，即确实会产生同样的结果；仅仅是有可能合法地产生该结果，并不满足这一前提［遵循《联邦最高法院民事裁判集》（BGHZ）120,281,287=《新法学周刊》（NJW）1993，520，522 以及联邦最高法院 2012 年 3 月 9 日判决——案号：V ZR 156/11——《新法学周刊》（NJW）2012，2022］。

b）探讨针对承租人的损害赔偿请求权——赔偿搬家费用作为合同终止的间接损害——提出的合法替代行为异议。
【欧洲法院判决识别码】（ECLI：DE：BGH：2016：021116UXIIZR153.15.0
【裁判结果】
联邦法院第八民事审判庭基于审判长多泽和克林科汉默博士、希林、雷登 - 博格博士、波图博士四位法官于 2016 年 11 月 2 日进行的口头审理作出如下裁判：

基于被告的法律审上诉，奥尔登堡州法院第 16 民事合议庭于 2015 年 11 月 24 日作出的判决在费用方面以及在驳回 319.34 欧元及利息的反诉方面被撤销。

针对前述判决其他方面的法律审上诉被驳回。

在判决撤销的范围内，该案被发回州法院重新审理和裁决，包括法

案例 Ⅷ　赔偿因出租场所瑕疵而产生的搬家费用

律审程序的费用问题。

案件事实

双方当事人对源于某一商业场所租赁合同的权利存在争议。

2012年5月原告——某一照管社团——向被告租用了某大楼底层的办公场所，该楼系被告与他人共有。双方约定的月租金（含营业税和其他费用）为416.50欧元。

在一次依据建设管理法进行的检查中，B城发现该建筑在火灾防护方面存在诸多问题。尤其是在建筑外墙的隔热系统安装方面，违反建筑规范地使用了可燃性材料（聚苯乙烯）。B城在2013年4月24日的信函中告知原告，该建筑上存在火灾隐患，建筑所有权人应当在2013年5月31日之前将该隐患消除，否则，行政机关将禁止整栋建筑的使用。借由2013年6月7日的行政告知书，B城向原告发出禁止使用出租场所的禁令，理由是建筑外墙隔热层不符合火灾防护要求，且建筑所有权人未在合理期限内消除该隐患。同时，该禁令立即执行，并宣布如果从2013年8月1日起仍继续使用该建筑及其内场所，那么将以查封的方式执行禁令。

2013年6月11日，原告拒绝了被告通过电话提出的搬入替代场所的提议，于2013年6月12日发送律师函，表示"自2013年6月30日起立即"终止租赁合同，并于2013年6月28日搬进其暂时租赁的新办公场所。自2013年6月起，原告便不再向被告支付租金。

原告在起诉时请求被告赔偿其因搬家产生的费用（家具搬运、拆除和重新安装电子数据处理装置、清洁费用），共计2375欧元。

被告对该起诉表示反对，并就 2013 年 6 月和 7 月拖欠的租金提出反诉，共计 833 欧元。地方法院判决被告向原告支付 1675 欧元（含利息），而在反诉中，判决原告（反诉被告）向被告（反诉原告）支付 83.30 欧元（含利息）；此外，地方法院拒绝了当事人提出的相互支付申请（即对双方债权进行了部分抵销）。此后，被告对原诉的全部判决内容提起上诉，对于反诉部分，其只针对 2013 年 6 月剩余部分的租金提出支付请求。州法院只对该有争议的判决稍作修改。法院将被告应向原告支付的赔偿金额降至 1580 欧元（含利息），并就反诉再判给被告 13.86 欧元，因此，总金额为 97.16 欧元（含利息）。

在经州法院许可的法律审上诉中，被告继续主张其在二审中的诉请。

判决理由

法律审上诉仅部分地具有理由，即上诉法院就反诉的判决对被告不利。因此，撤销有争议的判决，并将案件发回上诉法院重新审理。

一

上诉法院在为其判决说理时作了如下陈述：根据《德国民法典》第 536a 条的规定，原告有权请求被告赔偿其因搬家而遭受的损失。被告作为出租人，应当对租赁物在合同订立时就已产生的瑕疵承担无过错的担保责任。而外墙隔热装置的缺陷就属于这种瑕疵，虽然当事人在合同订立时并不知道这一缺陷，但当时其已经成为行政机关干预的充足理由。尽管可以认为，租赁合同第 6 条第 2 款已经排除了被告对合同订立时即已存在之瑕疵的担保责任。但就此提出的异议由于迟延而被驳回，因为被告并未与上诉理由书一起提出该异议，而是在最后一次庭审后提交的一份非死后遗留的申请书状中才提出的。依据《德国民法典》第536a条的规定，与原告搬家有关的必要费用可以获得赔偿。因此，赔偿范围应当包括新承租房的布置、旧的电子数据处理装置的拆除和新装置的安装、搬运物品的打包费用以及两处房间的清洁费用。地方法院经调查取证认为，金额被确定为1675欧元的请求权是合理的，而法院的该结论是基于全面且细致的考量的。关于电子数据装置的拆装工作账单，地方法院只忽略了一点，即原告有权获得税前扣减，因此95欧元的营业税不应当计入赔偿范围。被告不能主张合法替代行为，因为此处不存在类似的因果关系进程。当然，如果租赁双方当事人均有权非常地通知终止租赁关系，那么合法替代行为异议将排除损害赔偿请求权。在本案中被告主张，其已经基于2013年6月7日的建筑使用禁令普通地通知终止了租赁合同，而依据《德国民法典》第580a条第2款，该合同终止最早可于2013年12月31日产生效力。这与2013年6月立即生效的原告终止合同具有不同的因果关系进程。无论如何，在实施替代行为的情况下，仅存在合法造成损害的可能性是不够的。相反，前提要件是，确实会产生同样的结果。被告首次——未提供证据——在上诉理由书中并也因此迟延地主张，其事实上已经作出了终止租赁关系的意思表示。不应当认为原告存在共同过失，因为其没有义务接受被告的建议，搬去被告提供的替代场所。所以反诉只在很小的程度上是合理的。原告仅应当支付2013年6月1日至7日的房租，因为随着2013年6月7日的使用禁令的通知，该租赁场所丧失了适于使用性。鉴于该使用禁令的立即执行性，2013年6月7日之后是否实际使用了该场所并不重要。

二

上述判决理由并非在所有方面都经得起法律审查。

1. 但是，法律审上诉质疑上诉法院的下述判断，即原告有权向被告请求赔偿其因搬家产生的费用1580欧元，未获成功。

a）根据联邦法院的通行判例，租赁合同一方当事人由于可归责于自己的违约行为而促使另一方当事人有效地非常通知终止合同的，有义务赔偿另一方当事人由此产生的损害（此即合同终止造成的或间接造成的损害）[请参见2000年3月15日审判庭判决——案号：XII ZR 81/97，《新法学周刊》（NJW）2000，2342及下页；联邦最高法院，2007年6月13日判决——案号：VIII ZR 281/06，《新法学周刊》（NJW）2007，2474，边码9，以及1984年4月4日判决——案号：VIII ZR 313/82，《新法学周刊》（NJW）1984，2687]。如果非常地通知终止合同所基于的情形同时构成《德国民法典》第536条意义上的租赁物瑕疵，则承租人有权根据《德国民法典》第280条第1款或者——如在本案中——第536a条第1款请求赔偿合同终止间接造成的损害[请参见2012年10月31日审判庭判决——案号：XII ZR 126/11，《新法学周刊》（NJW）2013，223，边码35；Staudinger/Emmerich，《施陶丁格民法典评注》，2014年版，第543条边码103]。该请求权以有效的非常通知终止合同为前提要件，因为其恰恰涵盖了提前终止租赁关系而产生的损害（Alberts，载Ghassemi-Tabar/Guhling/Weitemeyer编著《商业场所租赁（评注）》，《德国民法典》第543条边码86）。相反，如果租赁关系未被终止或者承租人作出的合同终止意思表示——例如——因形式问题而无效，那么依据《德国民法典》第536a条第1款，承租人遭受的、因租用替代房屋以及腾退之前租用的房屋而造成的财产损失也可以作为瑕疵损害来请求赔偿。如果承租人正当地以租赁物瑕疵为契机，基于租赁场所不再适合合同约定的使用而视情况地租用了合适的新场所，就属于上述这种情况[联邦最高法院，2013年7月3日判决——案号：Ⅷ ZR 191/12，《新法学周刊》（NJW）2013，2660，边码 9 和 10］。

b）在本案中，就赔偿合同终止间接造成的损害来说，该损害赔偿请求权的前提要件已获满足。

aa）所作的事实认定支持以下假设，即作为原告的社团——上诉法院显然也这样认为——有权于 2013 年 6 月 12 日基于重大原因非常地通知终止租赁合同。

（1）根据《德国民法典》第 543 条第 1 款，合同当事人任何一方都可以基于重大原因非常地、即时地终止租赁关系。《德国民法典》第 543 条第 2 款第 1 句第 1 项规定，除其他情况外，如果全部或部分地不将对租赁物的合于合同的使用适时地给予承租人，或重新剥夺承租人的使用的，即存在重大原因；当出现瑕疵，而该瑕疵妨碍了对租赁物合于合同的使用时，也可考虑上述第二种可能性［请参见 2013 年 11 月 20 日审判庭判决——案号：ⅩⅡ ZR 77/12，《新租赁和住房法杂志》（NZM）2014，165，边码 18，以及 2007 年 10 月 24 日判决——案号：ⅩⅡ ZR 24/06，《租赁和场所法杂志》（ZMR）2008，274，275］。

（a）本案中，无须详细讨论，与合同标的物相关的、在火灾防范方面的瑕疵——不论监管机关的干预——是否以及在哪些条件下已经因为威胁到建筑使用人的安全而构成了瑕疵。原因在于，除纯粹的租赁物的性质缺陷外，行政机关的限制和使用障碍都可能导致租赁物丧失或减损其依约使用的适宜性，从而构成《德国民法典》第 536 条意义上的瑕疵。依据联邦法院的判决，后者只有在基于租赁物的具体性质，而不是由承租人个人或其经营状况引起的情况下，才构成瑕疵。此外，承租人享有的合于合同的使用必须实际受到了公法上的限制及使用障碍的制约［请参见 2013 年 11 月 20 日审判庭判决——案号：Ⅻ ZR 77/12，《新租赁和住房法杂志》（NZM）2014，165，边码20；联邦最高法院，2009年9月16日判决——案号：Ⅷ ZR 275/08，《新法学周刊》（NJW）2009，3421，边码6］。一般来说，只有当主管机关已经通过法律上有效的且不可撤销的禁令禁止租赁物的使用时，上述前提要件才被满足；但是，在个别情况下也存在可能的物的瑕疵，即行政机关使用禁令之效力的长期不确定性，引发了对于不动产能否依约使用的担忧［请参见2013年11月20日审判庭判决——案号：Ⅻ ZR 77/12，《新租赁和住房法杂志》（NZM）2014，165，边码20］。

（b）根据所作的事实认定，B城通过2013年6月7日的一份可立即执行的告知书，禁止原告使用租赁场所。因此，上诉法院可以——无法律错误地——认为，行政机关的干预将会损害对租赁物合于合同的使用。法律审上诉中指出，B城2013年6月7日的告知书在2013年6月12日原告作出终止合同的意思表示时仍不具有持续性效力，针对此告知书之异议的延缓效力本可以依据《行政法院法》第80条第5款通过申请来恢复，该观点本身是正确的，但在本争议案件中却起不到作用。虽然根据联邦法院的判决，原则上可以期望承租人对有关租赁物使用的行政命令的合法性进行审查［请参见2013年11月20日审判庭判决——案号：Ⅻ ZR 77/12，《新租赁和住房法杂志》（NZM）2014，165，边码20；联邦最高法院，1971年1月20日判决——案号：Ⅷ ZR 167/69，《经济与银行法杂志》（WM）1971，531，532］。但是，如果行政机关已经作出了立即停止使用租赁物的命令，且监管机关指摘的对象——如本案中不符合防火要求的外墙隔热层建造——不在承租人的可控范围内，那么承租人无论如何都不必承担结果不确定的行政法纠纷的风险［请参见Schmidt-Futterer/Eisenschmid，《租赁法（评注）》，第12版，《德国民法典》第 543 条边码 96；Staudinger/Emmerich，《施陶丁格民法典评注》，2014 年版，第 536 条边码 23；也请参见门兴格拉德巴赫州法院，《德国法月刊》（MDR）1992，871］。

（2）B 城在其告知书中仅以 2013 年 8 月 1 日为期限，威胁使用直接强制措施（以封锁租赁场所的形式）来执行使用禁令，这一点同样无助于解决合同终止的效力问题。因为，如果在作出合同终止的意思表示时可以确定，未将租赁物的使用给予承租人（请参见 Bub/Treier/Grapentin，《商业和住宅租赁手册》，第 4 版，第 Ⅳ 章边码 320；BeckOGK/Mehle，《贝克网络民法典评注》，日期：2016 年 6 月，第 543 条边码 80）或者重新剥夺承租人的使用［也请参见 2013 年 10 月 31 日审判庭判决——案号：XII ZR 126/11，《新法学周刊》（NJW）2013，223，边码 30 和 31］，则基于《德国民法典》第 543 条第 2 款第 1 句第 1 项的承租人合同终止权已然存在。因此，原告作出终止的意思表示无须等到监管机关告知的采取强制措施执行禁令的日期。

（3）合同终止权也并未依据《德国民法典》第 543 条第 3 款第 1 句被排除。根据该条第 3 款第 2 句，如果为补救而指定的适当期间或劝阻显然成功无望（《德国民法典》第 543 条第 3 款第 2 句第 1 项），或者在衡量双方利益的情况下，出于特殊原因而证明立即通知终止为正当的（《德国民法典》第 543 条第 3 款第 2 句第 2 项），则无须再指定适当期间或进行劝阻。至少在后一种可能性的前提要件下，根据所作的事实认定，立即终止合同是合理的。建筑物所有权人错过了建筑监管机关为其设定的于 2013 年 5 月 31 日前恢复外墙防火状态的期限，因此原告社团作为承租人在不久后就面临了可立即执行的使用禁令。被告自己并未主张，在 2013 年 8 月 1 日建筑监管机关对租赁场所进行其已预告的封锁前，对外墙进行符合火灾防护的修缮本来是有希望的。相反，其明确指出，制定一套不可燃的隔热系统是"不可能的",因为该建筑的某一共同所有权人陷入了财务困难,无法支付其应分担的120000欧元左右的修缮费用。

bb)如果出租人鉴于合同订立时已存在的瑕疵不将对租赁物合于合同的使用给予承租人或者重新剥夺承租人的使用,而正因此承租人才基于重大原因非常地通知终止合同,那么根据一般观点,出租人也应对承租人因合同终止而遭受的损害承担责任(请参见 Schmidt-Futterer/Eisenschmid,《租赁法(评注)》,第12版,《德国民法典》第543条边码114;Albert,载 Ghassemi-Tabar/Guhling/Weitemeyer 编著《商业场所租赁(评注)》,《德国民法典》第543条边码86;Pietz/Oprée,载:Lindner-Figura/Oprée/Stellmann 著《生意场所租赁》,第3版,第16章,边码323),其形式是无过错的保证责任(《德国民法典》第536a条第1款第一种情形)。只要行政机关的限制损害了租赁物合于合同的使用,那么《德国民法典》第536a条第1款第1种情形意义上的、基于公法性使用限制的自始存在的瑕疵至少需满足下述前提要件,即在使用移转时就可以预见到之后在约定的合同期内行政机关会进行干预,且行政机关根据相关法律规定不仅有权而且有义务禁止合同约定的租赁物的使用[请参见《联邦最高法院民事裁判集》(BGHZ)68,294,297=《新法学周刊》(NJW)1977,1285,1286]。上述内容——与上诉法院的观点一样——符合本案的情况,因为在使用移转时存在的由可燃性材料制作的外墙隔热层自始便违反了建筑法关于火灾防护规定。法律审上诉也对这一判断并无异议。

就上诉法院以迟延为由驳回的被告的下述异议而言,即其对合同订立时已存在之瑕疵的保证责任依据格式租赁合同第6条第2款以合法方式被排除了[请参见2002年7月3日审判庭判决——案号：XII ZR 327/00，《新法学周刊》（NJW）2002，3232，3233，以及 1993 年 1 月 27 日判决——案号：XII ZR 141/91，《新法学周刊：判例报告》（NJW-RR）1993，519，520］，正如原告的法律审答辩正确指出的那样，并不存在程序上可诟病之处。

cc）如果承租人在出租人违约后有效地终止了租赁关系，那么要赔偿其因合同终止间接造成的损害也包括必要的搬家费用［请参见 2002 年 7 月 3 日审判庭判决——案号：XII ZR 327/00，《新法学周刊》（NJW）2002，3232，3233，以及 1993 年 1 月 27 日判决——案号：XII ZR 141/91，《新法学周刊：判例报告》（NJW-RR）1993，519，520］。法律审上诉也基本没有质疑这一点。而在损害的可归责性问题上，法律审上诉对上诉法院判决的指摘并不成立。

（1）法律审上诉的下述主张未获成功：即使被告于 2013 年 5 月 31 日前消除了 B 城所指出的火灾防护瑕疵，原告的搬家费用也会产生。依据上诉法院的事实认定，原告之所以终止租赁关系，是因为建筑监管机关基于火灾防护瑕疵向其发出了可立即执行的使用禁令。如果上诉法院显然不想从法律审上诉所述之情况（2013 年 5 月获得搬家服务的报价、被告的一名雇员在 2013 年 6 月 11 日的电话交谈中所作的陈述）中得出以下结论，即原告无论如何都会终止租赁关系，因此也无须考虑是否及时消除外墙的火灾防护瑕疵的问题，那么这一点属于对事实的评估，法律审不能对其进行指摘。

（2）同样，法律审上诉的下列观点也不能予以接受：因为被告一方本可以终止租赁关系，所以从合法替代行为的角度无须考虑赔偿法上的搬家费。

（a）然而，根据联邦最高法院的判决，加害人就合法替代行为的主张，即下述异议：即使采取同样可行且合法的行为方式，损害也会产生，可能对于损害结果的可归责性问题具有重要意义。异议的法律合理性取决于所违反的相关法律规范的保护目的［请参见《联邦最高法院民事裁判集》（BGHZ）96，157，173=《新法学周刊》（NJW）1986，576，579，以及《联邦最高法院民事裁判集》（BGHZ）120，281，286=《新法学周刊》（NJW）1993，520，521；联邦最高法院，2016年7月19日判决——案号：Ⅵ ZR 75/15——《保险法（杂志）》（VersR）2016，1191边码7，以及2012年3月9日判决——案号：V ZR 156/11，《新法学周刊》（NJW）2012，2022边码17］。此外，前提要件还包括，同样的损害结果也确实会产生；仅存在依法产生损害的可能性是不够的［参见《联邦最高法院民事裁判集》（BGHZ）120，281，286=《新法学周刊》（NJW）1993，520，522；联邦最高法院，2012年3月9日判决——案号：V ZR 156/11，《新法学周刊》（NJW）2012，2022边码17；请参见联邦最高法院早在1959年4月30日判决——案号：Ⅲ ZR 4/58，《新法学周刊》（NJW）1959，1316，1317］。

（b）上述前提要件未获满足。如果该租赁物的外墙并未违反建筑规范使用可燃性材料建造，或者说，如果被告在B城的使用禁令发布前就已及时消除了瑕疵，那么根据上诉法院所作的事实认定，租赁关系就不会被终止，且原告遭受的与搬家费用相关的财产损失也不会产生。被告的异议，即其在行政机关作出使用禁令后就普通地或者——如同其在法律审第一次主张的那样——非常地通知终止了租赁关系，鉴于《德国民法典》第536条第1款、第543条第2款第1句第1项的保护目的，并不具有法律合理性。

（aa）以上法律规定的目的正是保护承租人，防止出租人通过基于瑕疵的不给予或剥夺合于合同的使用而使得租赁关系的延续对于承租人来说成为不合理的期待。如果承租人因此合理地终止了租赁关系，那么他就丧失了使用租赁物的合同性权利，而出租人就有义务赔偿承租人因该权利的丧失而遭受的损害［请参见联邦最高法院，1974年2月6日判决——案号：Ⅷ ZR 239/72，《德国法月刊》（MDR）1974，838］。同时，《德国民法典》第536条第1款、第543条第2款第1句第1项的保护目的当然不是在不考虑其他可能的终止租赁关系之事由的情况下，持续地保证承租人对租赁物合于合同的使用。与此相一致的是，根据联邦最高法院的判决，因丧失对租赁物的使用而终止合同的情况下，承租人可以请求赔偿因此产生的损害，但仅限于出租人——即使违背其意愿——可以信守租赁合同的期间［请参见联邦最高法院，2004年3月17日判决——案号：Ⅻ ZR 254/00，《商业租赁和部分所有权（杂志）》（GuT）2004，120，121；1972年1月12日判决——案号：Ⅷ ZR 26/71，《经济与银行法杂志》（WM）1972，335，337］。因此，因终止合同而租用替代房屋的情况下，特别是承租人的租金差额赔偿请求权，仅限于合同约定的租赁期间或者至第一次可能的出租人终止合同发生效力时为止［请参见联邦最高法院，1964年6月15日判决——案号：Ⅷ ZR 255/62，《经济与银行法杂志》（WM）1964，831，833］。

（bb）至于获得替代场所、该场所的布置和搬家的一次性费用，其可赔偿性将取决于，这些费用是否无论如何都会因在可预见的未来所面临的合同终止而产生，而不论导致承租人终止合同的情况如何［也请参见联邦最高法院，1974年2月6日判决——案号：Ⅷ ZR 239/72，《德国法月刊》（MDR）1974，838；Grapentin，载：Bub/Treier编著《商业和住宅租赁手册》，第4版，边码309］。相反，如果——如在本案中——无法确定，在没有导致承租人非常地通知终止合同且应归责于出租人的、基于瑕疵的使用剥夺的情况下，租赁关系也会被终止，那么《德国民法典》第536条第1款、第543条第2款第1句第1项的保护目的就排除了出租人基于合法替代行为提出的异议，即其自己原本也会终止租赁合同，因为在消除瑕疵的尝试失败后，其不能再保障承租人对租赁物合于合同的使用。

c）上诉法院关于可赔偿的搬家费用数额的认定在法律上也是无可非议。

就上诉法院判决给原告的280欧元清理费用而言，它可以依据《民事诉讼法》第529条第1款以地方法院的事实认定为基础，不存在程序瑕疵。法律审上诉未提出足够的论据，使上诉法院依据《民事诉讼法》第529条第1款第1项对地方法院所作事实认定的正确性或完整性产生质疑，并因此需要重新进行认定。地方法院听取了证人T的证言，她在讯问中证明，新旧场所的清理工作是按照其详细描述的方式进行的，且她于2013年8月1日开具的账单也已由原告付清。至于法律审上诉针对地方法院基于该证人证言所作事实认定的正确性想要通过以下情况来提出怀疑，即证人T在庭审中呈交的、显然通过文字编辑软件制作的账单的复印件上显示的日期（2013年8月1日）与原告在2014年4月17日的申请书状中提交的同一账单上显示的日期（2014年4月4日）并不一致，则法律审上诉并未能说明上诉法院存在与法律审审查相关的程序瑕疵。即使证人T在一审听证时面对讯问无法解释档案中两份账单样本的不同日期，但对此可以很容易地就给出许多合情合理的解释——比如通过编辑软件制作的文件在事后打印时日期栏就自动更新了，因此，上诉法院可以依据《民事诉讼法》第529条第1款，以法律审不能指摘的方式，将地方法院对清理工作的开展与支付的事实认定作为其裁判基础。

2. 相反，受到法律错误影响的是上诉法院的以下观点，即被告无权通过反诉请求原告向其支付从2013年6月8日至30日的房租，因为在该时间段，由于B城2013年6月7日发出的可立即执行的使用禁令，租赁物已不再适合于合同约定的使用。

a）首先，法律审上诉正确地主张——从上诉法院的法律角度——应以下述时间点为准，即2013年6月7日发出的使用禁令对原告社团生效之时。行政行为在告知行政相对人或受其影响之人时，即对该人发生法律效力；书面行政行为——如本案——在国内通过邮寄方式传达的，在送寄后第三天被视为已告知［《下萨克森州行政程序法》（NVwVfG）第1条结合《德国行政程序法》（VwVfG）第43条第1款第1句、第41条第2款第1句］。在这方面，缺少上诉法院的事实认定；即使于2013年6月7日送寄，使用禁令最早也要到2013年6月10日才能对被告发生效力。

b）此外，只要行政机关——即使违反了公法规定——容忍承租人对租赁物进行形式上不合规的使用，就不能理所当然地认为存在对合于合同之使用的妨碍和剥夺（请参见 Hübner/Griesbach/Fuerst，载：Lindner-Figura/Oprée/Stellmann 编著《生意场所租赁》，第3版，第14章，边码274；Ghassemi-Tabar，载：Ghassemi-Tabar/Guhling/Weitemeyer 编著《商业场所租赁（评注）》，《德国民法典》第536条边码181）。

如果主管机关虽然已经禁止了对租赁物合于合同的使用，但其暂时放弃了使用强制手段来执行监管命令，以便给受使用禁令影响的承租人足够的时间寻找替代场所，那么可以认为至少在事实上存在主管机关对使用的容忍。在这种情况下，行政机关正式禁止租赁物之继续使用的"污点"可能会在承租人搬家前的这段时间内限制租赁物依约使用的适宜性，但并不会使之完全丧失［也请参见波茨坦州法院，《住房经济和租赁法（杂志）》（WuM）2015，350，352及以下几页］。

与法律审答辩的观点不同，有争议的裁决在反诉方面并不基于下述原因而是正确的，即租赁物的性质实际上严重偏离了火灾防护规定，以至于单凭此点就完全免除租金支付义务也显然是合理的。即使由于火灾防护方面的重大瑕疵产生了以下担忧，即如果将来发生火灾，对于租赁场所的使用者来说健康风险会大大增加，那么这种情况通常也不会使租赁物完全丧失使用适宜性的判断合理化〔也请参见柏林高等法院，《柏林高等法院判例集》（KGR）2004，97，100；勃兰登堡州高等法院，2015 年 4 月 14 日判决——案号：6 U 77/12，juris 法律数据库，边码 86 及以下几页〕。

c）上诉法院在案件发回给其进行事实审理后，还必须对以下内容作出判决，即在仍有争议的时间段（2013 年 6 月）内，所欠租金是否以及在多大程度上基于下列原因而减少，即租赁物实际不符合火灾防护的性质，或者监管机关有期限的放弃强制措施使得原告能够继续使用实际上已被正式禁止使用的租赁场所。

法官签名：多泽、克林科汉默、希林、雷登 - 博格、波图
前审法院裁判：
布哈克地方法院，2014 年 10 月 9 日裁判——案号：3 C 54/14
奥尔登堡州法院，2015 年 11 月 24 日裁判——案号：16 S 53/14

案例 IX

无接触交通事故的
责任问题

在无接触交通事故中,将损害结果归责于一辆运行中的机动车的前提条件不仅是该机动车出现在事故现场,还要求该机动车驾驶者的驾驶行为以某种方式对发生事故的驾驶者的驾驶操作产生了影响。

摘要

本案涉及非接触类交通事故责任判断标准问题。原告驾驶摩托车在对被告驾驶的摩托车进行超车时驶向对侧车道并发生无接触交通事故，造成人身和财产损失，原告认为被告无预兆向左变道导致事故发生，因此提起诉讼要求被告赔偿。第一审法院认定被告应承担 50% 的责任，第二审法院驳回原告全部诉讼请求，联邦最高法院撤销原判决发回重审。

在本案的分析中联邦最高法院认为，德国现行道路交通法规定了机动车驾驶者的过错推定责任，但特别是在无接触交通事故中，将损害结果归责于一辆运行中的机动车的前提条件不仅是该机动车出现在事故现场，还要求该机动车驾驶者的驾驶行为以某种方式对发生事故的驾驶者的驾驶操作产生了影响。就机动车运行危险的可归责性而言，起决定性作用的是机动车的特定运行过程或特定运行装置在空间和时间上与事故存在紧密的联系。上诉法院虽适用了这些原则，但在事实认定时却未充分利用诉讼材料和取证结果。

本案通过对驾驶的定义和危险规则的探讨，为无接触交通事故的责任划分带来了指导和思考。

案例 IX

【案号】 VI ZR 533/15
【判决时间】 2016 年 11 月 22 日
【文献收录】
《参考资料集》：是
《联邦最高法院民事裁判集》（BGHZ）：否
《联邦最高法院判例集》（BGHR）：是
【法律基础】
《道路交通法》第 7 条第 1 款
【裁判要旨】
在非接触类事故中，将机动车的运行归于致损事件的前提条件是，该机动车的行车方式或其他交通影响促成了损害的发生，而不仅仅是它出现在事故现场（坚持之前的观点，2010 年 9 月 21 日的审判庭判决——案号：VI ZR 263/09）。
【欧洲法院判决识别码】（ECLI）: DE: BGH: 2016: 221116UVIZR533.15.0
【裁判结果】
联邦最高法院第六民事审判庭基于审判长佳尔科、奥芬罗赫法官以及欧乐博士、罗洛夫博士和穆勒三位女法官于 2016 年 11 月 22 日进行的口头审理作出如下裁判：
基于原告提出的法律审上诉，撤销哈姆州高等法院第十一民事审判庭于 2015 年 8 月 7 日作出的判决。
案件发回上诉法院重新审理和裁判，包括法律审程序的费用问题。

案件事实

一场交通事故发生后，原告起诉被告要求赔偿精神损害和物质损害，并确认被告应承担的责任比例为 75%。

2011 年 4 月 10 日，原告驾驶杜卡迪牌 S2 型摩托车在 B83 号公路上由贝佛龙根往维尔登方向行驶，跟随在被告一的摩托车后面行驶，而该摩托车由被告二投保机动车交通事故责任强制险。被告一使用相向车道超越证人 B 驾驶的汽车。原告想同时超越被告一和该汽车。他在相向车道继续向外侧行使，在没有与其他机动车接触的情况下，冲下边坡。此时，原告失去对机动车的控制，摔倒并身受重伤。

原告称，在被告一还行驶在证人 B 后面时他就几乎已经超越了被告一，是时，被告一既没有观察左侧通行情况也没有打转向灯就突然向左侧变道，迫使原告持续向左侧偏离。两被告主张，被告一正规地超越了证人 B 驾驶的机动车，就在被告一即将向右变道时，原告违规双重超车，因此，他距离行车道左侧边缘过近，而被告一的行车方式并不会导致该情况的发生。

州法院通过原因判决（Grundurteil）和部分判决（Teilurteil）确认，被告原则上应承担 50% 的责任，并驳回原告的其他诉讼请求。被告提出上诉，上诉法院撤销上述判决，并驳回原告的全部诉讼请求。原告提出的附带上诉（Anschlussberufung）也被驳回。在经审判庭许可的法律审上诉中，原告继续主张其诉请。

判决理由

一

上诉法院在为其裁判说理时指出，原告不享有《道路交通法》第 7 条第 1 款规定的请求权，因为不能确凿地认定原告所遭受的损害可归责于被告一之摩托车的运行。此时，公开的取证结果对原告不利。他未能证明，财产和人身损害是在被告一的摩托车"运行期间"产生的，且摩托车运行与损害之间具有相当因果关系。

虽然，根据联邦最高法院的判决，"运行期间"的责任要件原则上应作广义解释，包括所有受到机动车交通影响的损害过程。只要源于机动车的危险成为现实，且损害的发生受到了机动车的影响，就足够了。但是，始终必要的是，要求赔偿的损害是下述危险产生影响的结果，即鉴于这些危险必须对交通进行弥补。损害后果必须属于危险的范围，而法律规范正是因为这些危险才制定的。因此，对于运行危险的归属，具有决定性作用的是，事故与机动车的特定运行过程或特定运行装置在空间和时间上存在紧密的联系。

根据这些原则，被告一之摩托车的运行危险不能被归为致损事件。该不能归属性的原因并不在于两辆摩托车没有相互接触，而是不能认定被告一的驾驶方式在空间和时间上紧密联系地促成了损害的发生。仅仅是被告一因其超车操作而在相向车道上逗留这一情况，并不能引起原告做出上述判决意义上的反应。

原告没有提供证据证明他在相向车道进一步驶向车道边缘，只是因为他对第一被告的行车方式或其他交通影响做出了反应，并在实际超车操作外做出了额外的避让或防御性反应。根据一审的取证结果，不能排除原告的行驶路线完全基于其主动决定以弧线绕过已经在相向车道的被告一，而被告一的摩托车以及已被超越的证人 B 的机动车只是在路上行驶。一审中听取的证人既没有证实原告的说法，也没有证实被告的说法。证人只在两辆摩托车与自己所驾车辆齐头并进时才注意到它们。因此，证人无法描述这两个超车操作的起始。征询的书面专家鉴定意见也没有证明原告声称的事故过程。由于缺乏具有说服力的事故痕迹，驾驶操作的时间先后顺序无法被进一步澄清，因此，事故可能如原告所描述的那样发生，但同样可能的被告所述的事故版本也不能排除。

二

上述内容最终经不起法律审上诉的指摘。

1. 但是，上诉法院准确地认为，如果运行中的机动车只是出现在事故现场，而没有因其行车方式（或其他交通影响）促成损害的发生，则《道路交通法》第 7 条第 1 款规定的机动车所有人责任以及《道路交通法》第 7 条第 1 款结合第 18 条规定的机动车驾驶人的过错推定责任不适用。

a）依据联邦最高法院的判决，"运行期间"的责任要件应按照条款的全面保护目的进行广义解释。因此，《道路交通法》第 7 条第 1 款规定的责任应包括所有受机动车交通影响的损害事件。只要源于机动车的危险发生了作用，且损害的发生是以这种方式受到机动车之影响的，就足够了。是否属于这种情况，必须以责任规范的保护目的为价值导向进行评估。这种归责关联（Kausalzusammenhang）在无过错责任的范围内也是必要的，如果损害不是下述危险的具体影响结果，即为了抵消这些危险，责任规范想要对交通进行弥补，则缺乏这种归责关联［2005 年 4 月 26 日的审判庭判决——案号：VI ZR 168/04，《保险法（杂志）》（VersR）2005，992，993，第 II.1.a 部分及其相应参引］。

就运行危险的可归责性而言，具有决定性作用的是，事故与机动车的特定运行过程或特定运行装置在空间和时间上存在紧密的联系。然而，《道路交通法》第 7 条规定的责任不取决于运行中的机动车之驾驶人是否有违反交通规则的行为，也不取决于机动车之间是否发生了碰撞（2005 年 4 月 26 日的审判庭判决，见上文及其相应参引）。

这种对构成要件"机动车运行期间"的广义解释符合《道路交通法》第 7 条第 1 款宽泛的保护目的，因此具有内在合理性。可以说，《道路交通法》第 7 条第 1 款规定的责任是为因——合法地——使用机动车而创设的危险源付出的代价，旨在涵盖受机动车交通影响的损害事件。因此，如果源于机动车的危险产生了影响，那么损害就已经在机动车"运行期间"发生了（2005 年 4 月 26 日的审判庭判决，见上文及其相应参引）。

然而，仅仅是在事故现场有一辆运行中的机动车，并不能满足责任构成要件。因此，特别是在所谓"非接触类事故"的情况下，将运行中的机动车归于致损事件的前提条件是，除了仅仅出现在事故现场外，该机动车驾驶人的驾驶行为还以某种方式影响了事故另一方的驾驶操作［1968 年 10 月 22 日的审判庭判决——案号：Ⅵ ZR 178/67，《保险法（杂志）》（VersR）1969，58；1971 年 6 月 29 日的审判庭判决——案号：Ⅵ ZR 271/69，《保险法（杂志）》（VersR）1971，1060；1972 年 7 月 11 日的审判庭判决——案号：Ⅵ ZR 86/71，《新法学周刊》（NJW）1972，1808，第Ⅱ.1.c 部分］，也就是说，该机动车通过其行车方式（或其他交通影响）促成了损害的发生［1988 年 4 月 19 日的审判庭判决——案号：Ⅵ ZR 96/87，《保险法（杂志）》（VersR）1988，641，第 1.a 部分；2010 年 9 月 21 日的审判庭判决——案号：Ⅵ ZR 263/09，《保险法（杂志）》（VersR）2010，1614，边码 5；Galke，《赔偿法杂志》（Zfs）2011，2，5，63；Laws/Loh-meyer/Vinke，Freymann/Wellner 编著《Juris 道路交通法实务评注》（jurisPK-StrVerkR），2016 年，《道路交通法》第 7 条边码 37；Schwab，《德国汽车法（杂志）》2011，11，13；Bachmeier，Lütkes/Bachmeier/Müller/Rebler 编著《道路交通（评注）》，2016 年 4 月，第 7 条边码 173；Burmann，Burmann/Heß/Hühnermann/Jahnke 编著《道路交通法（评注）》，第 24 版，第 7 条边码 13；Eggert，Ludovisy/Eggert/Burhoff 编著《道路交通法实践》第 6 版，第 2 章 A 部分边码 77 及以下；König，

Hentschel/König/Dauer 编著《道路交通法（评注）》，第 42 版，《道路交通法》第 7 条边码 10〕。

b）但是，本案的情况——至少根据上诉法院所作的事实认定——并非如此。在本案中，上诉法院——与 2010 年 9 月 21 日审判庭裁判（案号：Ⅵ ZR 263/09，见上文）所依据的案情中的上诉法院不同——不能确定事故是——即使仅仅是间接地——由被告一之摩托车的行车方式（或其他交通影响）造成的。与法律审上诉的观点不同，被告一在事故发生的同时进行了超车操作，且根据两被告的陈述，原告自己为了双重超车而弧线行驶，该情况尚不能满足上述要件。

aa）每辆运行中且（仅仅）在事故现场出现的机动车都进行着与事故发生平行的某一——无论什么类型的——驾驶操作。因此，事故总是可以归因于整个交通状况。虽然在本案中——甚至根据两被告的陈述——如果没有被告一的超车操作，事故或许就不会发生，因为原告的行驶路线可能会有所不同。但是，这对于《道路交通法》第 7 条第 1 款所要求的归责关联是不够的，因为归责问题不能脱离事故本身。

（1）道路交通法承认，因果关系和归责关联的决定性时间点是直接导致损害的、具体的危急交通状况的发生。对于交通参与者来说，当他可识别的交通状况提供了具体迹象，表明可能出现危险情况时，危急的交通状况就开始了〔2003 年 3 月 25 日的审判庭判决——案号：Ⅵ ZR 161/02，《保险法（杂志）》（VersR）2003，783，784；2009 年 12 月 1 日的审判庭判决——案号：Ⅵ ZR 221/08，《保险法（杂志）》（VersR）2010，642，边码 16、21〕。这也适用于《道路交通法》第 7 条第 1 款规定的无过错责任（König, Hentschel/König/Dauer 编著《道路交通法（评注）》，第 42 版，引言边码 101；

《道路交通法》第 7 条边码 13、第 17 条边码 17）。

（2）根据上述原则——基于被告的陈述——（仅）经由被告一进行的超车动作还未发生危急的交通状况。最早，当原告与被告同时驶入相向车道时，危急的交通状态才出现。而这一情况也不能归责于被告一。因为，后方来车利用前车的超车动作双重超车，并因此——非因前超车者的行车方式或其他交通影响——陷入摇晃，这并不是超车动作的典型危险，所以仅凭被告一超车这一事实，并不足以确认其行车方式（或其他交通影响）与事故之间具有《道路交通法》第 7 条第 1 款要求的因果关系。

若非如此，那么运行中的机动车仅仅是在事故现场附近出现，对于《道路交通法》第 7 条第 1 款规定的责任来说都是足够的。此外，这会导致严重的界定困难，因为不仅仅是进行了超车操作的被告一、证人 B 及其机动车同样（共同）影响了交通状况。原告——以两被告所述为基础——通过其超车操作最终也"躲开了"证人 B。

bb）就这点来说，根据上诉法院（之前的）事实认定，本案与审判庭迄今为止裁判的案件不同，在这些案件中，总是可以认定事故是由对方机动车任意形式的交通影响造成的。例如，在联邦高速公路上，相对笨重且缓慢超车的机动车，或者仅仅可以被理解为超车过程的开始或其预告的驾车行为，对于超车道上跟随的行驶更快的交通参与者来说，都构成了典型危险，他们会因预防性反应失败而产生损害（1971 年 6 月 29 日的审判庭判决，见上文）。若被半挂式卡车车头超越的摩托车驾驶者变得不稳定从而摔倒，则是与半挂式卡车车头的运行相关的典型危险产生了影响（1972 年 7 月 11 日的审判庭判决——案号：Ⅵ ZR 86/71，见上文，第Ⅱ.1.c 部分）。当机动车靠近相向行驶的自行车交通时，若自行车的交通空间有可能变得过于狭窄，其中一名骑车人因避让而摔倒，则该事故是由机动车以可归责的方式（共同）造成的（1988年4月19日的审判庭判决——案号：Ⅵ ZR 96/87，第1.b部分）。即便是因仓促的——即客观上不必要的——预防或规避性反应导致的事故，也应归责于——在本案中通过小小地偏离其行车轨迹——引起这一反应的机动车运行（2005年4月26日的审判庭判决——案号：Ⅵ ZR 168/04，第Ⅱ.1.b部分）。相反，仅事故现场还有其他运行中的机动车本身并不能证明下述看法是正确的，即在该机动车运行期间发生了过程未明的事故［1968年10月22日的审判庭判决——案号：Ⅵ ZR 178/67，《保险法（杂志）》（VersR）1969，58］。

2. 但是，法律审上诉正确地作出了下述批判，即上诉法院将其裁判建立在被告所描述的事故过程上，而没有充分地分析法院指定的专家所作的事实认定的做法（参见《民事诉讼法》第286条）。

a）原则上，对证据的评价属于事实审法官的保留事项，其事实认定依据《民事诉讼法》第559条第2款对法律审法院具有约束力。该法院只能审查事实审法官是否按照《民事诉讼法》第286条的规定对诉讼材料和取证结果进行了全面且无矛盾的分析，即证据评价是否全面、法律上是否可行，是否没有违反思维规律和经验法则［通行判例，2013年4月16日的审判庭判决——案号：Ⅵ ZR 44/12，《新法学周刊》（NJW）2014，71，边码13及其相应参引］。

b）法律审上诉理由指出，这里的上诉法院事实认定存在这样的错误。上诉法院根据被告描述的事故过程作出裁判，认为在这方面负有陈述和举证责任（《道路交通法》第7条第1款）的原告未能证明其主张的事件过程。因此该法院认为，原告的驾驶行为没有受到被告一的影响。然而，在作该认定时，它并未充分利用诉讼材料和取证结果。

aa）与法律审上诉的观点不同，上诉法院没有理由依据《民事诉讼法》第398条第1款重新传讯证人［请参见联邦最高法院，

2006年10月18日判决——案号：IV ZR 130/05,《新法学周刊》（NJW）2007, 372, 374, 及相应参引；Voit, Musielak 编著《民事诉讼法（评注）》, 2016年第13版, 第529条边码14及以下]。州法院和上诉法院都认为, 对于原告是否因被告一的驾驶行为而采取了避让操作这一关键问题, 证人证言的作用甚微。

bb）然而, 上诉法院在证据评价时——正如法律审上诉正确地指摘的那样——忽视了专家的一个重要的证言。专家指出, 现场痕迹状况表明, 原告从左侧车道（相向车道）的左侧边缘进一步向左进行了避让操作并启动了紧急刹车。在对此没有深究的情况下, 州法院就认定是被告一的机动车促使原告进行了避让操作。

在这样的背景下, 上诉法院不能在未经额外调查取证——如听取专家意见或者必要时在专家在场的情况下重新听取当事人意见——的情况下, 就认定被告一的超车过程没有以任何方式影响到原告的超车过程（请参见2010年9月21日的审判庭判决——案号：VI ZR 263/09, 边码8）。更何况, 是否存在避让操作这个在上诉法院看来对裁判至关重要的问题, 在一审时对专家和法院并未具有决定性意义。

三

因此, 上诉法院的判决经不起推敲, 而应予撤销并因缺乏可判度而发回上诉法院重新审理并作出新的裁决（《民事诉讼法》第562条第1款、第563条第1款第1句）。

法官签名：佳尔科、奥芬罗赫、欧乐、罗洛夫、穆勒
前审法院裁判：
帕德尔伯恩州法院, 2014年10月8日裁判——案号：3 O 60/13
哈姆州高等法院, 2015年8月7日裁判——案号：I-11 U 186/14

案例 X

破产管理人的责任

破产管理人保存、管理破产资产时需遵循诚信审慎原则,使破产财产得以尽量最优地共同清偿破产债权。因此,破产管理人不仅负有妥善保存义务,同时负有使破产资产合理升值的义务,否则应视为不称职。

案例 X 破产管理人的责任

摘要

本案涉及破产管理人以身份便利为自己获利并损害破产债权人利益的问题。被告在担任破产管理人期间，利用地位优势，以较低价格从第三人处购买破产债务人管理的不动产，同时，这笔交易与破产债务人订立并使之获益的可能性较大，因此，继任的破产管理人诉请被告以当时交易价格转让该不动产或者进行赔偿，一审、二审均驳回原告请求，法律审裁决发回二审法院重新审理。

本案有益于帮助理解德国现行法律中破产管理人责任义务范畴，对于破产管理人就不当经营决策是否需要承担责任进行了阐述。破产管理人保存、管理破产资产时需遵循诚信审慎原则，使破产财产得以尽量最优地共同清偿破产债权。基于以上原则，破产管理人不仅负有妥善保存义务，同时负有使破产资产合理升值的义务，否则应视为不称职。在本案中，被告在担任破产管理人期间没有为破产财产购入低价提供的不动产，而是自行使用绝佳商机达成交易，怠于履行破产管理人职责，导致破产债权人权益受到整体性损害。

德国现行破产法在破产管理人与破产债务人的关系方面，不存在竞业禁止条款，但公司法中存在相关规定。鉴于破产管理人身份地位的特殊性，使其获得了不亚于公司管理人的法律权力，因此，法律审上诉法院认为公司法中的竞业禁止应当适用于破产管理人。

【案号】IX ZR 253/15
【判决时间】2017 年 3 月 16 日
【文献收录】
《参考资料集》：是
《联邦最高法院民事裁判集》（BGHZ）：是
《联邦最高法院判例集》（BGHR）：是
【法律基础】
《破产法》第 60 条
【裁判要旨】
a）破产管理人是否要为经营性的错误决策承担责任，应根据破产目的——尽量清偿破产债权人——来衡量，并考虑到破产债权人作出的程序性决定。
b）破产管理人不得私自利用因个案情况而应属于由其管理的债务人企业的商机。
【欧洲法院判决识别码】（ECLI）：DE：BGH：2017：160317UIXZR253.15.0
【裁判结果】
联邦最高法院第九民事审判庭基于审判庭庭长凯泽尔博士教授、女法官洛曼、法官佩普博士教授、法官格鲁普和女法官默灵于 2017 年 3 月 16 日进行的口头审理作出如下裁判：
根据原告提出的法律审上诉，撤销科隆州高等法院第二民事审判庭于 2015 年 11 月 30 日作出的驳回上诉的裁定。
案件发回上诉法院重新审理和裁判，包括法律审的费用问题。

案件事实

针对 L. 地方住房和建设有限责任公司（债务人）的资产已于 2000 年 1 月 1 日启动了破产程序，原告自 2011 年 6 月 6 日起担任该破产程序的管理人。他要求被告——他的前任破产管理人——赔偿损害。

债务人系一家地方性的住房建设企业。在破产程序启动之前，该企业将位于 L. 的 W. 30 住宅街区转变为私有产权住宅设施并售出了几套住宅。售出的住宅中包括 24 号住宅，销售价格为 70000 德国马克。债务人是该私有产权住宅设施的管理者并且在破产程序开始之后也依然是其管理者。2007 年 11 月 28 日，债权人会议决定对债务人进行清算并尽量最优地对现有不动产进行变价。在现有不动产变价之前，应暂时继续经营业务。

2008 年，24 号住宅的购买者想要出让自己的住宅。他们前去询问债务人的总经理。他们是先向——如原告所主张——债务人还是先向身为破产管理人的被告出售的该住宅，是有争议的。通过 2008 年 12 月 17 日的公证合同，被告自己以 3000 欧元的价格购买了该套住宅。被告作为债务人——也即住宅所有权人联合会的管理人——的破产管理人同意出让。被告作为债务人——也即该住宅的前业主——的破产管理人同意涂销回复转让预告登记。该住宅由债务人进行管理和出租。

在此期间，原告被指定为破产管理人，他将债务人的全部现有不动产出让给 L. 建筑协会控股有限两合公司，出让于 2013 年 12 月 1 日生效。收购方找到被告并向其报价，想要以 10000 欧元的价格购入该套住宅。后来又报价 45000 欧元；同时，该公司和被告之间的某一悬而未决的法律纠纷应被终止。但双方未达成一致。被告保留了该套住宅。

在本案中，原告要求在其支付 3000 欧元的同时转让住宅的所有权，或者作为替代，请求支付 42000 欧元的损害赔偿。作为替代诉请，他还要求被告偿还其所免费使用的破产债务人的特殊租赁管理费用 600 欧元（30 个月 ×20 欧元）。就此而言，他在二审起诉中没有再继续追究。同样作为替代诉请，原告要求赔偿另一套住宅的租金损失 18212 欧元（58 个月 ×314 欧元），因为被告优先处理其自己的住宅，而没能将该另一套住宅出租；并且赔偿全部现有住宅的收益减损 23625.60 欧元（12 个月租金 ×214 欧元 × 系数 9.2）。一审和二审法院均驳回了起诉。在经审判庭许可的法律审上诉中，原告要求回复转让该套私有住宅的所有权，或者支付 42000 欧元及利息。

判决理由

法律审上诉的结果是撤销有争议的判决并将案件发回上诉法院重审。

一

上诉法庭指出：在 2007 年 11 月 28 日的债权人会议决定对债务人企业进行清算后，被告作为管理人无权购买该套住宅。即便其购买，该套住宅仍然属于破产管理人的权限范围，也不能确定被告的相应义务，而被告作为管理人拥有很大的裁量空间。鉴于已经普遍存在的空置状态，再购买另一套住宅是有风险的。对于破产管理人，不存在竞业禁止。即便存在这样的禁止，被告也没有义务为了破产财产购买该套住宅。在涉及争议的设施中一共有三套住宅不属于债务人所有，因此也不存在将现有住宅合并的可能性。

原告同样不能因所声称的对个人住宅的优先出租而要求损害赔偿，其没有对被告的相应行为做出足够具体的陈述。另外，从 2011 年 11 月 1 日起，损害就以原告自身的行为为基础，因为他自己重新出租了被告的住宅。

二

这些论述经不起法律上的审查。根据以法律审上诉法为依据的原告陈述,被告作为管理人,未为破产财产购入以极低价格向其提供的住宅,因此依据《破产法》第 60 条应承担损害赔偿责任。

1. 原告是实体适格的。在破产程序期间,就破产债权人因属于破产财产的资产在破产程序开始前后的减少而共同遭受的损害,由破产管理人主张赔偿请求权。如果该请求权是针对管理人的,则只能由重新指定的破产管理人进行主张(《破产法》第 92 条)。此处即涉及这样一种整体性损害。被告被指控没有为破产财产增加一套可以优惠购入的私人住宅。

2. 被告已然根据《破产法》第 60 条负有损害赔偿责任,因为他没有为破产财产购入提供给他的住宅。

a)破产管理人因过错违反《破产法》规定的义务,应向所有当事人承担损害赔偿责任(《破产法》第 60 条第 1 款第 1 句)。其义务包括妥善保存和管理属于破产财产的资产[联邦最高法院,2014 年 6 月 26 日判决——案号:IX ZR 162/13,《经济与银行法杂志》(WM)2014,1434,边码 11;2015 年 7 月 16 日判决——案号:IX ZR 127/14,《经济与银行法杂志》(WM)2015,1644,边码 8;2016 年 3 月 3 日判决——案号:IX ZR 119/15,《经济与银行法杂志》(WM)2016,617,边码 15]。此项义务应以正直且负责的破产管理人法定模式为基准,而该模式建立在商法和公司法的谨慎要求之上(《商法典》第 347 条第 1 款,《股份公司法》第 93 条第 1 款第 1 句,《合作社法》第 34 条第 1 款第 1 句,《有限责任公司法》第 43 条第 1 款),但须考虑到破产程序的特点(联邦最高法院,2014 年 6 月 26 日判决,见上文,边码 16)。破产管理人在继续经营中做出的所有经营决策,其标准是破产目的——尽量最优地共同清偿破产债权人［《破产法》第 1 条；请参见《德国联邦宪法法院裁判集》（BVerfGE）116，1，13］，以及债权人共同决定的程序目标——企业清算、出让或破产计划——作为实现该目的的手段［Uhlenbruck，《K. Schmidt 纪念文集》，2009 年，第 1603 页、第 1617 页及下页；亦参见 Lüke，Kübler/Prütting/Bork 编著《破产法（评注）》，2009 年，第 60 条边码 37；MünchKomm-InsO/Ganter/Lohmann，《慕尼黑破产法评注》，第 3 版，第 60 条边码 29a；MünchKomm-InsO/Ganter/Lohmann，《慕尼黑破产法评注》，第 3 版，第 1 条边码 20，44 及以下；Berger/Frege/Nicht，《新破产和重组法杂志》（NZI）2010，321，328］。

b）如果管理人成功维持了原有的破产财产，则其妥善保存和管理破产财产的义务往往并没有得到履行。正如审判庭已经裁决的那样，在最终分配破产财产前，破产管理人不仅有义务保全闲置的资金，而且有义务进行利率优惠的投资（联邦最高法院，2014 年 6 月 26 日判决，见上文，边码 15）。这不仅也并非首先是为防止破产财产因通货膨胀造成价值损失。在裁决中并未提及这一观点。但根据判决理由，之所以应投资闲置资金，是因为这些资金虽然闲置但可能会产生利息。因此，破产财产管理义务也包括一般性的增值要求（Jungmann，《经济法裁判（杂志）》2014，563，564）。这恰恰也适用于继续经营的情况，尽管要考虑到破产程序的特殊条件［请参见《联邦议院出版物》（BT-Drucks.）第 12/2443 号，第 129 页；联邦最高法院，2014 年 6 月 26 日判决——案号：IX ZR 162/13，《经济与银行法杂志》（WM）2014，1434，边码 16；《联邦劳动法院裁判集》（BAGE）143，321，边码 60；HmbKomm-InsO/Weitzmann，《汉堡破产法评注》，第 6 版，第 60 条边码 9］，即破产管理人的所有行为都要以尽量最优地共同清偿债权人的破产目的为导向［《破产法》第1条；请参见《联邦宪法法院裁判集》（BVerfGE）116，1，13］以及由破产债权人对债务人企业的未来做出重要决定（《破产法》第157条、第158条）。

c）破产管理人在具体案件中负有哪些义务，取决于各个具体案件的特点。基于在法律审上诉法上具有决定性作用的原告陈述，本案主要有以下特殊之处：

● 有一套住宅提供给了被告，该套住宅价值45000欧元，但售价本应该仅为该价值的一小部分，并且最终以3000欧元的价格被出售；根据被告自己的陈述，该套住宅一开始甚至应该仅以1000欧元的价格出售，甚至是赠送。

● 该套住宅位于一个私有产权设施中，在该设施中，除了三套住宅之外，其他住宅均全部属于破产债务人所有。

● 破产债务人同时也是该私有产权住宅设施的管理者。破产债务人也能够管理上述提供给被告的住宅，这已经从下列事实中得出，即在被告私人获得该套住宅后，破产债务人实际管理了该套住宅。

● 债权人会议决定要对债务人企业进行清算，但是，在住宅出售之前，还应继续经营该企业，并且也确实继续经营了。

● 该套住宅可以根据其位置和状态进行出租，这一点可以从下列事实看出，即在被告私人获得该套住宅后，该套住宅以每月214欧元的净租金出租。

● 债务人的现有住宅应进行整体性出让，并已相应地出让。

据此，这是一项无须特殊付出也没有巨大风险即可显著增加破产财产的交易。即使为破产管理人的经营决策设定一个很宽松的标准，而破产管理人在企业困境中必须做出一个取决于许多因素——有时是不可控因素——的预测性决策，并且即使他享有宽松的裁量空间［请参见例如 Schmidt/Thole,《破产法（评注）》, 第 19 版, 第 60 条边码 14; HmbKomm-InsO/Weitzmann,《汉堡破产法评注》第 6 版, 第 60 条边码 29 及以下、33; MünchKomm-InsO/Brandes/Schoppmeyer,《慕尼黑破产法评注》, 第 3 版, 第 60 条边码 29a; Berger/Frege/Nicht,《新破产和重组法律杂志》（NZI）2010, 321, 328］, 被告做出的、不以他自己所支付的价格为破产财产购入该套住宅的决定也不符合正直且负责的破产管理。

3. 若违反了正直且负责行为之破产管理人的义务, 应依据《破产法》第 60 条承担损害赔偿责任, 而本案中另外一个对该义务的违反表现在, 被告自私地不顾破产债权人和破产财产债权人的利益以及破产债务人的利益, 给自己谋得一笔有利的交易, 而该交易与破产债务人的业务经营密切相关, 因此应归属于破产债务人。

a）上诉法院认为, 在与破产债务人的关系上, 破产管理人不受竞业禁止的约束, 因为破产法没有规定这种禁止。就此正确的观点是, 公司法上的有关规定不能未加考虑地适用于破产管理人。根据立法者的构想, 破产管理人正直且负责的法定模式是以商法和公司法的谨慎要求（《商法典》第 347 条第 1 款,《股份公司法》第 93 条第 1 款第 1 句,《合作社法》第 34 条第 1 款第 1 句,《有限责任公司法》第 43 条第 1 款）为基础的［《联邦议院出版物》（BT-Drucks.）第 12/2443 号, 第 129 页］。但是, 应注意由于破产管理人的职责和他从事工作时所处的情况而产生的特殊之处。

b）根据《股份公司法》第 88 条第 1 款第 1 句, 未经监事会允许, 股份公司的董事会成员既不得经商, 也不得在公司业务部门中为本人或他人从事商业活动; 根据《股份公司法》第 88 条第 1 款第 2 句, 未经同意, 董事会成员也不得担任其他商业公司的董事会成员或者总经理或者无限责任股东。这些规定反映了董事会作为公司领导者需负责的法律地位，要求董事会成员原则上必须将全部劳动力交由公司支配（MünchKomm-AktG/Spindler，《慕尼黑股份公司法评注》，第4版，第88条边码1）。对于破产管理人来说情况却并非如此。通常，一名破产管理人在不止一个破产程序中任职，他往往不会将全部劳动力都贡献给一个破产程序。

但是，在公司法中也存在一些竞业禁止，其适用并不考虑原则上要将全部劳动力投入公司。例如，普通商事合伙的合伙人未经其他合伙人同意，既不得在合伙企业的商业部门中从事商业活动，也不得以无限合伙人的身份加入另一家类似的普通商事合伙[1]（《商法典》第112条第1款）。这同样适用于有限商事合伙的无限合伙人（《商法典》第161条第2款）。在这些情况下，竞业禁止源于合伙人的忠实义务［联邦最高法院，1983年12月5日判决——案号：Ⅱ ZR 242/82，《联邦最高法院民事裁判集》（BGHZ）89，162，165；Baumbach/Hopt/Roth，《商法典（评注）》，第37版，第112条边码1］。

c)《股份公司法》第88条第1款的规定，即禁止股份公司董事会在公司的业务部门中为本人或他人从事商业活动，也适用于人合公司［联邦最高法院，1985年9月23日判决——案号：Ⅱ ZR 257/84，《新法学周刊》（NJW）1986，584，585］、民法营利团体［联邦最高法院，2012年12月4日判决——案号：Ⅱ ZR 159/10，《经济与银行法杂志》（WM）2013，302，边码20及以下］的执行股东和有限责任公司的总经理［联邦最高法院，1964年10月26日

---

[1] 译者注：普通商事合伙是一个其目的定位于在共同商号之下经营一个商事营业且其所有合伙人对债权人承担无限责任的合伙。参见《德国公司与合伙法》（第24版），［德］克里斯蒂娜·温德比西勒（Christine Windbichler）著，殷盛、王杨译，中国人民大学出版社2023年版，第97页。

判决——案号：Ⅱ ZR 127/62，《经济与银行法杂志》（WM）1964，1320，1321；1967 年 5 月 8 日判决——案号：Ⅱ ZR 126/65，《经济与银行法杂志》（WM）1967，679，680］。在涉及公司利益的所有事务中，总经理或执行股东必须着眼于公司利益，而不是自己的或他人的利益。在授予经营管理权限时，（其他）股东应该能够相信，总经理或执行股东将会忠实于自己的承诺，为了公司目的而工作，并无私地致力于实现共同目标。因此，他在经营管理时只能以公司的利益为导向，必须将自己的利益置于一旁（联邦最高法院，1985 年 9 月 23 日判决，见上文）。从总经理的忠实义务可以看出，如果没有明确许可，他不得在公司的业务部门中为本人从事或让他人从事商业活动，或者以自己账目结算或通过其他方式妨碍或者破坏公司已经签订的合同的履行。总经理不得为了自己，而只能为了公司充分利用商机，如果违反了这一点，则应向后者赔偿由此产生的损害。他不得为自己取得属于公司业务范围并且由于某些具体情况已经属于公司的业务（联邦最高法院，2012 年 12 月 4 日判决，见上文，边码 21 及其相应参引；所谓"商机原则"）。

d）这一法律理念可适用于继续经营破产债务人企业的破产管理人。他并不是由债务人或者——如果破产债务人是一家公司——股东委托的。然而，随着被任命为破产管理人，他却获得了不亚于业务管理者的法律权力。根据《破产法》第 80 条第 1 款，他有权管理和处分属于破产财产的资产。该法律权力受目的制约。破产程序服务于债权人和破产债务人的利益，而并非破产管理人的取得利益［《联邦宪法法院裁判集》（BVerfGE）113，1，《破产法》第 56 条边码 13 及以下］。相应地，管理人必须将授予自己的广泛权限完全用于谋求程序目的。如果他有机会完成一笔有利于破产财产的交易，那么若该商机在债务人企业的业务范围内并属于该企业，则禁止他个人取得该笔交易。

e）在哪些实际前提下，商机归于破产财产，使得管理人个人不能再利用该商机，属于个案问题。根据联邦最高法院有关公司法上商机理论的司法判决，如果公司已经订立了合同，或者至少已经准备好了合同，以至于最终的合同签订只是个形式问题，那么就存在公司的商机。同样，如果业务管理者以公司名义进行了合同谈判［联邦最高法院，2012 年 12 月 4 日判决——案号：II ZR 159/10，《经济与银行法杂志》（WM）2013，320，边码 26］或者仅鉴于其职位而向他提供了有利的报价，也存在公司的商机。最后，与公司业务活动相关的商业机会也包括在内［请参见 Fleischer，《新公司法杂志》（NZG）2003，985、986 及以下及其相应参引］。这同样适用于继续经营债务人企业的破产管理人。

f）购买第 24 号住宅属于债务人企业的业务领域。该套住宅被出售给债务人的总经理，他从事破产管理工作。已经有一份合同草案显示，被告在以破产管理人的身份作为买受人。该套住宅会被出售给他，如果他没有私人取得该交易。因为债务人企业在现有住宅出让之前会继续存续，所以债权人会议的清算决议与住宅购置并不冲突。

三

因此，有争议的判决经不起推敲，而应予撤销（《民事诉讼法》第 562 条第 1 款）。由于本案尚不适合作出最终裁判，故将其发回上诉法院重新审理并裁判，包括法律审的费用问题（《民事诉讼法》第 563 条第 1 款第 1 句）。

审判庭特指明以下法律观点：根据被告的陈述，出于现实原因不能为破产财产进行收购，因为出卖人不想出售给破产债务人。对此，债务人总经理在代宣誓保证中表示，卖方对此给出的理由是债务人的破产。如果一个总经理获得了公司的某一商机，原则上可以期待他尽一切可能，为公司利用这个商机［联邦最高法院，2012年12月4日判决——案号：Ⅱ ZR 159/10,《经济与银行法杂志》（WM）2013, 320 边码 31 及其相应参引］。这也适用于破产管理人。纠正出卖人对于破产管理人的权力和经济可能性的任何误解，并消除毫无根据的顾虑，本应是被告的义务。

法官签名：凯泽尔、洛曼、佩普、格鲁普、默灵
前审法院裁判：
波恩州法院，2015年6月22日裁判——案号：13 O 361/14
科隆州高等法院，2015年11月30日裁判——案号：2 U 77/15

下篇

PART TWO

案例 I

结伙盗窃罪的共同正犯

两名团伙成员在空间和时间上在行为地共同实施犯罪，如果第三名或其他任意团伙成员虽然没有出现在行为地，但是以其他方式为犯罪行为提供便利、支持或陪同等贡献，即可判定为共同正犯。

摘要

本判例涉及共同犯罪中的正犯认定问题。被告加入了一个由五名已查明姓名及其他数个未知姓名的行为人组成的盗窃团伙，该团伙通过连续盗窃活动窃取汽车，并在隐匿处将零件拆出，提供给波兰的汽车市场。被告在此过程中实施了打探、踩点、带路、提供工具等犯罪行为。州法院判处被告严重结伙盗窃罪以及帮助实施诈骗罪，被告提出法律审上诉后被驳回。

本判例有助于明确在德国刑法中，当共同犯罪被告本人在所判决的案件中均未出现在犯罪地点，是否可以以共同正犯身份被判决。对此，德国法院认为两名团伙成员在空间和时间上在行为地共同实施犯罪，如果第三名或其他任意团伙成员虽然没有出现在行为地，但是以其他方式为犯罪行为提供便利、支持或陪同等贡献，即可判定为共同正犯。

首先，这一结论满足了对行为地至少有两名团伙成员在空间和时间上共同参与的要求。其次，充分考虑到了犯罪协定的特殊危险性及"团伙成员的犯罪驱动"。最后，避免了犯罪行为人仅仅因为其未直接在行为地行动，就降低受到处罚的风险。

【法院档案编号】3 StR 339/99
【判决时间】2000 年 8 月 9 日
【案件类型】刑事案件
【案由】严重结伙盗窃罪等
【判决结果】
联邦最高法院第 3 刑事审判庭 2000 年 8 月 9 日审理作出如下判决：
1. 驳回被告针对汉诺威州法院 1999 年 4 月 27 日所作判决提出的法律审上诉（Revision）。
2. 法律救济费用由上诉人承担。

判决理由

因被告在八起案件中构成严重结伙盗窃罪以及在两起案件中构成诈骗罪的帮助犯，州法院判处被告自由刑总刑期三年。鉴于联邦总检察长在 1999 年 8 月 27 日的书面申请中说明的理由，在所提出的程序异议方面，被告的法律审上诉属于《德国刑事诉讼法》第 349 条第 2 款意义上的"显无理由"。实体异议亦未获认可。

一

经查明，被告加入了一个由五名已查明姓名及其他数个未知姓名的行为人组成的盗窃团伙。该团伙的目的是通过连续的夜间盗窃活动窃取特定品牌的汽车，并在一个树林中的隐匿处拆出其中的有用零件，从而获得相应备件，提供给波兰的汽车市场。

被告作为这一来自波兰的团伙中唯一一名生活在德意志联邦共和国的成员，对于布伦瑞克、希尔德斯海姆和汉诺威地区十分熟悉。根据共同的犯罪计划，分配给他的任务首先是进行踩点，打探出适合拆解被盗车辆的地方。该团伙倾向于选择靠近城市却又偏僻的树林,这种树林既无法被从街道上看见里面的情况,还方便开车抵达。此后,在犯罪实行(Tatausführung)的过程中,被告需要驾驶一辆他自己的汽车在前方领路,而其他团伙成员则驾乘登记在他名下的第二辆汽车——在两起案件中还驾乘登记在他名下的第三辆汽车——紧随其后。被告随后将其他团伙成员带到他挑选的地方。他在附近的一个停车场等候或者开车前往下一个地点等候,在此期间,其他团伙成员至少以三人一组驾乘一辆或两辆登记在被告名下的汽车出发前去行窃,盗取汽车并将其带至树林中进行拆解。之后一名行为人开着被告的一辆汽车带着所盗赃物从树林出发前往波兰。拥有多辆汽车的被告还要负责为该团伙提供配有德国车牌的汽车,以便其行动能够更加不引人注意。为达成这一目的,他也将所有权属于其他行为人的车辆登记在自己名下。

二

依据《德国刑法典》旧版第 244 条第 1 款第 3 项(在 1998 年 4 月 1 日生效的版本中为第 244 条第 1 款第 2 项)、第 244a 条第 1 款或选择结合第 243 条第 1 款第 2 句第 1 项及第 2 项,被告在八起案件中构成严重结伙盗窃罪的共同正犯,此项判决仅需要作出阐释,且并无法律瑕疵。将被告的犯罪参与认定为共同正犯,而非帮助犯,属于事实审法官拥有的裁判空间,在法律审上诉方面无可指摘。刑事法庭认为被告是盗窃团伙的成员并以此身份实施了行为,此项认定的理由恰如其分,对此提出的法律审上诉未获支持。然而,该刑事法庭并没有解释以下问题,即被告是否"在另一名团伙成员的共同参与下"实施了犯罪行为。当至少有两名其他团伙成员盗取车辆时,被告本人在所判决的案件中均未出现在犯罪地点,这一事实无论如何都与根据以共同正犯方式实施的严重结伙盗窃罪作出的判决没有矛盾。

《德国刑法典》第 244 条第 1 款第 2 项规定的结伙盗窃罪构成要件不仅包括至少有两人［《联邦最高法院刑事裁判集》（BGHSt）23，239，240］结伙，通过明示或默示的约定继续实施多起独立的、具体细节尚未确定的盗窃或抢劫行为［参见 Ruß，见于《莱比锡刑法典评注》（LK），第 11 版，第 244 条边码 11 及以下数个边码，附有进一步的引证］。此外，此条款与《德国刑法典》第 250 条第 1 款第 2 项，《德国捐税法》第 373 条第 2 款第 3 项，《德国武器法》第 52a 条第 2 款第 2 句，《德国战争武器管制法》第 19 条第 2 款第 1 项、第 22a 条第 2 款第 2 句等条款所规定的结伙犯罪相同，即一名团伙成员要在另一名团伙成员的共同参与下实施犯罪行为。

1. 根据德意志帝国法院和联邦最高法院作出的长期判决，这一构成要件要素始终要求团伙成员在行为实行过程中有时间与地点上的共同参与，即使这并不要求一定要有体力上的共同参与［《帝国法院刑事裁判集》（RGSt）66，236，240 及以下数页；73，322，323。《联邦最高法院刑事裁判集》（BGHSt）8，205，206 及以下数页；25，18；33，50，52。Holtz，《德国法月刊》（MDR）1994，763 中对联邦最高法院刑事裁判的注释；联邦最高法院，《新刑法杂志》（NStZ）1996，493。联邦最高法院，《刑事辩护律师》（StV）1995，586 和 1997，247。联邦最高法院于 1997 年 12 月 9 日的裁定——法院档案编号：4 StR 544/97 和 1997 年 12 月 18 日的裁定——法院档案编号：4 StR 610/97。相反在联邦最高法院于 1997 年 3 月 19 日的裁定——法院档案编号：5 StR 18/97 中明确表示存而不论］。上述判例导致的结果是，如果团伙成员本人未在行为地参与，即使——如同在本案中——根据一般原则，基于其正犯意思及其对犯罪行为的贡献，可以将其视为基本盗窃犯罪的共同正犯，也无法将其作为结伙盗窃的正犯予以处罚。于是，对于不在场的团伙成员，仅仅可以考虑因以共同正犯身份实施一般盗窃，或者在特定情形下考虑构成与帮助或教唆结伙盗窃罪的行为单数，而予以处罚［《联邦最高法院刑事裁判集》（BGHSt）25，18，19；33，50，52。联邦最高法院，《刑事辩护律师》（StV）1997，247］。

a）根据《德国刑法典》第 243 条第 6 项——《第一部刑法改革法》（1. StrRG）版本中的《德国刑法典》第 244 条第 1 款第 3 项的前身规定，结伙盗窃的要件是"多人为继续实施抢劫或盗窃犯罪而结伙，共同参与盗窃"。在早期的裁判中，德意志帝国法院对于该条款的文义首先是这样理解和解释的："多人共同参与"这一概念并不比"共同正犯"的概念所要求的前提更多［《帝国法院判例集》（RG Rspr.）第 6 卷，644，646 及下一页；《帝国法院刑事裁判集》（RGSt）25，421，422 及下一页］。德意志帝国法院首次在《帝国法院刑事裁判集》（RGSt）66，236 中提出这一观点："多人共同参与盗窃"这一特征比宽泛的"共同正犯"概念更狭隘。在该项裁判中，德意志帝国法院有意识地与当时主流的所谓"主观正犯说"划清界限，对"多人共同参与盗窃"这一特征作出了这样的解释：其要件可以被认为是团伙的多名成员以任意形式在时间和地点上共同参与实施个别的盗窃行为［《帝国法院刑事裁判集》（RGSt）66，236，241］。因为所谓"利益说"是根据行为人对犯罪结果的自身利益程度来界定宽泛的正犯概念的，故而只要犯罪结果使其足够获益，哪怕是在远离行为地的地方以精神或智力的形式参与，就足以认定成立共同正犯。根据这一观点，"利益说"宽泛的正犯概念不可与结伙盗窃罪特殊的应罚性相提并论，因为后者的特征恰恰是由于共同实施犯罪而提高了犯罪行为的危险性。根据德意志帝国法院的理解，对结伙盗窃罪加重处罚的原因一方面在于持续性自愿结伙——亦即团伙协定——的一般性危险，另一方面也在于多人在空间和时间上共同参与实行行为这一危险性升高的情状，因此，只有那些实施犯罪行为时在场并共同实行犯罪的团伙成员（无论他是正犯还是共犯）才能依据旧版《德国刑法典》第243条第6项的规定进行处罚［参见《帝国法院刑事裁判集》（RGSt）66，236，242；73，322，323］。

b）德意志帝国法院的这种司法判决主要目的在于限制过于宽泛的主观正犯论［参见Jakobs，《法律综览》（JR）1985，340，342及下一页中对《联邦最高法院刑事裁判集》（BGHSt）33，50的注释和Meyer，《法学训练》（JuS）1986，189，191；以及更早的Kielwein，《德国法月刊》（MDR）1956，308中对《联邦最高法院刑事裁判集》（BGHSt）8，205的注释］，联邦最高法院基本上沿用了这种判例（参见联邦最高法院于1954年2月18日的判决——法院档案编号：3 StR 814/53）。不过在《联邦最高法院刑事裁判集》（BGHSt）8，205中，对此进行了限制：在认定结伙盗窃正犯的场合还要求团伙成员在空间和时间上（即使并不要求体力参与的方式）至少一名其他团体成员共同参与了单个的盗窃行为。德意志帝国法院将在行为地共同参与犯罪实行作为根据旧版《德国刑法典》第243条第6项的刑罚区间对结伙盗窃共犯予以处罚的必要条件，而联邦最高法院则明确放弃了这一要件。出现这种反转的原因是考虑到虽然在团伙之外的非成员有可能作为结伙盗窃的教唆犯或帮助犯受到处罚，但是这对于一名未在现场从事活动的团伙成员而言应该是不可能的，尽管因为他仍然对危险的团伙犯罪约定继续存在负有责任，从而与非成员相比，对犯罪具有更高的共同责任［《联邦最高法院刑事裁判集》（BGHSt）8，205，207及下一页］。此时，在团伙中的成员身份尚未被理解为个人关系或特征。在这条由《联邦最高法院刑事裁判集》（BGHSt）8，205 给定的路线上，德国联邦最高法院重新确立了其对于结伙盗窃罪的判例，这也符合《第一部刑法改革法》（1. StrG）对旧版《德国刑法典》第 244 条第 1 款第 3 项中构成要件所做出的新修订，修订后的条款原封不动地保留了结伙盗窃罪规定的内容（参见联邦议院出版物 V/4094 第 36 页结合联邦议院出版物 IV/650 第 407 页）。而德国联邦最高法院之所以提出了另外一名团伙成员在行为地共同参与的必要性，主要是因为这种共同参与提高了窃取行为的效率以及增加由个体行为人"采取行动的危险"。

2. 通过这一判例，旧版《德国刑法典》第 244 条第 1 款第 3 项、新版《刑法典》第 244 条第 1 款第 2 项被当成特殊犯处理［《联邦最高法院刑事裁判集》（BGHSt）8，205，207："结伙盗窃正犯的特殊规定"］，而法律规定的文义并没有为此提供任何理由［参考 Dünnebier，《法律综览》（JR）1956，148，149 中对《联邦最高法院刑事裁判集》（BGHSt）8，205 的注释；亦可参见 Arzt，《法学训练》（JuS）1972，576，580 中标题 Ⅵ 第 2 段最后］。根据另一种观点［参见 Küper，《戈尔特达默刑法档案》（GA）1997，327，332 及下一页］，通过这种方式，在空间和时间上的共同参与成为奠定正犯身份、以亲手实施为前提的构成要件要素。因此，有相当一部分文献对于此前的司法判决持批判甚至否定的态度［Arzt，《法学训练》（JuS）1972，576；Brandts/Seier，《法律工作报》（JA）1985，367；Eser，见于《徐恩克/施罗德刑法典评注》（Schönke/Schröder StGB），第 25 版，第 244 条边码 27；Geilen，《法学教育》（Jura）1979，445，501；Günther，见于《刑法典体系性评注》（SK-StGB），第 43 版，第 250 条边码 40；Jakobs，《法律综览》（JR）1985，342；Joerden，《刑事辩护律师》（StV）1985，329；Kielwein,《德国法月刊》（MDR）1956，308；Küper,《戈尔特达默刑法档案》（GA）1997，328，333；Kindhäuser，见于《诺莫斯刑法典评注》（NK-StGB），第5版，第244条边码34及以下数个边码；Maurach/Schroeder/Maiwald,《刑法分则》，第1卷，第8版，第33章，边码125；Meyer,《法学训练》（JuS）1986，189；Rengier,《刑法分则》，第1卷，第2版，第4章，边码47；Wessels/Hillenkamp,《刑法分则》，第2卷，第21版，第4章，边码272]，这是因为扩张正犯概念在《帝国法院刑事裁判集》（RGSt）66，236判决之时仍然为主流，而现在则不再应用于司法判例中，同时也不再是文献中的通说观点。

这种反对观点的代表一方面主张法条文义"在另一名团伙成员的共同参与下"并没有说明共同参与的方式方法，特别是并未确定必须是"空间和时间上的（参与）"，而非仅仅是作为"团伙首脑"在精神上的共同参与［Meyer,《法学训练》（JuS）1986，189，190；类似的还有 Arzt,《法学训练》（JuS）1972，576，579；Eser，见于《徐恩克/施罗德刑法典评注》（Schönke/Schröder StGB），第25版，第244条边码27；Kindhäuser，见于《诺莫斯刑法典评注》（NK-StGB），第244条边码35及下一边码；Schild,《戈尔特达默刑法档案》（GA）1982，55，83；持不同观点的则有 Hoyer，见于《刑法典体系性评注》（SK-StGB），第244条边码36；Taschke,《刑事辩护律师》（StV）1985，367及下一页］。针对判例提出的主要反对论据是，即使以正犯身份实施结伙盗窃的前提，也应根据现行的共犯理论原则进行处理，否则在《德国刑法典》第242条规定的基本犯罪行为和《德国刑法典》第244条第1款第2项规定的加重犯认定方面就会出现一种"分裂的正犯"现象［参见 Brandts/Seier,《法律工作报》（JA）1985,367；Joerden,《刑事辩护律师》（StV）1985,329及下一页对《联邦最高法院刑事裁判集》（BGHSt）33，50 的注释；Meyer，《法学训练》（JuS）1986，189，191］。但是如果界定正犯与共犯的普遍原则具有决定性意义，且《德国刑法典》第 25 条第 2 款规定的前提成立，那么多名其他团伙成员共同参与窃取这一与犯罪行为相关的、表明犯罪实行本身特征的要素便必定可以归责于一名被视作《德国刑法典》第 242 条盗窃罪共同正犯的团伙成员［参见 Arzt/Weber，《刑法分则》，第 3 卷，边码 235；Eser，见于《徐恩克/施罗德刑法典评注》（Schönke/Schröder StGB），第 25 版，第 244 条边码 27；Joerden，《刑事辩护律师》（StV）1985，329，330；Kindhäuser，见于《诺莫斯刑法典评注》（NK-StGB），第 244 条边码 35；Küper，《戈尔特达默刑法档案》（GA）1997，327，333 及下一页；Rengier，《刑法分则》，第 1 卷，第 4 章，边码 47；Günther，见于《刑法典体系性评注》（SK-StGB），第 250 条边码 40；Wessels/Hillenkamp，《刑法分则》，第 2 卷，第 4 章第 3 节第 2 分节；Schünemann，《法律工作报》（JA）1980，393，395］。出于上述原因，一部分文献认为，一名未在行为地的团伙成员与另一名实施盗窃的团伙成员的共同参与就已足以成立结伙盗窃的正犯［参见 Arzt，《法学训练》（JuS）1972，576，579；Schild，《戈尔特达默刑法档案》（GA）1982，55，83；Schünemann，《法律工作报》（JA）1980，393，395］。然而，绝大多数持反对判例观点的学者却认为，至少两名团伙成员实施盗窃是必要前提，因为这样才存在对于被害人而言更大的危险性，这也体现了《德国刑法典》第 244 条第 1 款第 2 项规定的构成要件的保护目的，并且由于分工窃取行为提高了犯罪实施的效率，故而如果再有另外一名团伙成员以其他方式与在现场活动的团伙成员共同参与，同时还满足正犯身份的前提条件，那么就足以认为这名团伙成员成立正犯。

3. 本庭不再坚持其在《联邦最高法院刑事裁判集》（BGHSt）8，

205 中提出的法律观点，因为对于现行共犯理论原则的应用存在矛盾之处，文献对此提出的反对意见具有牢固的教义学基础，十分有力，这也是因为法条文义"作为团伙成员……在另一名团伙成员的共同参与下实施盗窃"这一构成要件并非一定要解释为每一名以共同正犯身份参与具体盗窃犯罪的团伙成员都必须在行为实施的地点作出行为贡献，才能被视为结伙盗窃的正犯。

本庭从现在起对构成要件要素"在另一名团伙成员的共同参与下"作出如下解释：

为继续实施抢劫或盗窃犯罪而结为团伙的团伙成员，不仅当他直接在行为地参与实施盗窃犯罪时，可以是结伙盗窃罪的正犯。只要他以另一种可以评价为正犯犯罪贡献的方式参与其中，并且与至少两名其他团伙成员在时间和地点上的共同参与下实施盗窃，亦足以将该犯罪团伙认定为正犯。

本庭已在其 1999 年 12 月 22 日的判决［《新刑法杂志》（NStZ）2000，255 中 Hohmann 的注释；《刑事辩护律师》（StV）2000，310 中 Otto 的注释］中将该项法条提交至其他刑事法庭并询问他们是否坚持他们相应作出的与之冲突的裁判。第 1［《刑事辩护律师》（StV）2000，315］、第 2 和第 5 刑事审判庭已根据《德国法院组织法》第 132 条第 3 款的规定告知，他们放弃自己作出的与之冲突的判例，并赞同本项法律裁判规则，或者说不反对据此意见作出的裁判。第 4 刑事审判庭也同意了本庭的法律观点［《法律人报》（JZ）2000，628 标题 II 第 2 段中 Engländer 的注释，630］；甚至更进一步地提出，只要有一名团伙成员在行为地行动就已足够认定正犯身份，但是要求一般将至少三名成员作为认定团伙的要件（亦见于 Hohmann，同上，258 及下一页）。本庭在此对于是否遵循此种观点表示存而不论。对于本案中的裁判，关键不在于此，因为在进行判决的审判庭对参与前提的解释的基础上，只有——像本案这样——团伙至少由三名成员组成时，才可能考虑将未身处行为地的团伙成员判定为结伙盗窃罪的正犯。

4. 如果将《德国刑法典》第 244 条第 1 款第 2 项解释为，若团伙成员以其他方式为犯罪作出贡献，从而共同参与盗窃，即使他未出现在犯罪地点，也可能以正犯身份实施结伙盗窃，那么无论如何，对于至少两名其他团伙成员在行为地分工行动的情形——也是此处对裁判唯一重要的情形，在教义学上很容易就可以进行论证。

a）根据当前的主流观点，团伙成员身份是《德国刑法典》第 28 条第 2 款意义上的一个特殊个人要素［Holtz,《德国法月刊》（MDR）1978，624 参考《联邦最高法院刑事裁判集》（BGHSt）—大刑事审判庭（GSSt）-12，220 中对联邦最高法院刑事裁判的注释；联邦最高法院,《刑事辩护律师》（StV）1995，408；《新刑法杂志》（NStZ）1996，128；联邦最高法院于 1998 年 3 月 18 日的裁定——法院档案编号：5 StR 1/98；《特伦德尔／费舍尔刑法典评注》（Tröndle/Fischer StGB），第 49 版，第 244 条边码 15；《拉克纳／屈尔刑法典评注》（Lackner/Kühl StGB），第 23 版，第 244 条边码 7；Herdegen，见于《莱比锡刑法典评注》（LK），第 11 版，第 250 条边码 32；Ruß，见于《莱比锡刑法典评注》（LK），第 11 版，第 244 条边码 13；Günther，见于《刑法典体系性评注》（SK-StGB），第 250 条边码 41；Arzt,《法学训练》（JuS）1972，576，579；Schünemann,《法律工作报》（JA）1980，393，395 及下一页；Schild,《戈尔特达默刑法档案》（GA）1982，55，83；Wessels/Hillenkamp,《刑法分则》，第 2 卷，边码 272；还有与之略有不同的《联邦最高法院刑事裁判集》（BGHSt）8，205，208］，必须每一名盗窃的共犯身上都具备这一特征，才能依据《德国刑法典》第 244

条第 1 款第 2 项、第 244a 条第 1 款成立刑事可罚性。相反,"在另一名团伙成员的共同参与下"这一要素则是与犯罪行为相关的、详细说明犯罪实行的构成要件要素,这应当从属性上进行处理,根据一般的共犯规则,特别是根据《德国刑法典》第 25 条第 2 款,其不能归责于未在犯罪地点行动的团伙成员〔亦可参见 Arzt,《法学训练》(JuS)1972,576,579;Eser,见于《徐恩克/施罗德刑法典评注》(Schönke/Schröder StGB),第 25 版,第 244 条边码 28;Günther,见于《刑法典体系性评注》(SK-StGB),第 250 条边码 40;Schünemann,《法律工作报》(JA)1980,393,395;Wessels/Hillenkamp,《刑法分则》,第 2 卷,边码 272;类似的还有 Küper,《戈尔特达默刑法档案》(GA)1997,327,333 及下一页〕。

因此,对于以共同正犯身份实现《德国刑法典》第 244 条第 1 款第 2 项的要件,两名团伙成员在空间和时间上在行为地共同参与盗窃,当第三名或其他任意团伙成员虽然没有出现在行为地,但是以其他方式,如在准备或结束阶段或者与在行为地行动的行为人直接实施犯罪同时间,为犯罪行为提供便利、支持或陪同等贡献,便足以认定为共同正犯。相同的原则也适用于认定《德国刑法典》第 244a 条规定的严重结伙盗窃罪中的共同正犯。此处的犯罪贡献也必须首先满足《德国刑法典》第 244 条第 1 款第 2 项规定的以正犯身份结伙盗窃的前提;在认定《德国刑法典》第 244a 条第 1 款规定的身份资格特征方面,则适用一般的归责原则:如果是与犯罪行为相关的特征,只需未实施犯罪行为的团伙成员以任意其他方式与直接实施犯罪的团伙成员共同参与,了解这些情况并有实现的意思即可〔参见 Eser,见于《徐恩克/施罗德刑法典评注》(Schönke/Schröder StGB),第 25 版,第 244a 条边码 4 和 9;Zopfs,《戈尔特达默刑法档案》(GA)1995,320,328,此外,他认为至少此处建议的对"在另一名成员的共同参与下"这一要素的解释是有道理的——脚注43］。相反，就如《德国刑法典》第243条第1款第3项规定的"职业性"要素这样的特殊个人要素而言，被归责为共犯的个人也必须具备这一特殊个人要素。

b）这里对《德国刑法典》第244条第1款第2项的解释——必要时亦可结合《德国刑法典》第244a条第1款——符合《德国刑法典》第244条第1款第2项和第244a条第1款的宗旨以及两项条文始终主张加重处罚所提出的理由：

一方面，本解释一如既往地满足了对行为地至少有两名团伙成员在空间和时间上共同参与的要求，故而此前判例所主张的结伙盗窃正犯所实施的犯罪行为具有更高的危险性或者其窃取行为的效率提高，在这里进一步的解释中依然得到了坚持。另一方面，本解释也充分考虑到了犯罪协定的特殊危险性［《联邦最高法院刑事裁判集》（BGHSt）8，205，209］及"团伙成员的犯罪驱动"［Schünemann，《法律工作报》（JA）1980，393，395］。由此，如果团伙成员基于其与团伙组织的联系和犯罪实施而未在直接的犯罪实行中被分配有一席之地，而是在幕后为其他人实施犯罪以及犯罪实施的成功发挥十分重要的作用，故在此以他的方式参与了具体的盗窃行为，那么也可以根据其相应的犯罪贡献比重对该团伙成员科处刑罚。另外，这也避免了一种不令人满意的结果，即一个由超过两人组成的团伙，由于这个人数已经超过了构成团伙的最低人数，虽然从一开始就更具危险性，但仅仅因为他们未直接在行为地行动，就降低了刑事可罚性风险。

联邦最高法院法官：里辛-范·萨安、米巴赫、温克勒、冯·利宁、贝克尔

《参考资料集》：是

《联邦最高法院刑事裁判集》：是

公开：是

《第六部刑法改革法》（6. StrRG）第 244a 条第 1 款版本中的《德国刑法典》第 244 条第 1 款第 2 项

  为继续实施抢劫或盗窃犯罪而结为团伙的团伙成员，不仅当他在直接在行为地参与实施盗窃犯罪时，可以是结伙盗窃罪的正犯，只要他以另一种可以评定为以正犯身份作出贡献的方式参与其中，而由至少两名其他团伙成员在时间和地点上的共同参与下实施盗窃，亦足以将前者判定为正犯。

上诉法院：联邦最高法院

判决时间：2000 年 8 月 9 日

法院档案编号：3 StR 339/99

初审法院：汉诺威州法院

案 例 Ⅱ

危险伤害罪

在均没有确定的证据证明被告存在积极伤害行为时，不应视其为共同正犯，而应以狭义共犯论处。而在"共同正犯"作为判断诸如"伤害罪"或是"危险伤害罪"的构成要件时，需考虑其构成的可能，以便毫无遗漏地对不法内涵作出评价。

摘要

本案涉及"共犯"身份的界定问题。被告 L 与证人 St 发生争执，后被告 S 与 Z 为帮助 L 而加入，在此过程中被害人 H 前来劝阻，所有三名被告都转向 H，H 的脸以及右前臂被打伤，这是 L 故意或是两名共同被告在其同意下或是他们中的一人所致。H 在倒地时，背上受到了七次刀刺。当 H 倒在地上后，L 以及另外两名被告在 L 的命令下突然从他身边退开并离去。没有寻获行凶的刀具，刀伤没有造成生命危险。刑事法庭无法明确在几名被告中是谁动刀刺伤被害人的。最终，德国联邦最高法院认定被告 L 构成危险伤害罪，被告 S 和 Z 分别构成危险伤害罪的帮助犯。

本案有助于理解德国刑法对"共同正犯"身份认定标准在不同情况下的区别。德国联邦最高法院认为，在均没有确定的证据证明被告存在积极伤害行为时，不应视其为共同正犯，而应以狭义共犯论处。在"共同正犯"作为判断诸如"伤害罪"或是"危险伤害罪"的构成要件时，需考虑其构成的可能，以便毫无遗漏地对不法内涵作出评价。

案例 II　　　　　　　　　　　　　　　　　　危险伤害罪

【法院档案编号】5 StR 210/02
【判决时间】2002 年 9 月 3 日
【案件类型】刑事案件
【案由】危险伤害罪等
【判决结果】
1. 联邦最高法院第 5 刑事审判庭根据检察机关提出的法律审上诉，对于诺伊鲁平州法院于 2001 年 11 月 29 日作出的判决作出以下修改：
（1）将定罪修正为被告 L 构成危险伤害罪，被告 S 和 Z 分别构成危险伤害罪的帮助犯；
（2）撤销所判处的全部刑罚。
2. 涉及被告 S 和 Z 的其他法律审上诉内容均被驳回。
3. 在撤销的范围内，该案件包括法律审上诉费用事宜被发回州法院，由另一个普通刑事审判庭重新审理并判决。

判决理由

刑事陪审法庭因（故意）伤害罪判处被告 L 有期徒刑一年六个月，因构成伤害罪的帮助犯对被告 S 和 Z 分别判处罚金。检察机关的法律审上诉提出了有关错误适用实体法的指责，即被告没有被以《德国刑法典》第 224 条第 1 款第 4 项规定的危险伤害罪论处，另外，被告 S 和 Z 没有被认定为共同正犯。联邦总检察长所提出的法律审上诉在很大程度上取得了成功。

1. 刑事陪审法庭作出了如下事实认定：

2001 年 5 月 26 日，被告 L 向站在一家迪斯科舞厅前面的一群年轻人中的证人 St 挑起争吵。他发现 St 向其他年轻人解说展示了 L 的受损汽车，并认出这是一辆肇事逃逸车辆。L 走进舞厅，请求共同被告 S 和 Z 在发生争执时支持他。两人跟随他出来，想要至少通过他们的在场为他助力。然后他们便始终不离 L 左右。

L 首先向 St 发难，对他进行辱骂和纠缠。当被害人 H 插进来想要劝解时，L 用力对他的脸打了一拳。H 摔倒在地，却又挣扎着站起来并再次走向 L。

于是所有三名被告都转向 H。在混乱中，H 被推并撞在了一辆停靠在路边的汽车引擎盖上，之后再次倒在地上。在暴力行为的作用下，H 的脸以及右前臂被再次打伤，这要么是 L 故意，要么是两名共同被告在 L 的同意下，要么是他们中的一人所致。

很有可能是在这场冲突的最后，H 再次倒向地上时，背上受到了七次刀刺。当 H 倒在地上后，L 以及另外两名被告在 L 的命令下突然从他身边退开并离去。没有寻获行凶的刀具。刀伤没有造成生命危险。刑事陪审法庭无法明确在几名被告中是谁动刀刺伤被害人的。法庭以对每一名被告有利的方式假定其既没有预见到也没有同意其他人动刀。

2. 刑事陪审法庭的证据评价——检察机关没有对此提出明确的批评——与由此得出的刀伤无法归责的结论，以及因此以有利于每一位被告的方式而被评价为可能是其他犯罪参与者的（共犯）过剩行为，从法律依据上尚无法对此进行指摘，即使根据前情、所认定的空间关系和数量颇多的刺伤，有可能——甚至更加明显——是另一种结论。然而对法律审上诉法庭而言，证据判断在很大程度上属于事实审法官的权利，尚不存在因此就加以干涉的理由。

3. 根据事实认定，被告 S 和 Z 在犯罪行为过程中的任何阶段，均没有确定的证据证明其存在积极的伤害行为，在该等事实认定同样没有法律错误的背景下，原审法院评价认为，两名被告因服从于被告 L 而对行为缺乏自己的犯罪利益与犯罪支配，故而不应被视为共同正犯，而应以帮助犯论处，法律审上诉法庭对此并不能依法律理由加以指摘。虽然没有认定其自主的伤害行为，但也不能排除将被告 Z 和 S 视为伤害罪的共同正犯，因为他们有意识地增强了被告 L 所实施的暴力强制的效果［参见联邦最高法院，《戈尔特达默刑法档案》（GA）1986，229；《新刑法杂志》（NStZ）1984，328，329］。然而这一点在本案中不具说服力。由于这种加重构成要件包含了正犯与帮助犯协作的情形（参考下文 4），故而不应当基于《德国刑法典》第 224 条第 1 款第 4 项的结构在原则上扩大共同正犯的适用范围。因此，对于事实审法官在区分（共同）正犯和帮助犯之间界限时的评价，法律审上诉法庭在合理的范围内予以采纳，此处也是完全不受限制的［参见联邦最高法院，《刑事辩护律师》（StV）1998，540，附有进一步的引证］。因此，检察机关的法律审上诉在被告 S 和 Z 方面没有获得很大程度上的成功。

4. 对于所有被告仅仅因（简单的故意）伤害罪而并非依据《德国刑法典》第 224 条第 1 款第 4 项规定的危险伤害罪而获得定罪，检察机关进行指摘，这是恰当的。根据事实认定，被告 L 与其他当事人——被告 S 和 Z——共同实施了人身伤害，对于这一被定性为人身伤害的行为，被告 S 和 Z 为前者故意提供了帮助。

根据 1998 年 1 月 26 日《第六部刑法改革法》（6. StrRG）［《联邦法律公报 I》（BGBl I），第 164 页］生效前的旧版《德国刑法典》第 223a 条对这种构成要件情形还要求"多人共同实施"人身伤害。依照新版规定，加重构成要件虽然与《德国刑法典》第 25 条第 2 款中的共同正犯规定挂钩，因而只是规定了有些容易造成误解的文字"共同实施"，但是通过含义明确的补充"与他人"，正如从《德国刑法典》第 28 条第 2 款中的定义可以看出，这种加重构成要件除了另外一名（共同）正犯，还包含了共犯，从而（《德国刑法典》第 28 条第 1 款）也明确包含了帮助犯。因此，正犯和帮助犯在实施人身伤害时共同发挥作用,足以构成《德国刑法典》第224条第1款第4项规定的加重犯,法律条文的文义与此种解释并无冲突[通说参见——均附有进一步的引证——《特伦德尔/费舍尔刑法典评注》(Tröndle/Fischer StGB),第50版,第224条边码11;Stree,见于《徐恩克/施罗德刑法典评注》(Schönke/Schröder StGB),第26版,第224条边码11;Lilie,见于《莱比锡刑法典评注》(LK),第11版,第224条边码33至35;Rengier,《整体刑法学杂志》(ZStW) 111 [1999],第1页,第9页等;C. Jäger,《法学训练》(JuS) 2000,31,35及下一页;参见先前Küper,《戈尔特达默刑法档案》(GA) 1997, 301;不同观点见Horn,见于《刑法典体系性评注》(SK-StGB),第7版,(版本:1998年5月),第224条边码25;Schroth,《新法学周刊》(NJW) 1998, 2861;Renzikowski,《新刑法杂志》(NStZ) 1999, 377, 382;尚无定论见联邦最高法院于2000年4月5日的裁定——法院档案编号:3 StR 95/00;关于团伙因帮助犯协助的潜在危险性亦可参见《联邦最高法院判例集》(BGHR),《德国刑法典》第244条第1款第2项团伙5,定于在《联邦最高法院刑事裁判集》(BGHSt)中公开发表]。《德国刑法典》第224条第1款第4项规定的加重构成要件的意义和目的要求将正犯和帮助犯的协作包含在内,只要这种协作与以共同正犯身份实施的协作并无区别,对被害人伤害的危险性提高即可。

无论如何,当出现在行为地的帮助犯有意识地以某种能够使被害人状态恶化的方式,放大正犯的人身伤害效果时,即可以认为是一种相对于共同正犯行为较弱的共同实施。在这种共犯形式中,当伤害方有多人在场,特别是可以预期共犯会插手,从而影响到被害人对人身伤害的正犯进行反抗、对其避开或者逃脱的机会,通常是首先——正如此案中明显也是——通过削弱防卫的可能性而实现的。正如在《德国刑法典》第 224 条第 1 款规定的加重犯的特征那样，此类行为的实施增加了人身伤害危险性。假如依据文义，《德国刑法典》第 224 条第 1 款第 4 项不包含这种协作形式——但实际上考虑到其明确提及"共犯"并非这种情况——那么比起一般界定标准的通常情况，对于这种加重构成要件就更应该考虑构成共同正犯的可能，以便穷尽地对不法内涵作出评估。

正犯与帮助犯或者教唆犯协作的其他表现形式在多大程度上同样满足《德国刑法典》第 224 条第 1 款第 4 项的加重构成要件的前提，特别是在多大程度上要求在行为地点进行协作，在本案中无须裁决，正如在多大程度上以共同正犯身份协作的某些表现形式，尤其是没有同时出现在行为地时，这种加重构成要件可以破例不满足，这个问题也无须裁决［参见《联邦最高法院判例集》（BGHR）中针对旧版《德国刑法典》第 223a 条第 1 款"共同性"的第 2 个判例］。

5. 由于刑事陪审法庭在无法律错误地排除了《德国刑法典》第 224 条第 1 款第 2 项和第 5 项的情况外，没有考虑到《德国刑法典》第 224 条第 1 款的这种情况，法律审上诉提出反对的判决就此而言没有经受住实体法方面的审查。

毫无法律错误所作出的事实认定证明，在此处所讨论的共犯形式中——正犯 L 与有意识扩大其强制力的帮助犯 S 和 Z 进行了共同实施，在此（至少）毫无疑问地满足了《德国刑法典》第 224 条第 1 款第 4 项规定的危险伤害罪的要件。

本庭在此范围内可以对于定罪作出最终裁决。可以排除的是，如果在主审法庭的审理中已经提出在法律审上诉审理中引用的相应法律依据，诸被告能够得到更加有效的辩护。在现有的证据形势下，认定了可以想象的最轻微的事实情况，以有利于所有三位被告。他们中的任何一人还能如何在事实方面进行不同的辩护并取得成功，是不清楚的，并且辩护方在法律审上诉审理中也没有对此加以证立。另外，依照所发生的法律错误，也没有理由要求重新对整个犯罪行为作出全面的主审法官方面的事实认定，特别是是否可以认定至今作为帮助犯被判决的被告自身的伤害行为，或者刀具的使用以及对使用刀具是否知情和同意。

6. 由于量刑范围不同，改变有罪判决就意味着撤销刑罚。由于这建立在涵摄错误的基础上，因而无须根据《德国刑事诉讼法》第 353 条第 2 款的规定撤销事实认定。至今的事实认定包括对诸被告的无限制刑事责任能力的认定，必要时可以通过在此方面没有矛盾的进一步事实认定加以补充，新的审判法庭——现根据《德国法院组织法》第 74 条第 1 款是普通刑事审判法庭——将在此基础上进行量刑。

随着所判处的刑罚被撤销，检察机关对于有利于被告 S 和 Z 的赔偿裁决的即时抗告亦得到了解决。

联邦最高法院法官：巴斯多夫、海格尔、格哈特、布劳塞、沙尔

《参考资料集》：是

《联邦最高法院刑事裁判集》：是

公开：是

《德国刑法典》第 224 条第 1 款第 4 项

伤害罪的正犯与一名帮助犯协力可能足以满足"与他人共同"实施人身伤害的加重构成要件（《德国刑法典》第 224 条第 1 款第 4 项）。

无论如何，当出现在行为地的帮助犯有意识地以某种能够使被

害人状态恶化的方式，放大正犯的人身伤害行为的效果时，即属于此等情况。

上诉法院：联邦最高法院

判决时间：2002年9月3日

法院档案编号：5 StR 210/02

初审法院：诺伊鲁平州法院

案例 III

严重抢劫罪

保持或者不阻止影响身体的胁迫,暴力可以通过不作为得以实现,同时以主动使用暴力作为判断依据,不符合剥夺他人自由作为继续犯的性质。

不作为的行为人可能有维持违法状态的意愿,以便利用被害人的毫无抵抗进行窃取。

行为人通过束缚将被害人置于其暴力之下,又出于其他原因通过积极作为使用暴力,利用其进行窃取,在时间和空间上是紧密相随的。

案例Ⅲ 严重抢劫罪

摘要

　　本案涉及抢劫罪的构成要件问题。被告闯入了被害人的小屋，使用暴力将被害人击倒，将其双手束缚并推进小屋。被告决定将被害人的路虎车及其他物品据为己有，并开车离开。州法院判决被告诈骗罪以及严重抢劫罪与危险伤害罪构成行为复数，被告提出法律审上诉。最终，德国联邦最高法院撤销了严重抢劫罪所判处的单一刑罚和合并刑罚，并修正为情节较轻的严重抢劫罪。

　　本案有助于理解德国刑法关于抢劫罪中客观暴力行为与主观窃取目的之间的关系。对于行为人实施束缚剥夺他人自由，之后改变动机，对被束缚的被害人进行盗窃，是否符合抢劫罪中为窃取目的而持续施加暴力。针对这一问题德国联邦最高法院持肯定态度：一是保持或者不阻止影响身体的胁迫，暴力可以通过不作为得以实现，同时以主动使用暴力作为判断依据，不符合剥夺他人自由作为继续犯的性质；二是不作为的行为人可能有维持违法状态的意愿，以便利用被害人的毫无抵抗进行窃取；三是包括本案在内的一些案件行为人通过束缚将被害人置于其暴力之下，又出于其他原因通过积极作为使用暴力，利用其进行窃取，在时间和空间上是紧密相随的。

　　本案同时也有助于更深入理解抢劫罪中的作为与不作为。

【法院档案编号】2 StR 283/03
【判决时间】2003 年 10 月 15 日
【案件类型】刑事案件
【案由】严重抢劫罪等
【判决结果】
德国联邦最高法院第 2 刑事审判庭根据被告提出的法律审上诉,针对卡塞尔州法院于 2003 年 4 月 10 日作出的判决作出如下判决:
1. 将案件 2 的第 2 组犯罪行为[①]修正为,被告构成《德国刑法典》第 250 条第 1 款第 1 项 b 规定的严重抢劫罪,与危险伤害罪成立行为单数。
2. 撤销所宣布的对案件 2 的第 2 组犯罪行为的单一刑罚和合并刑罚的判决及相关认定。
在撤销的范围内,该案件包括法律审上诉费用事宜被发回州法院由另一刑事审判庭重新审理并判决。
其他法律审上诉内容被驳回。

判决理由

州法院基于诈骗罪以及成立行为单数的严重抢劫罪与危险伤害罪,判处被告总和自由刑六年(单一刑罚:一年六个月与五年)。对此被告以实体法适用错误为由提出法律审上诉。

在涉及被告犯有诈骗罪(案件 2 的第 1 组犯罪行为)的判决方面,法律审上诉明显没有根据。

相反,在案件 2 的第 2 组犯罪行为中,法律审上诉取得了部分

[①] 译者注:有些判决涉及被告不同的案件,而每个案件中又包含了被告实行的不同组犯罪行为,本书在此处将德国判决中出现的"FallⅡ.2"翻译为案件 2 的第 2 组犯罪行为,下文同。

成功。由此导致了对定罪的修正以及撤销对此方面判处的单一刑罚以及合并刑罚。

州法院确定了以下事实：

无家可归的被告闯入了被害人的狩猎小屋并在那里过夜。当被害人第二天早上前往小屋并打开门时，身处小屋内的被告向被害人面部喷射了一种液体，打了被害人一拳，使其倒地不起，并扑到被害人身上用被害人带来的一个汽水瓶击打被害人头部，致使瓶子破碎。然后他将一个超过8公斤重的石头掷向被害人头部。被害人避开正面的碰撞，但是石头击中了其头部右侧，造成被害人眶底骨折。最后，被告将被害人的双手束缚起来并推进小屋。最迟在此时，被告决定将被害人的路虎车及其他物品据为己有。他夺过被害人的包，将包放入路虎车，锁上小屋并开车离开。该辆路虎车在一段时间后被寻获，而一把手枪、一把猎刀、一部手机、衣物以及数件其他物品，包括一把钥匙和被害人的证件等则消失不见。

1. 基于上述事实认定，依据《德国刑法典》第250条第2款第1项作出严重抢劫罪的判决明显存在疑问。

抢劫罪构成要件成立要求在强制行为与窃取行为之间存在目的性关联，而州法院在其法律评价的范围内对此并未详细说明理由。在量刑时，州法院考虑到被告"在严重抢劫中甚至采用了程度较严重的暴力并使用两种不同的危险工具多次击打被害人"，而作出了不利于被告的量刑，然而，令人忧虑的是，州法院对此持以下观点，即这些击行为似乎也是为了实现窃取行为。然而这与事实认定相矛盾：根据事实认定，被告一开始之所以袭击被害人，只是为了从小屋中逃离（判决第13页），窃取行为的决定可能是在他将受害人打倒在地、束缚了其双手并将其推进小屋时才做出的。但是，被告在何时决定将路虎车（及其他物品）据为己有，这对于法律上的评价至关重要。因为，如果被告是为了窃取而使用瓶子和石头，则构成《德国刑法典》第 250 条第 2 款第 1 项（抑或《德国刑法典》第 250 条第 2 款第 3 项 a）规定的严重抢劫罪，但决定窃取是在束缚受害人之时或之后才做出的（这一点将进一步说明），则只能考虑其符合了《德国刑法典》第 250 条第 1 款第 1 项 b 规定的严重抢劫的构成要件。即使州法院对这两种不同的法律后果作出了错误的判断，并因此而未考虑进一步查明窃取故意作出的时间点，这也不会导致被撤销的内容超出本判决正文中定罪变更的范围。本庭得出的结论是，因为被告是在纠纷转移至屋外时才看到路虎车并且是在束缚被害人之后才问他要汽车点火开关钥匙的，因此，在新的法庭审理中不可能证明窃取行为故意的时间可以被推前到被告使用汽水瓶和石头伤害被害人之时。

若可以认为被害人由于粗暴的伤害行为而被恐吓住，害怕反抗会遭到更多的暴力对待，则如果被告有意识地利用了这一情况，以使得被害人容忍窃取行为，那么就可能将被告默示的威胁认定为窃取的强制手段。但是，认定构成《德国刑法典》第 250 条第 2 款第 1 项规定的严重抢劫罪的一个前提是，可以同时推定存在使用危险工具的威胁。而本案中，在被害人不再进行反抗，情况有所平息，且被告也没有再拿起石头或使用其他危险工具之后，显然与上述前提不相符。在此范围内，本庭也可以排除在重新进行法庭审理时可能会在这方面作出进一步的事实认定。

据此，不能依据《德国刑法典》第 250 条第 2 款第 1 项规定的严重抢劫罪而作出判决。

2. 但是，无论被告的窃取故意是否在束缚时或者——如同州法院在其事实认定部分所认定的那样——在此之后才具备，被告却因为使用在行为地找到的绳索束缚被害人而犯有《德国刑法典》第

案例Ⅲ 严重抢劫罪

250条第1款第1项b规定的严重抢劫罪（与危险伤害罪成立行为单数）。

a）对于第二种情况（被告之所以束缚被害人，只是因为想要确保能够抢先逃跑，后来他才决定取走被害人的路虎车和其他物品），需要进一步澄清一个问题，即是否可以将暴力认定为窃取的强制手段：

在一开始以其他目的实施强制行为后却改变动机的场合，如果只是在强制行为期间实施窃取，或者窃取行为只是在时间上发生在强制行为之后，而两者间并不存在目的上的关联性时，则不考虑构成抢劫罪［联邦最高法院，《新刑法杂志——判例报告》（NStZ-RR）2002, 304, 305, 附有进一步的引证］。相反，强制行为先是被用于其他目的，并且行为人将其用于窃取的话，当暴力仍然持续或者作为再次使用暴力的现实威胁对被害人产生影响，并使得被害人容忍窃取行为时，也满足抢劫罪的构成要件［参见《联邦最高法院判例集》（BGHR）中针对《德国刑法典》第249条第1款"胁迫"的第3个判例］。

如果行为人在没有窃取故意而实施束缚（或其他剥夺他人自由）之后改变动机，对被束缚的被害人进行盗窃，是否是为了窃取目的而持续施加暴力，或者在此种情况下，行为人仅仅是利用了之前没有窃取故意而犯下的暴力所持续的实际影响，这在文献中是存在争议的。Eser很早以前就提出观点，认为应该要求为了窃取目的而实施持续的暴力［《新法学周刊》（NJW）1965, 377并见于《徐恩克/施罗德刑法典评注》（Schönke/Schröder StGB），第26版，第249条边码9］。据此，窃取的强制手段并非积极造成暴力的情形，而是基于先行行为而违背义务的不中止。行为人采用这种不作为的方式，而非通过采取束缚行为这一积极实施暴力的方式来实现其窃取目的，这种不作为相当于一种积极的作为［参见《拉克纳/屈尔刑法典评注》（Lackner/Kühl StGB），第 24 版，第 249 条边码 4；Schünemann，《法律工作报》（JA）1980，349 及下一页，351，352；Jacobs，《法律综览》（JR）1984，385，386，对《联邦最高法院刑事裁判集》（BGHSt）32，88 及下一页的说明；Seelmann，《法学训练》1986，203；结论也可见《特伦德尔/费舍尔刑法典评注》（Tröndle/Fischer StGB），第 51 版，第 249 条边码 3］。

针对此观点提出的反对意见主要有，该观点会模糊目的性地使用暴力与单纯利用被害人困境之间的区别［见 Küper，《法律人报》（JZ），1981，568，571；Herdegen，见于《莱比锡刑法典评注》（LK），第 11 版，第 249 条边码 16；Günther，见于《刑法典体系性评注》（SK-StGB），第 249 条边码 34］，"暴力"一词的概念从一开始就无法描述不作为［Joerden，《法学训练》（JuS），85，20；Herdegen，同上］，不作为的构成并不符合抢劫罪构成要件的目的结构（Küper，同上；Rengier，《刑法分则》，第 1 卷，第 6 版，第 7 章，边码 16；Krey，《刑法分则》，第 2 卷，第 13 版，边码 193），以及对消除困境的不作为不等同于通过积极作为使用暴力［Wessels/Hillenkamp，《刑法分则》，第 2 卷，第 26 版，第 7 章，边码 333，337；Otto，《法律人报》（JZ），1985，21 及下一页；Sander，见于《慕尼黑刑法典评注》（MünchKommStGB），第 249 条边码 32］。

德国联邦最高法院在判例《联邦最高法院刑事裁判集》（BGHSt）32，88 中赞同了对两名行为人的盗窃罪判决，他们为了不支付自己的旅店账单，在自己的房间内将旅店门卫束缚并将其锁在房间里，在离开旅店时从无人的前台收银处取走了现金。在窃取时，对于门卫的强制行为已经结束，仅仅是强制效果还在持续。与之相对，《德国刑法典》第 177 条在强制手段和所努力达到的行为之间的目的性要求方面与《德国刑法典》第 249 条的构成要件结构类似，在第 177

条的范围内，有意识地利用出于其他原因而持续剥夺他人自由的情形，以迫使被害人忍受或实施性行为，毫无疑问会被视为使用暴力［参见德国联邦最高法院，《新刑法杂志》（NStZ）1999，83］。

有一种观点认为，为了窃取目的而利用一个开始时没有窃取故意的持续剥夺他人自由的行为，单从语言上就无法将此利用行为视为"暴力"，或者无论如何，抢劫罪的构成要件从其结构来看都要求一个积极行为，不作为充其量只有在至少有一个第三人主动施加暴力，行为人作为保证人违背义务而没有阻止时，才可以被理解为构成要件［Kindhäuser，见于《诺莫斯刑法典评注》（NK-StGB），第 249 条边码 36 至 38］，但这种一概而论的看法并不能使人信服。Jacobs 正确地指出（同上 386），这与自然主义的实施暴力概念密切相关。无论如何，如果保持或者不阻止对身体施加影响的胁迫，暴力都可以通过不作为得以实现，另外，这符合对于剥夺他人自由罪构成要件的通说［《特伦德尔/费舍尔刑法典评注》（Tröndle/Fischer StGB），同上，第 240 条边码 29；Eser，见于《徐恩克/施罗德刑法典评注》（Schönke/Schröder StGB），同上，第 234 条及以下数条前言，边码 20；Lackner/Kühl，同上，第 240 条边码 9；Träger/Altvater，见于《莱比锡刑法典评注》（LK），第 11 版，第 240 条边码 52，附有进一步的引证；还可参见 Timpe，《强制》（Die Nötigung），第 89 页和第 90 页］。仅以主动使用暴力为准，也不符合剥夺他人自由作为继续犯的性质。如果一个人把另一个人拘禁或束缚在屋内，就是对后者施加了暴力，而且是"绝对暴力"（vis absoluta）。通过维持可归因于行为人造成的违法状态，暴力行为在继续进行，其随着打开房门或解开束缚才结束——这就与击倒被害人的情况不同。这些建立在行为人导致违法状态的有责行为基础上的行为，是否可以被视为行为人通过积极的作为或者出于先行行为所造成的保证人义务通过不作为来使用暴力，在此无须裁决。因为即便可苛责的重点在于不作为，也能够毫无疑虑地否定利用通过（带着其他目的的）剥夺他人自由而创设的困境而犯下的抢劫罪。在文献中有部分观点认为，强制行为无论如何都缺乏目的性［Kindhäuser 同上；Graul，《法学教育》(Jura)，2000，204，205］，这最终表明只是片面理解暴力概念的结果——暴力在此仅仅被理解为主动行为。事实上并不能将不作为和目的性排除在外（亦可参见 Träger/Altvater，同上，边码 52；Timpe，同上，第 93 页，脚注 43）。不作为的行为人可能有维持违法状态的意愿，以便利用被害人的毫无抵抗进行窃取。有不同意见认为，在这样犯下的抢劫中，不法内涵与主动实现构成要件不相符，但是至少对于像本案这样的情形，这种看法显然是没有根据的。恰恰像本案这样，行为人通过束缚将被害人置于其暴力之下，这种出于其他原因通过积极作为使用暴力，与利用其进行窃取的行为，在时间和空间上是紧密相随的，此案中的被告在（可能的）出于其他原因束缚被害人之后，直接向其要点火开关钥匙，并决定窃取，这就无法根据行为人决定窃取的时间不同，而认为其中的不法内涵是不同的。

这与在判例《联邦最高法院刑事裁判集》(BGHSt) 32, 88 中描述的案件情形不同。

b）随着被告使用在行为地寻获的绳索对被害人进行束缚，虽然——在此具体情况下——没有使用危险工具［联邦最高法院，1998 年 9 月 4 日的裁定——法院档案编号：2 StR 390/98；联邦最高法院，1999 年 3 月 4 日的裁定——法院档案编号：4 StR 2/99］，但是满足了《德国刑法典》第 250 条第 1 款第 1 项 b 规定的构成要件。因为正是通过使用绳索进行束缚创设了一个持续的困境，所以不仅行为人在束缚时就已经是带有窃取故意的行为，而且即使他是在之

案例 Ⅲ　　　　　　　　　　　　　　　严重抢劫罪

后才具有窃取故意并利用了通过束缚造成的、已经存在的被害人毫无抵抗状态，两种情况均适用此条款。

3. 无论被告是在将被害人拘禁在小屋里时旨在窃取地进一步使用暴力，还是如同联邦总检察长阐明的那样，在这一使用暴力行为的目的性方面之所以存有疑虑，是因为被告在对被害人施虐并束缚之后可能认为后者不再会对窃取有反抗，据此则无须进一步阐释。

4. 从判决措辞可以明显看出，本庭对定罪进行了修正。因为被告仅承认窃取了路虎车并在束缚方面提出记忆缺失，无法看出被告可能对于修正后的有罪指控做出任何更有效的辩护，所以没有违反《德国刑事诉讼法》第 265 条。

5. 修正后的定罪导致因严重抢劫罪而判处的单一刑罚和合并刑罚被撤销。虽然州法院依据《德国刑法典》第 250 条第 3 款认定为严重抢劫罪的较轻情形，而从符合《德国刑法典》第 250 条第 1 款第 1 项 b 的较轻情形的刑罚区间出发进行量刑。然而在这一刑罚区间，恰恰是在抢劫罪构成要件的框架下，对于严重使用暴力以及同时使用两种工具应做加重刑罚的考虑。据此必须重新进行刑罚裁量。与联邦总检察长的疑虑相反，被害人不得不以大量花费重新购买所丢失的许多物品，但是这些物品对于被告是无用的，这也可以被考虑作为有过错的行为后果这一加重刑罚的情形。

联邦最高法院法官：博德、德特尔、奥腾、罗特福斯、罗根布克
《参考资料集》：是
《联邦最高法院刑事裁判集》：是
公开：是
《德国刑法典》第 249 条、第 250 条第 1 款第 1 项 b
　行为人最初是为了其他目的对被害人进行束缚，从而造成被害

人无力抵抗,并在同一时间和空间窃取其物品的行为,构成《德国刑法典》第 250 条第 1 款第 1 项 b 意义上的使用工具的情况下使用暴力进行窃取。

上诉法院:联邦最高法院

判决时间:2003 年 10 月 15 日

法院档案编号:2 StR 283/03

初审法院:卡塞尔州法院

案例 Ⅳ

以操纵足球比赛
实施体育博彩诈骗

在订立合同进行诈骗时,其意思表示既可以是作为,亦可以是不作为,既可以是明示,亦可以是默示。此外,针对彩票诈骗的损失认定是以实际损失为准。

摘要

本案涉及诈骗罪的相关问题。被告沉迷于体育博彩活动,通过贿赂裁判和球员影响比赛过程,决定性地提高了自己的赢奖概率。这些行为的曝光成为 2005 年德国足球史上最大的丑闻之一。州法院认为,在十起案件中对博彩公司造成的财产损失总共高达近 200 万欧元,此外在未赌赢的博彩案件中,存在等同于损失的财产危险,总金额为约 100 万欧元。法院判处其成立诈骗罪,其共犯也分别构成诈骗罪和诈骗罪的帮助犯。被告提出上诉,被联邦最高法院驳回。

本案重点探讨了被告成立诈骗罪的意思表示问题,被告在进行体育投注时隐瞒了其操纵比赛的事实。在订立合同进行诈骗时,其意思表示既可以是作为亦可以是不作为,既可以明示亦可以是默示,本判决对这一点作了较为全面的分析。

另外,针对彩票诈骗的损失认定是以抽象损失为准还是以实际损失为准的问题,联邦最高法院支持了后者。

案例 Ⅳ 以操纵足球比赛实施体育博彩诈骗

【法院档案编号】5 StR 181/06
【判决时间】2006 年 12 月 15 日
【案件类型】刑事案件
【案由】诈骗罪等
【判决结果】
联邦最高法院第 5 刑事审判庭于 2006 年 12 月 15 日作出如下裁定：诸被告对于柏林州法院于 2005 年 11 月 17 日所作判决提出的法律审上诉被驳回。
上诉费用由每位上诉人各自承担自己的部分。

判决理由

州法院对诸被告作出了如下判决：A. S. 因在十起案件中犯诈骗罪被判处自由刑总和两年十一个月，M. S. 因在三起案件中构成诈骗罪和诈骗罪的帮助犯被判处自由刑总和一年四个月，R. H.（在其他案件中被宣判无罪）因在六起案件中构成诈骗罪的帮助犯被判处自由刑总和两年五个月，D. M.（在其他案件中被宣判无罪）因在两起案件中犯帮助诈骗罪被判处有期徒刑总和一年六个月，F. S. 因在两起案件中构成诈骗罪的帮助犯被判处自由刑总和一年。对于两年以下有期徒刑的处罚，州法院均判为缓期执行。诸被告提出的法律审上诉中包括对实体法适用错误的指责以及部分程序适用错误的指责，全部未获成功。

一

州法院主要作出了如下认定：

被告 A. S. 为 M. S. 和 F. S. 两位被告的弟弟，多年以来沉迷于体育博彩活动。从 2000 年起，他每年冒险投注并赢取的金额高达六位数。由于他知道体育领域的许多内幕情况，对情况的了解大大超过了投注登记单位，因而得以赢取巨额奖金。很高的赢率导致在柏林当地的投注登记单位大幅限制了他的博彩机会，并限定了他的赌注。2003 年，A. S. 实际上只能在由柏林德国分级乐透（DKLB）以 "Oddset" 之名运营的体育博彩进行较大额的投注；他觉得该公司规定的固定赔率是 "整个欧洲最差的博彩赔率"。他的博彩行为还因为必须进行组合式竞猜而受到了限制。这种方式让博彩者无法再单独对某场体育赛事进行竞猜，而是必须对多场体育赛事——尤其是足球比赛——的结果进行预测。

截至 2004 年春季，A. S. 在 Oddset 一共赌输 30 万至 50 万欧元。此时，他决定通过贿赂运动员和裁判员来影响比赛过程，以此决定性地提高自己的赢奖概率，把在 Oddset 输掉的钱款赢回来。当然，为了防止博彩公司不让自己参与博彩，他对博彩公司保守了操控比赛的秘密。在执行其计划的过程中，分别发生了十次犯罪行为，每次竞猜均以固定的赢率下注。

被告 A. S.——部分在其兄弟们的帮助下——通过付钱或承诺巨额钱款（3000 欧元至 50000 欧元不等）争取到了被控告的裁判员 H. 和 M. 以及另案处理的球员 K. 和其他球员，通过裁判员的错误裁判或者球员以违背体育道德的方式在比赛时不尽力，操控足球比赛的结果。在一起案件中，R. H. 帮助争取到其同事 M. 来操控一场比赛。涉及的有地区联赛、乙级联赛和德国足协杯的比赛。有时，A. S. 计划的操控没有成功，有时涉及组合竞猜的比赛没有实现他所希望的结果。在四起案件中（判决理由的案件 2、6、7 和 11），A. S. 赢得了相当可观的数额（30 万欧元至 87 万欧元不等），在其他案件中，他输掉了赌注。在判决理由的案件 10 中，M. S. 也为了自己的利益进行了押注。根据州法院的认定，全部十起案件对博彩公司造成的财产损失总共达近 200 万欧元（奖金减去相应的投注），此外在未赌赢的博彩案件中，州法院认为存在等同于财产损失的危险，总金额约为 100 万欧元。

州法院认为，基于在提交彩票时对投注站雇员的默示欺诈，A. S.（在案件 10 中还有 M. S.）分别构成诈骗罪既遂。基于上述欺诈行为，投注站的人员产生了错误认识，认为不存在拒收所提交竞猜彩票的理由，即博彩者没有对作为竞猜对象的比赛施加不正当的影响。在此条件下订立的博彩合同直接导致了各博彩公司受到等同于财产损失的危险，金额为可能获得的奖金减去投注。

二

诸被告的法律审上诉没有成功。

1. 在对程序使用错误的指责中分别提出了对博彩条件的处理违反了《德国刑事诉讼法》第 244 条第 2 款、第 3 款或第 261 条，不考虑有关针对程序的指摘是否可以采纳的问题（参见《德国刑事诉讼法》第 344 条第 2 款第 2 句），但是，其中均没有显示出存在不利于被告的法律瑕疵。与州法院和法律审上诉中的观点不同，DKLB 公司的 Oddset 博彩参与条件和其他博彩公司的条件对于该案在法律上的解决方案并无关联性：

a）在签订合同时包含的格式条款是有效的，但如果这些条款是为了施加操控博彩客户的利益而背离了现行法律，也就是譬如——而这与此案并无关联，并且在法律审上诉中也没有对此提出主张——破例允许对竞猜对象进行操控，或者对博彩客户或博彩活动不进行是否存在操控的相关审查，那么或许有可能需要在本案中对格式条款加以注意。

b）另外，从（普遍）适用的民法中就可以得出结论，在对未来体育赛事的结局进行竞猜时，故意操控竞猜赛事是违反合同的。据此，如果博彩者通过操控体育赛事以对自己有利的方式大幅转移博彩风险，那么理所当然地没有任何一家博彩公司会接受对体育赛事的竞猜，或者支付奖金。出于这一原因，参与条件对于确定订立博彩合同时的意思表示内容也就没有决定性的影响。因为在博彩者对体育赛事进行操控时，博彩公司不再受到博彩合同的约束，就是博彩者严重违反合同附加义务的结果。与个别法律审上诉中的观点相反，DKLB公司的参与条件是否在各次行为之后发生了改变，在法律上是无关紧要的，因为关键仅仅在于行为发生时的状况。

在此，从格式条款中也无法找到一个出发点，来理解在竞猜下注时的意思表示——这与登记错误的情况不同［对此详见《联邦最高法院刑事裁判集》（BGHSt）39，392；46，196］。在恶意操控合同基础时，无须在格式条款中规定博彩公司具有相应的审查义务以及拒绝权或撤销权。这是从普遍的民法原则中就可以得出的结论。与一些法律审上诉中所认为的不同，对于为博彩公司收取彩票的人，格式条款也没有对其审查权和审查义务加以确定或限制。然而如果不是主动操控合同标的，而是利用错误，如在出现登记错误时，则格式条款对于确定意思表示的内容和审核义务会十分重要［参见《联邦最高法院刑事裁判集》（BGHSt）46，196］。

格式条款之所以在本案中不是决定性的，是因为无论是州法院的认定还是法律审上诉内容均没有证明合同有效地包含了格式条款（参见《德国民法典》第305条、第305a条）。

c）无论是与德国的博彩公司还是通过德国的体育博彩中介与外国的博彩公司进行竞猜下注，均是如此。在这些情况下，法律规定均以所述德国法律为准［《德国民法典施行法》第28条和

第29条；还可参见Heldrich，见于《帕兰特民法典评注》（Palandt BGB），第66版，《德国民法典施行法》第28条边码19；Martiny，见于《慕尼黑民法典评论》（MünchKomm-BGB），第4版，《德国民法典施行法》第28条边码376］。

2. 诸被告提出的实体法适用错误的指摘亦未获成功。

a）州法院最终将犯罪行为恰当地视为十起对各博彩公司的诈骗案件。

在被告A. S.（在案件10中还有M. S.）提交彩票时，可推定的意思表示是没有参与对竞猜对象的操控，他由此对投注站的员工进行了欺诈，使得后者由于错误认识而订立了相应的博彩合同，于是在存在欺诈的条件下对博彩公司造成了损失。

aa）（联邦最高法院）第3刑事审判庭曾经作出裁判，参与博彩者如果为了自己的利益，对博彩合同的标的施加影响，且他在订立博彩合同时隐瞒了这一情况，那么他便实施了诈骗［《联邦最高法院刑事裁判集》（BGHSt）29，165，167——"赌马案"］：提出订立合同的行为即代表作出了默认的意思表示，博彩者本身没有通过违法的操控改变博彩的交易基础；隐瞒操控就是通过决定性的行为实施欺诈［《联邦最高法院刑事裁判集》（BGHSt）29，165，167等］。本庭与联邦总检察院观点不同，认为没有理由要在结果中避开这种很多学者在文献中所持的观点［仅参见《特伦德尔/费舍尔刑法典评注》（Tröndle/Fischer StGB），第53版，第263条边码18；Cramer/Perron，见于《徐恩克/施罗德刑法典评注》（Schönke/Schröder StGB），第27版，第263条边码16e；Hefendehl，见于《慕尼黑刑法典评注》（MünchKomm-StGB），第263条边码113；《拉克纳/屈尔刑法典评注》（Lackner/Kühl StGB），第25版，第263条边码9；Kindhäuser，见于《诺莫斯刑法典评注》（NK-StGB），第2版，第

263 条边码 133；Fasten/Oppermann，《法律工作报》（JA），2006，69，71；Valerius，《体育与法律杂志》（SpuRt）2005，90，92；Weber，见于 Pfister 主编，《体育博彩的法律问题》（1989），第 39 页和第 62 页；不同观点参见例如 Schlösser，《新刑法杂志》（NStZ）2005，423，425 及下一页；均附有进一步的引证］。

一种观点认为，在进行体育博彩下注时，博彩者即作出了不操控体育赛事的意思表示，而与这种看法相反的主张是——参考《联邦最高法院刑事裁判集》（BGHSt）16，120 ["过迟博彩（Spätwette）"，对此否定性的评论参见 Bockelmann，《新法律周刊》（NJW）1961，1934]，假定存在这样一种意思表示的结果是一种"恣意构造"[参见 Gauger，《默示欺诈的教义学》，（2001），第 164 页等；Weber，同上，第 57 页和第 58 页；Schlösser，同上，第 425 页和第 426 页；Schild，《博彩与赌博法杂志》（ZfWG）2006，213，215 及以下数页]；如此便只能以不被允许的方式将本来只能依据《德国刑法典》第 13 条认定的可罚不作为转换并解释为积极的作为（参见 Schlösser，同上，第 426 页；Schild，同上，第 216 页）。联邦总检察院对于这些提出的异议，现有如下不同看法：

（1）在判例和文献中普遍认可的是，除了通过明确的意思表示，特别是通过有意识的不真实的主张，《德国刑法典》第 263 条第 1 款意义上的欺诈还可以是默示的，亦即可以将在交往观念中可以被理解为默认意思表示的误导性行为认定为欺诈行为。当行为人虽然没有明示（expressis verbis）表达出虚假事实，但是根据交往观念，其行为同时作出了虚假事实的意思表示时，就可以构成欺诈［《联邦最高法院刑事裁判集》（BGHSt）47，1，3；还可参见《特伦德尔/费舍尔刑法典评注》（Tröndle/Fischer StGB），同上，第 263 条边码 12；Tiedemann，见于《刑法典莱比锡评论》（LK），第 11 版，

第 263 条边码 22；均附有进一步的引证］。

据此，一个行为的意思表示价值不仅来自对交流内容做出的明示，而且包含那些来自具体情景整体情形的内容［参见 Vogel，见于《Rolf Keller 纪念文集》(2003)，第 313 页和第 315 页］。这种未明说的沟通内容主要由意思表示人已知的接收方的见识以及相关当事人显而易见的预期决定［参见《特伦德尔/费舍尔刑法典评注》(Tröndle/Fischer StGB)，同上，第 263 条边码 12］。该类型的符合实际的预期也主要受到各个交往圈子的观念以及在该情景中相关法律规范的影响（还可参见 Hefendehl，同上，第 263 条边码 88；Tiedemann，同上，第 263 条边码 30）。通常，默示的沟通内容必须也要在参考交往观念和法律框架的条件下加以确定，因为沟通伙伴的预期明显受到这些方面的影响。因此，在查明一个具体行为的意思表示价值时，既要考虑事实方面，又要考虑规范方面（参见 Cramer/Perron，同上，第 263 条边码 14/15；Vogel，同上，第 316 页）。

对于解释一个在法律行为方面具有重要意义的行为，决定性的标准除了具体的情境，还有相应的业务类型以及在此情形下各方之间典型的义务及风险分配［参见《联邦最高法院判例集》(BGHR)，《德国刑法典》第 263 条第 1 款，欺诈 22；Cramer/Perron，同上，第 263 条边码 14/15］。如无特殊情况，事实审法官一般可以根据普遍的、由交往观念和法律框架决定的预期推断出默示沟通的实际内容。一件事情的总体状况也受到标准预期的影响，事实审法官根据这种整体状况对某个特定的沟通内容作出这一类型的推断，并不会导致对意思表示的"拟制"。

对于许多类型的案件，判例根据其各自的业务类型以及其中通常的义务与风险分配，相应明确了默示沟通的典型内容［详见 Tiedemann，同上，第 263 条边码 31 及以下数个边码；Hefendehl，同上，第 263 条边码 93 及以下数个边码；《特伦德尔／费舍尔刑法典评注》(Tröndle/Fischer StGB)，同上，第 263 条边码 13 及以下数个边码；均附有进一步的引证］。据此，意思表示的内容也可以是未发生的事情（所谓"消极事实"），比如形成的报价没有在投标人之间事先做出价格协议［参见《联邦最高法院刑事裁判集》(BGHSt) 47，83，87］。如果交际行为涉及明显的故意操控合同标的，则应主要考虑此类消极事实的默示的意思表示［参见《帝国法院刑事裁判集》(RGSt) 20，144：粉刷有霉菌的房屋部分；《帝国法院刑事裁判集》(RGSt) 59，299，305 等：掩盖不良商品；《帝国法院刑事裁判集》(RGSt) 29，369，370；59，311，312；联邦最高法院，《德国法月刊》(MDR) 1969，497 等：食品造假；《联邦最高法院刑事裁判集》(BGHSt) 8，289：扣留乐透彩的主要中奖彩票；联邦最高法院，《新法律周刊》(NJW) 1988，150：假冒葡萄酒品质称号；《联邦最高法院刑事裁判集》(BGHSt) 38，186；47，83：非法的事先价格协议；关于操控中的默示欺骗还可参见 Pawlik,《诈骗中不允许的行为》(1999)，第 87 页］。尽管对于"其他人会以正当方式行事"这种普遍预期不足以认为是相应的默示的意思表示。但是，合同各方可以在法律交往中将必须有所保证的最低限度的诚信作为前提（参见 Cramer/Perron，同上，第 263 条边码 14/15），撇开这一点不谈，"合同一方不会故意不道德地操控合同标的"，这种预期是每个业务交往不可或缺的基础，因此也同时是相应法律行为意思表示中一并作出的意思表示内容。在主动提出订立合同时，通常可以得出的默示意思表示是，不会故意为了自身利益而对相关合同标的加以操控。

体育博彩是一种主要由偶然性决定的赌博形式［参见联邦最高法院，《新刑法杂志》(NStZ) 2003，372，373；Hofmann/

Mosbacher,《新刑法杂志》（NStZ）2006，249，251，附有进一步的引证]，其合同标的是未来将发生的、体育博彩参与者不可影响的［参见 Henssler,《以风险作为合同标的》（1994），第 471 页］体育赛事。每一方在提交和收取彩票时都涉及这一合同标的。据此，按照规则，在进行体育竞猜下注时，可以推定每一个当事人都作出了意思表示，即不会通过对体育赛事施以由其安排的、合同相对方未知的操控使得竞猜对象的风险发生对其有利的改变［《联邦最高法院刑事裁判集》（BGHSt）29，165］。因为这不仅是博彩公司对博彩者的预期，也是博彩者对博彩公司的期待。

由于体育博彩必然涉及一个未来将举行的赛事，所以不予操控的意思表示无法涉及已成定局的操控，而仅仅是企图进行的操控。无论如何，如果针对未来体育赛事的具体操控计划产生了具体的影响，就像此案中通过与愿意进行操控的体育赛事参与者作出事先约定，进而产生了影响，那么就可以认为存在欺诈行为。只有在这样一种情况下，博彩者——如同在本案中——也将对一个比较不太可能的（为此赔率很高的）比赛结果投下巨额的赌注。凡是以高赔率对一个不太可能的比赛结果投下巨额赌注，并被牵连进比赛过程操控的人，一般已经在之前就足够具体地实施了操控，故而在事情正常进行时，是否会出现不正当影响比赛过程的情况，完全取决于其自身。A. S. 就是这种情况，总体上，这明显可以从州法院对于订立博彩合同的事实认定中看出来。

这一理由说明并不违背本审判庭在《联邦最高法院刑事裁判集》（BGHSt）16，120（"过迟博彩"）的判决。该案涉及的不是操控合同标的，而是博彩者从普遍可以获得的信息来源中得到了具有优势的信息。因此无须在此裁决，博彩者在对未来事件进行竞猜下注时是否也作出了默示的意思表示：该事件尚未发生，因而他什么都不知道。与此相左的意见可能是，获取一般可以获得的关于竞猜对象的信息，属于合同相对方的典型性风险。无论如何，体育博彩的合同方名正言顺地预期另一方不会拥有特殊的信息，而且这种信息是来自对竞猜对象的卑鄙操控［但也可比较 Habersack,《慕尼黑民法典评论》（MünchKomm-BGB），第 4 版，第 762 条边码 19］。

（2）与广泛见于文献的一种看法（参见 Schlösser，同上，第 426 页；Schild，同上，第 216 页）相反，对投注站员工的欺诈是积极作为的默示欺诈，而非不作为的欺诈。

积极的默示欺诈与不作为的欺诈之间的界限取决于应通过解释来明确的积极行为的意思表示价值。因此，如果在意思表示中已经可以得出欺诈行为，则事实审法官原则上不得认定为不作为，而必须认定为积极的作为——尤其是与相应的合同订立挂钩时［因此在涉及"隐瞒"的方面，《联邦最高法院刑事裁判集》（BGHSt）29，165，167 存在误解］。在这些案件中，相关行为的重点在于积极的作为，因为行为人附带对本质性要素进行了保证，这些要素——如上文所述——属于交易不可或缺的基础。因此，在本案中，积极的行为，即订立博彩合同，是为判处刑罚奠定基础的欺诈行为，具有意思表示价值，表示没有谋求对合同标的施加操控。由于已经存在积极作为的诈骗，因此，此处是否还存在因没有对操控比赛（关于可能的阐明义务参见 Henssler，同上，第 471 页；Habersack，同上，第 762 条边码 19）或之后（参见如判决理由的案件 7 中，与博彩组织机构代表的谈话）进行阐明的不作为而导致的诈骗，仍然不能确定（关于通过作为与通过不作为进行欺诈之间的界限区分存在困难的一般叙述参见 Tiedemann，同上，第 263 条边码 29，附有进一步的引证；Schlösser，同上，第 426 页）。

bb）针对竞猜对象免于操控的默示的欺诈，也造成博彩公司的相关员工产生了相应的错误认识［参见《联邦最高法院刑事裁判集》（BGHSt）29，165，168］。博彩公司的员工至少以内心事实上附随认识的形式［对此详见《特伦德尔/费舍尔刑法典评注》（Tröndle/Fischer StGB），同上，第263条边码35，附有进一步的引证］，分别认为竞猜对象的风险不会通过对体育赛事的操控产生相当严重的不利于其所属企业的变化。否则，他们会拒绝针对所定赔率提供相应的竞猜。恰恰是因为在对赔率固定的体育竞猜下注时，对竞猜对象不予操控对于合同相对方估测博彩风险具有决定性的意义，所以博彩者和博彩公司在作出其法律行为的意思表示时一般均会联想到竞猜对象是不会受到操控的［还可参见《联邦最高法院刑事裁判集》（BGHSt）4，386，389］。但是，由于另一方的行为，他们在此方面作出了错误的判断。这一错误认识也导致了一个财产处分行为，即与各博彩公司订立合同。

cc）各博彩公司也因为这一在欺诈条件下的财产处分而遭受了损失。

（1）在所有案件中，随着各份博彩合同的订立，诈骗罪既遂。

在通过订立合同进行的诈骗（缔约诈骗）中，订立合同之前和之后财产状况的对比结果表明是否出现了财产损失。要比较的是双方的合同义务。如果对行骗者的给付请求权价值低于被骗者对等给付义务的价值，则被骗者便遭受了损失［参见《联邦最高法院刑事裁判集》（BGHSt）16，220，221；联邦最高法院，《新刑法杂志》（NStZ）1991，488］。在（缔约）诈骗中，是否满足构成要件的关键在于，比起其获得的，处分者是否由于受到欺诈而从其既有财产中付出了更多［《联邦最高法院判例集》（BGHR），《德国刑法典》第263条第1款，财产损失64，附有进一步的引证］。这种为通常的交换行为而发展形成的判例需要进行调整，以适应此处作为具体内容的体育博彩的特点，其中，合同义务的形成还包括交换赌注和彩票［一种不记名债券，参见 Sprau，见于《帕兰特民法典评注》（Palandt BGB），同上，第 793 条边码 5］。

在固定赔率的体育博彩（所谓 Oddset 博彩）中，基于特定风险而计算出来的赔率等同于竞猜机会的"卖价"赔率决定了在赢奖的情况下赌注要翻倍的系数。因为 A. S. 计划并实施了对足球比赛的操控，使得博彩的风险向着对自己有利的方向发生了明显的转移，所以在订立合同时由博彩公司定下的赔率不再符合每家博彩公司在进行自己的商业计算时以此为基础的风险。这样一种显著更高的赌赢概率的价值远远超过了 A. S. 在利用所进行的欺诈行为时分别为此付出的代价。对于他分别押下的赌注，如果考虑到所约定实施的操控，切合实际地估测博彩风险，仅仅有机会换得一份明显低得多的奖金。这种"赔率差"在每次订立博彩合同时就已经表明了一种并非微不足道的财产损失。由于博彩典型的竞猜机会和现实的博彩风险之间的关联性，此等损失类似于州法院所假定的等同于损失的财产危险［然而对于此种认定明显存有疑虑，参见下文（3）］，并且在经济上已经是企图赢取的博彩奖金中可观的一部分。就此而言，不为被发现受到操控的比赛提供博彩，这完全不重要。具有决定性意义的仅仅是博彩公司在受到欺骗的条件下用自己的财产提供了赢奖的概率，而这个概率（考虑到博彩公司的价格构成）以赌注来衡量是过高的。同时，比起博彩公司在正确的风险评估时以这一价格所可能"出售"给他的赢奖概率，行骗者为自己谋求到的赢奖概率更高。

此等赔率损失不必估算出数字。看到此方面的相关风险系数并对其进行估价便已足够。如果博彩者因实施操控而企图获得的奖金没有实现,那么主要损失就还是在成功行骗时便已实现的赔率损失,故而由于行为的影响较小,在量刑时应考虑到这一点。

（2）在一些案件中已经支付了受到操控的比赛的奖金（案件2、6、7、11），其中与缔约诈骗随之而来的更高的损失风险转变为了各家博彩公司最终的财产损失,其金额为赌注与奖金之间的差额［关于损失计算详见 Fasten/Oppermann,《法律工作报》(JA),2006,69,73;《特伦德尔/费舍尔刑法典评注》(Tröndle/Fischer StGB),同上,第263条边码71,附有进一步的引证］;如此获得的财产利益是博彩者借助操控要达到的最终目标。因为体育博彩合同涉及未来将要举行的赛事,赔率损失是必要的中间阶段,从而也是企图对博彩公司造成的最终损失的重要部分。

与文献中的一种观点［Kutzner,《法律人报》(JZ) 2006,712,717; Schild,同上,219］相反,与诈骗有关的财产损失在这些案件中不在于——几乎无法确定的——基于"普通博彩行为"预测出的总体奖金分配和在操控后实际应分配的总体奖金数额之间的差额。此外,这些可能的财产损失与博彩者企图达到的财产增加之间并无直接关联,故而在此方面,对于所追求的获利增加是否具有同质性存在疑虑。足够且唯一具有决定性意义的是各博彩公司陷于欺诈付出了博彩奖金,而博彩者由于操控比赛对于该奖金没有请求权,这笔奖金就是博彩公司财产损失的金额;恰恰这种获利也就是博彩者所追求的。博彩公司由于操控节约了其他可预期的奖金分配,这充其量是间接相关［参见《联邦最高法院判例集》(BGHR)中针对《德国刑法典》第263条第1款"财产损失"的第54个判例］。

对于损失认定,与部分法律审上诉中的观点不同,关键也不在于由 A. S. 主导的操控是否与比赛结果具有因果关系或至少在比赛过程中发挥了决定性的作用。而是各博彩公司在受欺诈的条件下订立了博彩合同,而在获悉存在操控企图的场合下是不会订立该合同的,这一点便已足够。因为《德国刑法典》第263条的构成要件要素并非操控的成功,只要求欺诈导致的财产损失。另外,对于风险转移而言,一名球员甚至裁判员允诺进行操控——这与一些辩护律师在法律审上诉庭审中陈述的不同——一般而言是具有重大意义的。

（3）然而在一些案件中,操控没有或者没有完全带来获利的结果,州法院却没有根据上述原则确定损失。除此之外,州法院认为,在订立博彩合同时便已经对各家博彩公司造成了等同于损失的财产危险,金额为可能获得的奖金(减去赌注),就此而言,州法院在法律方面的考量也经不起推敲。

虽然单纯的具体危险也可以是《德国刑法典》第263条意义上的财产损失。但根据经济界的思考方式,这种危险必须意味着当前财产状况已经恶化。财产组成部分必须在处分时就因欺诈而面临很大的最终损失危险,当时就会导致财产总量的减少[参见《联邦最高法院刑事裁判集》(BGHSt) 34,394,395;联邦最高法院,《新刑法杂志》(NStZ) 2004,264]。此类具体危险已经相当于损失,只有被骗者预估在经济上会遭受严重不利时方才可能得到认定[《联邦最高法院刑事裁判集》(BGHSt) 21,112,113]。不过,如果出现经济不利的可能性并不大,而是取决于未来的事件,而且这些事件虽然受到操控,但还是在相当大的程度上避开了影响,那么就没有满足上述这些要件。

通过订立博彩合同,在上面描述的赔率损失之外,首先是对各家博彩公司的财产造成了一种抽象的危险,其金额由赔率决定的付款总额减去赌注。根据州法院的事实认定,甚至操控的成功概率都不占优势,而是在多起案件中尽管对比赛过程进行了严重的干涉,操控还是失败了，特别是因为部分组合式竞猜得到了另外的结果。这表明，操控比赛过程仅仅是在一定程度上提高了达到某种比赛结果的可能性，当然，如上所述，这个提高的程度是显著的［对此参见 Kutzner，同上，第 717 页；Mosbacher，《新法学周刊》（NJW）2006，3529，3530］。

b）州法院的事实认定毫无疑问地证明了 M. S. 和 F. S. 以及 R. H. 和 D. M. 等被告被判决的帮助犯罪行为。

aa）在其企图的及共犯们被科处的范围内，主犯 A. S. 的诈骗行为最早随着非法主张的博彩奖金的支付而结束。直到这一刻，直接有助于操控竞猜对象的赛事或者通过球员及裁判员操控比赛过程而中断或加强的所有行为，都促使 A. S. 获得其企图非法赢得的奖金。基于体育博彩涉及未来体育赛事的这一特性，不但可以通过事先允诺借助于操控体育赛事构成博彩诈骗罪的帮助犯，而且在博彩合同订立后也有可能。就此而言，各名共犯是故意行为，根据州法院的认定，这一结论来自对企图及已经订立的体育博彩的了解；从当事人的角度来看，在此只有订立博彩合同才能让操控比赛具有可以理解的经济意义。

bb）被告 R. H. 也在判决理由的案件 8 中也帮助 A. S. 犯下了博彩诈骗罪。与关于此案的法律审上诉观点不同，州法院的认定充分地证明了 R. H. 在这一案件中为主犯 A. S. 的诈骗提供了具体的帮助，前者协助后者争取到被告 M. S. 对一场比赛的操控。在对犯罪行为进行法律评估时，州法院在量刑方面——明显疏忽了——没有在判决理由的案件 8 和 R. H. 作为裁判员在赛场上的影响之间加以区分［参见判决书，第 47 页，第 53 页］，就此而言，并未对结果有任何影响：与在赛场上进行操控的其他案件相比，R. H. 的不法行为在案件 8 中并没有情节较轻。R. H. 在此案中甚至相当程度地促成了另一名必须公平执法的裁判员也被牵连进刑事犯罪活动中。

cc）在案件 10 中，州法院的认定也认为 F. S. 对 A. S. 和 M. S. 共同犯下的诈骗罪提供了帮助。据此，F. S. 明确鼓动了 R. H. 按照前者兄弟 A. S. 所想要达到的效果对足球比赛进行操控。由于事件的总体状况，他也明显知道在这场受到操控的比赛中，进行或者将进行体育博彩下注，他的行为会促成企图发生赢取奖金的情形。

c）在判决理由的案件 10 中，根据事实认定的总体关联，M. S. 在意大利进行体育博彩下注，但这不影响依据德国法律对本案的当事人科处刑罚：

M. S. 的一项主要犯罪行为可以根据《德国刑法典》第 263 条以诈骗罪论处，已经通过事实认定得到足够的证明。正如州法院似乎是呈现"到庭前"的事实认定中所表明的，被告 M. S. 在这一案件中也将彩票交到了博彩公司的业务场所中，从而同时可以默示意思表示：没有参与对作为竞猜对象的体育赛事施与操控。根据相关的意大利法律，无论是对于其行为的意思表示价值以及其他方面与德国法律均没有任何重大差异；尤其是那里也有可能在出现有意识的欺诈时轻易地脱离合同（参见《意大利民法典》第 1427 条及以下数条）。

对于 M. S. 在判决理由的案件 10 中的行为，根据《德国刑法典》第 3 条，适用德国刑法，原因在于，该行为（也）是在德国国内犯下的。因为根据州法院的认定（就此而言是经得起推敲的），M. S. 在该案中是作为被告 A. S. 的共同正犯行事的，因此基于共同的行为计划，A. S. 在德国的行动以及这一行动的地点均可归责于他，所以《德国刑法典》第 9 条意义上的行为地对于 M. S. 而言亦是德国 [参见《联邦最高法院刑事裁判集》（BGHSt）39，88，91；《特伦德尔/费舍尔刑法典评注》（Tröndle/Fischer StGB），同上，第 9 条边码 3］。对于共犯而言，至少从《德国刑法典》第 9 条第 2 款中可以得出结论，该案的行为地是在德国境内。另外判决理由表明，A. S. 也在该案中对受到操控的比赛进行了竞猜——鉴于其所承诺的总额达 5 万欧元的贿赂，这也十分容易理解；只是对于此事是在何处、以何种金额发生的，州法院无法作出任何认定。

d）法律审上诉中针对定罪的其他异议也经不起推敲。

判决中没有复述格式条款，而援引格式条款作出的说明是："在博彩合同订立时，任何真正的人都不可能被欺骗，因为订立合同最终仅是以电子方式进行的"，这与州法院的（没有受到抨击的）事实认定相矛盾。根据认定，每次均有投注站的一名员工收取了彩票，在审查后进行了转交，特别是也收取了赌注。

法律审上诉提出的异议，即在《德国民法典》第 762 条、第 763 条方面，由于未经批准的外国博彩的违法性，外国博彩公司不会产生损失，并不成立。虽然《德国民法典》第 763 条第 2 句会同于第 762 条原则上适用于体育博彩［参见联邦最高法院，《新法学周刊》（NJW）1999，54］。不考虑欧盟其他国家批准的体育博彩是否可以无需额外的批准而允许在德国境内推介这个问题［对此参见慕尼黑州高等法院，《新法学周刊》（NJW）2006，3588；Mosbacher，《新法学周刊》（NJW）2006，3529］，从经济角度看，此处无论如何都对外国博彩公司造成了损失［还可参见 Weber，同上，第 67 页；Cramer/Perron，同上，第 263 条边码 91；《帝国法院刑事裁判集》（RGSt）68，379，380］。

州法院的证据判断也经受住了法律审上诉法院的审核。特别是关于被告 M. S.。州法院对于其参与犯罪行为的事实认定基于一个经得起推敲的基础，即他自己供认，从 A. S. 处获得了确认的付款，并且还有供认不讳的被告 A. S. 和 R. H. 被州法院采信的陈述。

e）宣判的法律后果可以维持原判。

aa）在部分案件中，操控没有达到所期望的比赛结果，或者由于其他原因，组合式竞猜没有成功，即使州法院在这部分案件中量刑所依据的损失范围过大，本审判庭也可以排除（《德国刑事诉讼法》第354条第1款）州法院可能在适当的法律评估中科处了较低的单一刑罚和较低的刑罚总和：首先，危险损失对于量刑而言也不能与此外所谋求的最终损失相提并论［参见联邦最高法院，《经济与税务刑法杂志》（wistra），1999，185，187］。其次，至少是其中的重要部分，州法院没有明确估算出数字的赔率损失与所假定的危险损失类似；博彩公司在没有受到欺骗的情况下，如果对支付了赌注的博彩风险估算失误，充其量只会提供低得多的博彩概率。最后，犯罪故意涉及相当可观的奖金数额，超出了通过进行博彩而已经完成的损失发生范围，这种故意所包括的行动目标从而分别远远高于涵盖在"中间损失"里的博彩公司的赔率损失［还可参见《联邦最高法院刑事裁判集》（BGHSt）43，270，276；联邦最高法院，《新刑法杂志》（NStZ）2000，38，39］。

bb）在其他方面，量刑结果也经得起法律审上诉法院的审核：州法院虽然没有认清《德国刑法典》第263条第3款第2句第1项第一种情形不是职业性诈骗的加重构成要件，而是一条量刑规则，原则上要求对与罪责相关的各个方面进行整体判断［参见《联邦最高法院判例集》（BGHR），《德国刑法典》第266条第2款，情节特别严重1］，但在此可以不予考虑，也是因为存在典型化的减轻处罚的理由要件（此处比如《德国刑法典》第21条、第27条）［联邦最高法院，《经济与税务刑法杂志》（wistra）2003，297］。对于因构成诈骗罪帮助犯而被判刑的诸被告，州法院也没有考虑到共犯行为本身必须被评断为情节特别严重［参见《特伦德尔/费舍尔刑法典评注》(Tröndle/Fischer StGB)，同上，第 46 条边码 105，附有进一步的引证］，与行为人相关的职业性特征仅仅可以归咎于自己本身具有这种特征的犯罪行为参与者［参见 Eser，见于《徐恩克/施罗德刑法典评注》(Schönke/Schröder StGB)，第 27 版，第 243 条边码 47，附有进一步的引证］。然而本审判庭可以排除（《德国刑事诉讼法》第 354 条第 1 款）这种瑕疵在量刑时产生了作用。

（1）对于 A. S.，根据带着很大的犯罪动力实施诈骗行为的总体状况，且这些诈骗分别涉及相当可观的数额，即便考虑到《德国刑法典》第 21 条，明显也没有理由撇开《德国刑法典》第 263 条第 3 款第 2 句第 1 项第一种情形的规定作用不谈。另外鉴于 A. S. 常年在体育博彩市场上进行专业活动，他筹划的博彩和操控体系十分复杂，与之相关的是大量的组织工作，因而对于该名被告而言，在出于"赌瘾"犯下一切犯罪行为时，其控制能力应该是十分有限的，在本庭看来这种看法比较牵强［关于要求参见《联邦最高法院刑事裁判集》(BGHSt) 49，365，369，附有进一步的引证］。不过，州法院认为要根据《德国刑法典》第 21 条、第 49 条第 1 款调整量刑范围，这并没有加重对被告的处罚。另外在案件 2、6、7 和 11 中，还存在《德国刑法典》第 263 条第 3 款第 2 句第 2 项第一种情形的情节特别严重的要件——对于共犯也是一样，因为鉴于他们对总体状况的了解和所付出的贿赂金额，在此方面至少也是附条件的故意行为。

（2）对于被告 R.H. 和 M.S.，州法院认定这些被告也是自己从事了职业性行为，并没有法律瑕疵。他们想要通过与 A. S. 合作，开辟一个有一定规模的长期收入来源。此外，这些被告由于严重违背其义务，利用了自己作为公正的裁判员的地位，也可以认定存在未指明的《德国刑法典》第 263 条第 3 款第 1 句规定的情节特别严重的情形。

（3）州法院还认定 M. S. 也是自主的职业性行为。这一评判是否有足够的证明，尚不能肯定。鉴于存在众多加重罪行的方面，本审判庭至少可以排除（《德国刑事诉讼法》第 354 条第 1 款）因对于被告 M. S. 和 F. S. 仅仅适用《德国刑法典》第 263 条第 1 款，州法院还可能判处更低的单一刑罚和刑罚总和。州法院在确定原本就适度的刑罚时，明显没有以根据《德国刑法典》第 27 条第 2 款、第 49 条第 1 款调整的《德国刑法典》第 263 条第 3 款规定的量刑幅度的上限为参考——除了在案件 10 中对 M. S. 的刑罚。

（4）此外，出于以下原因，所科处的单一刑罚与刑罚总和在《德国刑事诉讼法》第 354 条第 1a 款第 1 句意义上是适当的：这些被告所支持的 A. S. 的诈骗行为，主要涉及数额可观的金钱，总体上是数百万欧元的金额。操控比赛不仅对各家博彩公司造成了损失，而且——正如诸被告清楚知道的——给许多无辜者带来了巨大的损失：各个足球队和所有付费的观众都失去了一场公平的比赛。由于操控而输掉的球队及其教练员不得不承受巨额经济损失，比如汉堡足球队因被淘汰出德国足协杯而解雇当时的教练员所产生的损失。此外，为了操控比赛的目的大规模贿赂球员和裁判员，数以百万计的热爱体育运动的观众对于足球运动公平性的信任以及对于裁判员的公正性的信任都荡然无存，给整个职业足球运动的名誉造成了相当严重的损害。还有，许多正直的博彩客户为了另一种比赛结果下注，在成功操控比赛的情况下也失去了赢得奖金的机会。而州法院在其量刑的幅度内甚至都没有明确地全面考虑到这些显著加重罪行的方面。

（5）对于 F. S.，刑罚总和为一年自由刑，之所以也是适当的，是因为州法院以有利于该名被告的方式不合理地进行了刑罚力度的补偿。刑事审判庭为此援引了2004年10月25日的判决，被判处的罚金刑已经执行，考虑到无法科处刑罚总和，于是以一个月自由刑进行刑罚力度的补偿。其中被忽视的是，在这一时刻，还没有犯下判决理由的犯罪行为第10点。因此，由于完成了罚金刑而得以取消的仅仅是2005年10月25日判决的休止效果。所以该名被告通过执行了罚金刑而免去了被判两个自由刑——不可避免的，其总和比所判的总和自由刑更高，因而对其并非不利，而是有利的。故而不进行刑罚力度的补偿是合理的［参见《联邦最高法院判例集》（BGHR）中针对《德国刑法典》第55条第1款第1句"刑罚严厉程度抵偿"的第4个判例］。

最后，本审判庭要指出，州法院在附带民事诉讼程序中意义模糊的裁决不意味着附带民事诉讼原告人不能另外继续追求其目标（《德国刑事诉讼法》第406条第3款第3句）。因此，在此仅仅是未对其作出判决，而不是作出驳回申请等决议，那样就太过分了［参见《联邦最高法院判例集》（BGHR），《德国刑事诉讼法》第406条，部分裁判］。

联邦最高法院法官：巴斯多夫、海格尔、格哈特、劳姆、耶格尔

《参考资料集》：是

《联邦最高法院刑事裁判集》：是

公开：是

《德国刑法典》第263条

1. 在主动提出订立体育博彩合同时，通常可以默示的意思表示是，不会故意为了自身利益对相关合同标的加以操控［参考《联邦最高法院刑事裁判集》（BGHSt）29，165］。

2. 关于在体育博彩诈骗中的损失认定。

上诉法院：联邦最高法院

判决时间：2006 年 12 月 15 日

法院档案编号：5 StR 181/06

初审法院：柏林州法院

案例 V

正当防卫情形下的
错误认定

如果一个人受到违法攻击,他原则上有权选择可以保证彻底消除危险的防卫手段;如果对防卫手段的防御效果没有把握,被攻击者不必局限于使用危险性较小的防卫手段。只有同时有多个有效手段可以使用时,防卫者才应选用对于攻击者危险性最小的手段。另外,只有防卫者有足够的时间来选择手段以及评估形势,才能要求他在多种防卫可能性中采取对于攻击者最温和的可能性。

摘要

　　本案重点涉及刑法中的事实认识错误（容许构成要件错误）问题。被告系摩托车俱乐部（这一俱乐部跟另一摩托车俱乐部长期以来存在敌对关系）负责纪律和秩序的"纠察队长"，因其被评估为具有暴力倾向，州刑事警察局决定派遣特别行动突击队对其进行搜查，搜查采取了突袭形式，且未表露警员身份，在此过程中被告由于认识错误开枪射击造成一名警员死亡，因为被告将警员误认为是敌对摩托车俱乐部中想攻击被告的成员。州法院判处被告故意杀人罪、强制罪和抢劫性勒索罪未遂数罪并罚，被告上诉。最终，联邦最高法院在被告被判犯有故意杀人罪的范围内宣布被告无罪，并对其他罪行作出相应修正。

　　本案有助于理解德国刑法中在事实认识错误状态下的刑事责任问题。在事实认识错误状态下可能涉及故意、过失、无罪三种责任状态，本案中被告误以为自己受到非法攻击，因此有权进行正当防卫。被告也无法避免这一误会，因为其并不知道前来搜查的警员身份。本案中被告这些错误的认定是符合实际情况的，同时在防卫时采取了主观上合理的行动，通过分析被告应为无罪。

案例 V

【法院档案编号】2 StR 375/11
【判决时间】2011 年 11 月 2 日
【案件类型】刑事案件
【案由】故意杀人罪等
【判决结果】

联邦最高法院第 2 刑事审判庭作出如下判决：
1. 根据被告提出的法律审上诉，对于科布伦茨州法院于 2011 年 2 月 28 日作出的判决作出以下修改：
a）在被告被判处犯有杀人罪的范围内予以撤销（判决理由的案件 2 的第 4 组犯罪行为）；就此而言，被告被判无罪。
b）在判决理由的案件 2 的第 2 组犯罪行为，对于定罪进行修正，被告被判构成强制罪未遂。
c）撤销所宣布的针对案件 2 的第 2 组犯罪行为的刑罚及认定并撤销所宣布的合并刑罚。
2. 在撤销涉及的范围内，该案件包括法律救济费用事宜被发回州法院由另一个普通刑事审判庭重新审理并判决。
3. 被告的其他法律审上诉内容因没有根据而被驳回。
4. 被告在判决理由的案件 2 的第 3 组犯罪行为中被判无罪，根据检察机关的法律审上诉，上述判决在此范围内被撤销；就此而言，该案件包括法律救济费用事宜被发回州法院由另一个刑事审判庭重新审理并判决。
5. 检察机关的其他法律审上诉内容因没有根据而被驳回。

判决理由

州法院以故意杀人罪、强制罪和抢劫性勒索罪未遂数罪并罚，判处被告自由刑总刑期九年，并且出于法律原因对一项抢劫性勒索罪未遂的指控以及出于事实原因对一项强制罪或胁迫罪未遂的指控宣判被告无罪。被告以程序异议和事实抗告为由对于该判决提起法律审上诉。检察机关对于在另一案件中因一项抢劫性勒索罪未遂的指控对被告的无罪宣判以及被告被判刑案件中的量刑不满而提起了对被告不利的法律审上诉。在可以判决内容中所明确的范围内，法律救济手段取得了部分成功。

一

根据州法院的事实认定，无前科的被告系摩托车俱乐部"地狱天使"（Hells Angels）、"Bo. 分会"负责纪律和秩序的"纠察队长"（Sergeant at Arms）。在此背景下发生了以下事件：

1. 证人 C. 曾是该摩托车俱乐部会员，负责的事项包括采购和销售"后援"物品，如带有"地狱天使"标志的短外套、衬衫和帽子等。他不仅要管理物品存货及现金出纳账簿，还要征收会员费。2008 年，物品存货中出现了短缺并且会员费也发生了亏空，在摩托车俱乐部看来，应该是证人 C. 的责任。因此，俱乐部对其提出了共计 15319 欧元的索赔主张，但其没有支付。被告想要对 C. 施压，于是在 2008 年 11 月与另案处理的俱乐部会员 S. 和 K. 一同去找他。为了解决此事，被告建议 C. 对于索赔要求支付部分金额，共计 7000 欧元，并且表示："然后我们就不用再谈'不受欢迎'（bad standing：摩托车帮派表示敌对立场的黑话）的问题了。"这意指"地狱天使"的惯例：如有会员在争执中退出，则由其他俱乐部会员对其实施报复。正如被告所知道并意欲达到的那样，基于被告的态度，C. 的确害怕会遭遇此类报复行为。后来确实由其他俱乐部会员实施了暴力行为，被告并没有参与其中；也没有确认他知道该行为。C. 在之后分期上交了由被告减少到 7000 欧元的索赔金额，这一索赔金额在形式上被宣称为贷款。同时他仍然对于被告的"不受欢迎"的恐吓性暗示印象深刻。州法院将被告的行为评价为强制（判决理由的案件2的第1组犯罪行为）。

2. 证人V. 从2006年起在位于D. 的限制区内的一个停车场从事卖淫活动，为此她使用了一辆从证人Kr. 处租赁的房车。2009年，证人W. 和M. 作为竞争对手也进入该区域，2009年7月，在其未婚夫T.——一名"地狱天使"会员，以及被告的陪同下，证人G. 也出现在该区域。不久之后，证人G. 告诉其未婚夫和被告，其和V. 发生了不快，而后者声称要把其老板"叫过来"。被告和T. 决定通过威胁将证人V. 驱离其停车位置。因此两人在2009年8月5日或6日穿着带有"地狱天使"标志的马夹，出现在V. 的面前并以"不快"以及"青色的奇迹"对她进行恫吓，以使她放弃自己的停车位。T. 在被告的同意下补充道，如果他的未婚妻再告诉他两人发生争吵，他就让V. "矮一个头"。在V. 的要求下，被告与"老板"的妻子即证人Kr. 通了一次电话，然而无果（公诉案件Ⅳ.）。V. 在之后的时间里没有屈服于被告及其俱乐部同伴T. 的威胁，在她的停车位置上最终坚持到2009年9月官方实施《限制区条例》为止。州法院将这视为被告对V. 构成抢劫性勒索罪未遂（判决理由的案件2的第2组犯罪行为），但是对于其对Kr. 构成强制罪或胁迫罪未遂的指控，则宣判被告无罪（公诉案件Ⅳ.），由于检察机关的法律审上诉限制，这不再是本次审理的内容。

3. 另案处理的Ke. 是被告未婚妻的姐妹，其于2008年12月8日与证人某某和Gü. 的健身房"F."订立了一份合同。该合同规定了参加一个为期四周的"健康训练入门"课程。这是与健身房的临时会员资格相捆绑的，如果在入门课程期间没有声明解除，就会成为正式会员。Ke. 没有解除合同。健身房因此在之后向她提出910欧元的付款请求，并从她的账户上扣除了这笔款项。然后她就健身房是否有权要求支付款项与其发生了争执。Ke. 从 2009 年 11 月 23 日开始不再支付会员费。她向被告求助并声称她并没有与健身房签订合同，却仍然从她的账户中扣钱。被告对她表示他会和健身房的老板谈谈并会带上其他"地狱天使"的会员。证人 Gü. 提出和解，但 Ke. 和被告均不愿接受，而是通过威胁逼迫健身房的老板返还所扣除的款项以及放弃继续收取会员费。被告的出发点是，Ke. 的要求是正当的。他和"地狱天使"的会员 T. 和 Bou. 前往健身房，在那里向 Gü. 表示自己是 Ke. 的朋友并声称现在由他接手处理该问题。Gü. 对此表示拒绝。被告宣称，如果不按照 Ke. 的意思解决，他和同伴会再次前来，那么"这里的一切看上去就会完全不同"。在离开时，他还补充道，他们知道 Gü. 开哪辆车，跟他还会见面的。在此事中，被告认为他的态度足以让 Gü. 屈服并满足 Ke. 的要求。但是他也考虑了采取其他措施并且在 2010 年 1 月 23 日和 Ke. 的母亲 Bec. 的电话中阐述了后面的计划。后者建议先让她的女儿和 Gü. 谈谈再说。被告认为，如果"地狱天使"继续"出场"，Ke. 内心不够强大，会禁不住警方对参与者的调查讯问。他怀疑这种"助力"是否值得。在 2010 年 1 月 25 日的一次电话中，他同意 Bec. 的建议，即聘请一位律师可能更有用。第二天，即 2010 年 1 月 26 日，Ke. 和 Gü. 之间进行了一次谈话，后者提出了和解建议，并说明如不接受，她将聘请一位律师。此后，被告敦促 Ke. 去聘请一位律师，她最终也这么做了。然后在律师的参与下，达成了一份在法院有记录的和解。州法院因此认为，被告构成抢劫性勒索罪的因中止而未遂，可以免于刑罚（判决理由的案件 2 的第 3 组犯罪行为）。

4. 2010 年 2 月和 3 月出现了流言，说敌对的摩托车俱乐部"强盗"（Bandidos）的一名会员想要将"地狱天使"的一名会员杀害或至少造成重伤，以获得一个带有"绝不留情"（Expect no Mercy）

字样的标志并赚取 25000 欧元的奖金。其背景是 2009 年 10 月 8 日，"地狱天使"的会员 A. 枪杀了"强盗"的一名会员。证人 L. 是"强盗"俱乐部预备会员资格（Prospekt）的候选人（Hangaround），但同时也与"地狱天使"的会员有联系，发出了一个警告。他声称，"强盗"的另一名预备会员资格的候选人即证人 Le. 正在计划这次袭击并为了这一目的在其汽车里携带着一杆锯断的猎枪。2010 年 3 月 13 日，L. 由于与"地狱天使"有联系而遭到"强盗"会员的殴打，并被开除出该俱乐部。然后被告及其俱乐部同伴 T. 和 Bou. 在 2010 年 3 月 16 日对 L. 进行了质问。但他否认了自己的袭击意图并声称实际上就是随口一说。但被告此后确信，无论如何都有一名"强盗"的会员确实在计划对"地狱天使"的一名会员进行袭击。

在此期间，追诉机关正因为对证人 V. 的不利行为而对"地狱天使"的会员进行调查（详见上文）。Ko. 初级法院对"地狱天使"摩托车俱乐部的多名会员下达了十项搜查令。其中一项搜查令涉及对被告的住宅和车辆进行搜查。该项措施的目标是找出被告及"地狱天使"其他会员对 V. 实施胁迫的证据。出于策略原因，所有搜查应在同一时间进行。因为被告被评估为具有暴力倾向，并持有获得官方许可的枪支，州刑事警察局决定派遣特别行动突击队，强行闯入被告的房屋，让他在睡梦中受到突袭，形成一个"稳定局面"，从而能够不受干扰地进行搜查。为此，2010 年 3 月 17 日 6 时不到，特别行动突击队的十名警员被派遣至行动地点。他们包围了被告的房屋，防止其具有逃窜的可能。五名警员作为第一批警力闯入屋内，被安排在房屋正面紧贴墙壁靠近入口大门处。其中包括开门专家 Kop.。他要使用一台液压设备破坏门锁以及被告在之前被盗贼入室盗窃后在其房屋中安装的两道另外的插销，然后用夯具将门从门框中压出，从而可以让其他警员闯入。所有警员均配备武器，戴有头套进行伪装,并装备带瞄准器的头盔以及带有"警察"字样的防弹背心。在一段距离以外有特殊单位的其他警力、一个急救医生团队、一位行动负责人、负责调查的检察官以及 N. 警察局的警员在待命。

行动于 6 时开始。被告的屋中没有灯光。窗户上的百叶窗完全或部分拉上。警员 Kop. 跪在房门前,将用于开门的液压设备插入门框和门扇之间,操作液压设备,使得一个插销破碎并发出巨大的喀嚓声。随后他将设备安放在房门右侧门锁的高度处,使得门锁也随着一声巨响被撬开。最后还要在第三步中打开门上缘的最后一道插销。用于推压门板的夯具已经就位。

此时,与未婚妻 S. K. 一同在楼上睡觉的被告已被前者叫醒,因为她听到了动静;他不知所措地试图通过卧室窗户辨别出是何人闯入,并且也听到了房门处的声响和人声。他以为自己会成为"强盗"所宣告的突袭的受害者,遂拿起一支手枪——他拥有官方的持枪许可证,将装有八粒子弹的弹匣上膛,打开走廊和楼梯照明灯的开关。他的未婚妻想要跟着他,他令其留在卧室中,关上门,用手机打电话给她的母亲和他的兄弟,告诉他们遭到了——假想的——突袭。然后他走下楼梯,察觉到尽管灯被打开了,房门处的动作依然在进行。警员们通过自己头盔上的对讲系统收到了"有灯光"的信息,但依然继续隐蔽地行动,并没有表明自己的身份。由于尽管屋里开了灯,房门处的破门行动仍在继续,因而被告认为这不是普通的入室盗窃,而是所担心的"强盗"对他及其未婚妻的袭击。他没有想到这会是一次警方行动。通过房门上两块 10.5 厘米乘 44 厘米大的装饰玻璃,他无法辨认来者身份,但是看到了一个人影。他停留在楼梯平台上的隐蔽处并喊道"滚开",但是在撬门的警员们并没有听见。他觉得生命陷入危险,在这种情况下,被告认为,其以为的袭击者可能会立即通过房门或者在房门破开之后对自己进行射击。为了防卫,他按照在门后动作的人的行动轨迹对着门开了两枪，此人正好从弯腰的位置直起身来。射出子弹即表示被告认可接受可能会击中人并致命的后果。第一发子弹在距地面 111.5 厘米处穿透房门，没有击中；第二发子弹在距地面 121 厘米处穿透房门并击中了警员 Kop. 抬高的左手臂下方。子弹穿过防弹衣上臂开口处进入胸腔，使得该警员受到了致命伤。此时另一名警员呼喊："立刻停止射击。这里是警察。"被告立刻放下武器，跑向窗户并喊道："你们怎么能这样做呢？你们为什么不按门铃？你们为什么不表明身份？"他没有反抗地被捕，在此过程中还受了伤（判决理由的案件 2 的第 4 组犯罪行为）。

州法院将被告的行为判断为故意杀人。因为不存在正当防卫的情形，而是合法的警方行动。搜查是为了寻找证据，尤其是寻找对证人 V. 犯下不利行为的书面记录。使用特别行动突击队是要为此建立一种"稳定局面"，同时也旨在保护警员。如果说他们决定在被告打开楼梯和走廊的灯后还是继续隐蔽行动，并且不表明身份，在事后显得是判断失误，但并不能改变此次行动的合比例性。鉴于警方做法的合法性，可以认为既不存在正当的紧急避险（《德国刑法典》第 34 条），也不存在因防卫过当的免责事由（《德国刑法典》第 33 条）或者因紧急避险的免责事由（《德国刑法典》第 35 条）。同样也无法认为是假想防卫（《德国刑法典》第 32 条、第 16 条第 1 款），因为即使是误想的正当防卫行为，也不必立即对人使用枪支武器，而必须在此之前予以一次鸣枪警告。被告是可以避免一个可能的禁止错误的。

二

被告的法律审上诉取得了部分成功。

1. 由于联邦总检察长在法律审上诉庭审中解释的原因，针对违反程序法的异议并不成立。

2. 被告在实体法方面对于判决的申诉有一部分取得了成功。就被告被判构成强制罪而言，申诉是毫无根据的（州法院判决理由的案件 2 的第 1 组犯罪行为），却导致定罪从抢劫性勒索罪未遂改为强制罪未遂，并撤销相关的单一刑罚（案件 2 的第 2 组犯罪行为），以及在对被告故意杀人罪的指控方面，撤销判决并宣判无罪（案件 2 的第 4 组犯罪行为）。

a）对于判处其对证人 C. 构成强制罪的判决，被告对该判决实体法适用错误的异议毫无根据（案件 2 的第 1 组犯罪行为）。基于在法律上正确无误作出的事实认定，根据《德国刑法典》第 240 条第 1 款和第 2 款，州法院认定强制罪既遂，是恰如其分的。因为即使延续时间较长，但仍属于同一个犯罪过程，所以虽然被告没有亲自参与另案处理的"地狱天使"会员 K.、Ca. 和 R. 在此期间的其他强制行为，但是证人 C. 向"地狱天使"会员 K. 履行分期付款这一结果的发生仍应归责于被告。在陆续执行犯罪的过程中［参见联邦最高法院，1995 年 11 月 30 日判决（5 StR 465/95），《联邦最高法院刑事裁判集》（BGHSt）41，368，369］没有出现分隔点。州法院认为，在被强制者向 K. 履行分期付款时，被告的威胁对于被告要求减少金额的影响继续存在，这在法律上没有任何瑕疵。通过强制结果的发生，强制行为产生了符合被告故意的影响。一个中断由被告引发的因果链的事件经过，可能导致发生的结果无法归责于他，但这在此案中并不存在。其他的强制行为均具有同样的目标并且维持在被告明确表达的"不受欢迎"的威胁范围之内。

b）在法律上有瑕疵的是依据《德国刑法典》第 253 条、第 255 条、第 22 条，因其对卖淫者 V. 构成抢劫性勒索罪未遂而对被告作出的判决（案件 2 的第 2 组犯罪行为）。在此方面，只构成《德国刑法典》第240条第1款和第2款、第22条意义上的强制罪未遂。

《德国刑法典》第253条、第255条保护的法益是财产。因此，只有当被告的行为决意是以对被害人的财产不利为目标时，才会构成抢劫性勒索罪未遂。仅仅是结束交易的不确定前景的损失，原则上还不能被视为财产损失。如果收益及获利前景十分乐观，可以预期有很大的可能性会带来财产增益，故而使得法律事务往来已经赋予其经济价值，只有此时，收益及获利前景才有可能破例成为财产的组成部分［参见联邦最高法院于1962年2月20日判决——法院档案编号：1 StR 496/61，《联邦最高法院刑事裁判集》（BGHSt）17，147，148；1965年1月19日的判决——法院档案编号：1 StR 497/64，20，143，145等；1983年1月28日的判决——法院档案编号：1 StR 820/81，31，232，234］。证人V.作为卖淫者占据的位置在此意义上不属于《德国刑法典》第253条保护的财产。从中无法得出确定的收益前景，尤其是出于在限制区实施卖淫是随时可以被官方禁止的原因。此处的关键不在于《德国卖淫法》生效后，对卖淫者在完成其约定的劳务后索取金钱的有效性判断［参见联邦最高法院敲诈勒索罪的相关判例，于2011年1月18日的裁定——法院档案编号：3 StR 467/10，《新刑法杂志》（NStZ）2011，278，279］。

本审判庭因此修正了强制罪未遂的定罪（《德国刑法典》第240条第1款和第2款、第22条）。此项定罪并没有违反《德国刑事诉讼法》第265条第1款，原因在于，可以排除被告对于这种较轻的指控可能会做出的辩护与之前做出的不同。在案件2的第2组犯罪行为中定罪的修正导致单一刑罚被撤销，对此必须重新量刑。

c）对于判处被告犯有故意杀人罪的判决没有得到坚持（州法院判决理由的案件2的第4组犯罪行为）。

aa）如果警方行动的具体表现不合法，则对于被告存在正当防卫情形。原则上，搜查应该是一项公开执行的措施，因而可以说在本案中，合法性存在问题。对于警方的具体做法，是否可以从《德国刑事诉讼法》第102条及以下数条中得出一个法定授权依据［参见联邦最高法院于2007年1月31日的裁定——法院档案编号：StB 18/06，《联邦最高法院刑事裁判集》（BGHSt）51，211，212及下一页］，也许并无把握。《德国刑事诉讼法》第164条只允许针对确实存在或具体即将发生的干扰搜查的行为进行干涉［参见法兰克福州法院于2008年2月26日的裁定——法院档案编号：5/26 Qs 6/08以及 Jahn，《法学训练》（JuS），2008 中的注释，649及以下数页；Eisenberg，《Rolinski 纪念文集》（2002），第165页，第175页及下一页；Erb，《罗威-罗森贝克刑事诉讼法评注》（LR，StPO），第26版，第164条边码8；C. Müller，《搜查住宅和办公室时允许措施的法律依据及界限》，2003，第86页及下一页］。预防性的警察法律规定是否能够改变刑事诉讼的搜查程序，是有争议的（反对的如 C. Müller，同上，第58页及以下数页，附有进一步的引证）。

但是警方行动的违法性及由此导致被告可能具有正当防卫权的问题最终可能无法得到解决，因为无论如何，被告都存在一种容许构成要件错误。

bb）此处符合对正当化理由事实要件认识错误的前提。依据《德国刑法典》第16条第1款第1句，就排除了故意责任。

根据州法院的事实认定，被告基于证人 L. 和 Le. 在陈述中的提示，认为遭到了敌对的"强盗"摩托车俱乐部的突袭。鉴于在屋内开灯并且叫嚷"滚开"依然没有阻止袭击者的行动，他认为这不可能是一次"普通的破门侵入"。在他看来，威胁十分严重，因为袭击者已经将房门的大部分撬开，即将闯入。他预计会遇到不可预估人数的袭击者，并且配有未知的武器和装备，是一次特别具有攻击性的行动。如果被告这些错误的认定是符合实际情况的，那么他之后立即用枪对准一个人的行为作为必要的防卫行为就是正当的。

如果一个人受到违法攻击，他原则上有权选择可以保证彻底消除危险的防卫手段；如果对防卫手段的防御效果没有把握，被攻击者不必局限于使用危险性较小的防卫手段。这也适用于对枪支武器的使用。只有同时有多个有效手段可以使用时，防卫者才应选用对于攻击者危险性最小的手段。何时一种危险程度较轻的防卫手段能够毫无疑问地立即彻底消除危险，取决于个案［参见本审判庭于1990年10月5日的判决——法院档案编号：2 StR 347/90，《新法律周刊》（NJW）1991，503，504］。另外，只有防卫者有足够的时间来选择手段以及评估形势时，才能要求他在多种防卫可能性中采取对于攻击者最温和的可能性［参见《联邦最高法院判例集》（BGHR）中针对《德国刑法典》第32条第2款"必要性"的第17个判例］。通常，被攻击者在使用枪支武器时虽然有义务首先对使用武器进行示警，或者在进行致命的射击之前尝试危险性较小的手段。但是，只有当这样一种射击能够对攻击形成彻底的防卫时，才能认定存在鸣枪警告的必要性［参见本审判庭于1992年10月28日的裁决——法院档案编号：2 StR 300/92，《刑事辩护律师》（StV）1993，241，242］。

此处则不是这种情况，因为被告以为攻击者可能会隔着房门对自己进行射击。鉴于他假定房门即将被彻底撬开并会闯进多名配有武器的攻击者，或者直接面临隔着房门被射中的情况，他没有时间去充分评估难以估量的风险。在这种激化的情况下，完全看不出鸣枪示警会结束攻击的可能［参见《联邦最高法院判例集》（BGHR）中针对《德国刑法典》第32条第2款"必要性"的第13个判例］。

此外，如果鸣枪示警只会导致事态进一步升级，则再无此必要

［参见 Rönnau/Hohn，见于《莱比锡刑法典评注》（LK），第 32 条边码 177］。在本案中，从被告的角度来看，如果鸣枪示警，那么坚持行动的攻击者恰恰会在注意到被告准备进行防卫后，隔着门进行射击。防卫者没有必要卷入一场结局不确定的争斗中。因此，被告隔着门射出的这两枪在他看来是必要的防卫行为［参见本审判庭于 1994 年 6 月 1 日的判决——法院档案编号：2 StR 195/9），《联邦最高法院判例集》（BGHR），《德国刑法典》第 32 条第 2 款，必要性 10］。这一认识错误免除了故意责任。

cc）同样也不可指控被告具有《德国刑法典》第 16 条第 1 款第 2 句和第 222 条意义上的过失。只有在他可以避免对攻击者身份和意图的认识错误时才符合这一点。而这已被排除，原因在于，根据州法院在法律上正确无误并且毫无漏洞的事实认定，被告有充分的理由认为是遭到了"强盗"的一次危及生命的袭击，此外也是因为事实上进行攻击的警员在屋内开灯之后依然没有表明身份，而被告由于其隐蔽的行动没有可能及时辨别出这是一次警方行动［还可参见联邦最高法院于 1998 年 7 月 23 日的判决——法院档案编号：4 StR 261/98］。

dd）因为预计不会再出现进一步的事实认定而有可能导致另一种结论，故而被告应被宣判无罪。取消单一刑罚，因此也必须将合并刑罚予以撤销。

三

在因对证人 Gü. 的抢劫性勒索罪未遂而对被告提出的指控方面，检察机关对无罪判决质疑的法律审上诉是有理有据的（案件 2 的第 3 组犯罪行为）。在其他方面则不予采纳。

1. 州法院认为，被告对证人 Gü. 进行的抢劫性勒索，属于实行终了的未遂即中止，可以免除刑罚，这种看法在法律上是有问题的。

被告应 Ke. 的要求聘请一名律师，于 2010 年 1 月 26 日采取了中止行为，此外其中止也应依据《德国刑法典》第 24 条第 2 款加以判断，但是在此之前，其未遂就有可能失败了。被告首先在 2010 年 1 月 23 日重新评估了事态，认为 Ke. 经受不住警方的调查讯问，因此，被发现的风险很大。他考虑不再让"地狱天使"在 Gü. 面前出现。根据至今的事实认定，尚不能明确构成中止未遂。2010 年 1 月 25 日，被告在 Ke. 和 Gü. 之间的谈话后认识到，他一开始的威胁就不会再取得成功。在这一时间点，以起初的威胁实施的抢劫性勒索罪未遂在被告看来就已经失败了。此后，即使他于 2010 年 10 月 26 日向 Ke. 建议聘请一名律师，也不再是可以免除刑罚的中止。他是否在之前就曾经提过建议，还需要新的事实审法官再次进行审核。

2. 在判决理由的案件 2 的第 1 组以及第 2 组犯罪行为中，判处的刑罚没有出现任何有利于被告的法律错误。

根据判决理由的总体关联性，不必担心州法院忽视了被告一再采取"私刑"、无视法律的思想。

另外在州法院判决理由的案件 2 的第 2 组犯罪行为中，一般预防性的考量之所以也不应被明确解释为从重处罚的理由，是因为《德国卖淫法》的立法者希望让卖淫者在从事职业时有更多的自由。而证人 V. 在限制区内从事工作本身是被禁止的，不应受到保护。

联邦最高法院法官：费舍尔、施密特、贝尔格尔、克雷尔教授因休假而无法履行签字（由费舍尔代签）、埃舍尔巴赫

《参考资料集》: 是

《联邦最高法院刑事裁判集》: 是

公开：是
上诉法院：联邦最高法院
判决时间：2011 年 11 月 2 日
法院档案编号：2 StR 375/11
初审法院：科布伦茨州法院

案例 VI

情节特别严重的
纵火罪

建筑物部分用于居住，部分用于商用，只有在其单独用于居住的部分由于纵火而遭到部分损毁，按照通常的居住要求不再适宜居住时，才符合因纵火将居住用的建筑物部分损毁的构成要件。

摘要

　　本案主要涉及情节特别严重的纵火罪的判断标准。被告故意对一建筑物纵火，以报复建筑物所有权人与其解除租赁关系的行为。被告第一次试图纵火因意外未能如愿，之后被告再次试图纵火，将一个分离式电炉安放在同一建筑物地下室的配电房内，将定时开关接入电网。其还在通往配电房前厅的木门门锁里注入强力胶，从而给救火工作增加难度。

　　此场火灾导致配电房内的所有东西包括电表在内都被烧焦，公寓内有 4 天时间停止供应暖气和热水，地下室的公共使用区域中的大部分遭到损毁，财产损失总计约合 10 万欧元。加之被告采取措施阻碍救火，原审法院认定被告构成情节特别严重的纵火罪。

　　联邦最高法院认定原审法院适用法律错误，并认为建筑物部分用于居住，部分用于商用，只有在同一建筑物中单独用于居住的部分由于纵火而遭到部分损毁，按照通常的居住要求不再适宜居住时，才构成《德国刑法典》第 306a 条第 1 款第 1 项规定的纵火行为，即通过纵火造成部分损毁的后果。一段时间的使用限制或完全的使用排除是否构成纵火所导致的部分损毁，这要以"理性的住户"标准来进行客观评判。如果这个时间段仅是短短的几个小时或者一天，则通常不构成严重的使用限制或完全的使用排除。

案例Ⅵ 情节特别严重的纵火罪

【法院档案编号】1 StR 578/12
【裁定时间】2013年3月6日
【案件类型】刑事案件
【案由】情节特别严重的纵火罪等
【裁定结果】
联邦最高法院第1刑事审判庭于2013年3月6日作出如下裁定:
1. 基于被告提出的法律审上诉,撤销慕尼黑第一州法院于2012年7月19日的判决:
a)撤销对被告情节特别严重的纵火罪的判决(判决理由的案件2的第2组犯罪行为)。
b)撤销对被告判处的总刑期的判决。
2. 被告法律审上诉中提出的其他请求无正当理由,予以驳回。
3. 在撤销的范围内,本案将由州法院另一刑事审判庭重新审理并裁判法律救济的相关费用问题。

裁定理由

一

因在5起案件中犯有严重的纵火罪未遂、情节特别严重的纵火罪、胁迫罪和强制罪未遂,州法院判处被告总刑期8年自由刑。就此判决,被告提出法律审上诉。被告在法律审上诉中提出原判决实体法适用错误,本院予以明确支持(《德国刑事诉讼法》第349条第4款)。法律审上诉中提出的其他请求无《德国刑事诉讼法》第349条第2款意义上的正当理由。

1. 原审法院审理后查明,被告曾长期租住于一栋由16套公寓和两个商业场所组成的建筑物内,他于2011年3月9日或10日将一点火装置安放于该建筑物的阁楼,计划由此引发大火。他在屋顶橡木之下的不起眼的位置放置了一个分离式电炉，并将电炉通过一个定时开关接入电网。在电炉上，他放置了一个装有40升汽油的塑料桶。在电炉的周围他还放了两个装有同样容量汽油的桶以及四个各装有4升矿物润滑油的小桶。被告将定时开关的开启时间设置在一点至两点半之间，然后就离开了阁楼。被告蓄意对该建筑物纵火，以报复建筑物所有权人与其解除租赁关系的行为。

但是电炉并没有被通电开启，因为房屋所有人委托的一个电工在定时开关预设的时间之前意外地发现了非法接入阁楼的电缆，而该电缆恰好是定时开关和电炉的供电电缆。电工将非法电缆从电网中移除，但是他并没有发现被告安放的点火装置。后来在对顶楼进行电气作业时，点火装置才被发现（判决理由的案件2的第1组犯罪行为）。

2. 2011年4月15日，具体时间不详，被告再次将一个分离式电炉安放在同一建筑物地下室的配电房内。他将定时开关的开启时间设置在约五点四十五分并接入电网，计划由此引发大火。在电炉之上他放置了一个装有10升汽油的塑料桶，将另一个装有汽油的桶放在了配电房的电表箱下。被告的行为表明，他蓄意将整个配电房引燃或至少造成严重的损毁。

被告离开配电房后，用挂锁将木板门锁上。之后，他又向通往配电房前厅的木门门锁里注入强力胶。被告希望通过这两项措施阻拦准备去救火的人，或至少给救火工作增加难度。

正如被告计划的那样，由于定时开关启动，电炉在接近五点四十五分时被接通了电源。电炉加热从而引起了火灾。房屋管理员在起火后立即发现了这一险情。但是由于被告采取的措施，房屋管理员不能立即通过两道木门到达起火的位置，救火工作被迫延误。直到消防员赶到现场暴力打开两道木门后，救火工作才得以展开。

案例 Ⅵ　　　　　　　　　　　情节特别严重的纵火罪

大火给配电房内的所有电线以及建筑物的主供电线路造成了严重损毁，必须全部更换。配电房内的所有东西，包括电表在内都被烧焦，必须进行修复。更换和修复工作持续了一周，该建筑物才完全恢复供电。在犯罪行为实施的当天，应急供电设备就投入使用，但是只能满足公寓内住户少数电器设备的用电需求。由于油暖设备的电路控制系统受到大火影响，公寓内有四天时间停止供应暖气和热水。

除配电房外，地下室公共使用区域中的大部分遭到损毁；整个地下室留下了严重的烟熏痕迹。楼梯间和公寓内（通过通风管道）同样留下了烟熏的痕迹。财产损失总计约合 10 万欧元（判决理由的案件 2 的第 2 组犯罪行为）。

二

原审法院在判决理由的案件 2 的第 1 组犯罪行为中指出，已查明被告的行为构成了《德国刑法典》第 306a 条第 1 款第 1 项规定的严重纵火罪未遂。原审法院在判决理由的案件 2 的第 2 组犯罪行为中还指出，纵火给行为对象造成的部分损毁被视为构成基本犯，由于阻碍进入电表室的入口，从而造成救火措施延误符合《德国刑法典》第 306b 条第 2 款第 3 项规定的情节特别严重的纵火罪的构成要件。

1. 经法律上的再次审查，原审法院在判决理由的案件 2 的第 2 组犯罪行为中所提出的上述理由并不成立。已经查明的事实并不能表明被告通过纵火给《德国刑法典》第 306a 条第 1 款第 1 项意义上的供人居住的建筑物造成了部分损毁。相应地，原审法院认定的构成《德国刑法典》第 306b 条第 2 款第 3 项规定的加重犯的基本犯并不成立。由于本院已经支持法律审上诉中提出的原判决法律适用错误，原判决理由的案件 2 的第 2 组犯罪行为涉及程序异议就不再是决定性的了。

a）根据联邦最高法院的最新判例，就本案混合用途建筑物的情况，也就是说，建筑物部分用于居住，部分用于商用，只有在同一建筑物中单独用于居住的部分由于纵火而遭到了部分损毁，按照通常的居住要求不再适宜居住时，才构成《德国刑法典》第 306a 条第 1 款第 1 项规定的纵火行为，即通过纵火造成部分损毁的后果［参见联邦最高法院于 2011 年 5 月 15 日的裁定——法院档案编号：4 StR 659/10,《新法学周刊》（NJW）2011, 2148, 2149; 2009 年 7 月 14 日的裁定——法院档案编号：3 StR 276/09,《新刑法杂志》（NStZ）2010, 151, 152; 2010 年 1 月 26 日的裁定——法院档案编号：3 StR 442/09,《新刑法杂志》（NStZ）2010, 452; 另参见 2011 年 4 月 6 日的裁定——法院档案编号：2 ARs 97/11］。如果受构成要件保护的对象的个别重要部分已经无法使用，或者受多个构成要件保护的重要用途因火灾而不能实现时［联邦最高法院，同上,《联邦最高法院刑事裁判集》（BGHSt）57, 50, 51 及下一页, 边码 7, 附有进一步的引证］，那么该严重程度就能构成部分损毁［联邦最高法院于 2002 年 9 月 12 日的判决——法院档案编号：4 StR 165/02,《联邦最高法院刑事裁判集》（BGHSt）48, 14, 20; 2010 年 11 月 17 日的判决——法院档案编号：2 StR 399/10,《联邦最高法院刑事裁判集》（BGHSt）56, 94, 96 的边码 9; 2011 年 10 月 20 日的裁定——法院档案编号：4 StR 344/11,《联邦最高法院刑事裁判集》（BGHSt）57, 50, 51 及下一页的边码 7, 附有进一步的引证］。原则上，如果对预期的使用造成"非微不足道的时长"的影响，便构成不可使用性［联邦最高法院于 2002 年 9 月 12 日的判决——法院档案编号：4 StR 165/02,《联邦最高法院刑事裁判集》（BGHSt）48, 14, 20

及下一页］。按照上述标准，对这样一个商住混用建筑物纵火，若只是暂时造成了非用于居住的部分，即功能上辅助居住的部分不能被使用，典型的如本案中的地下室，则不构成《德国刑法典》第306a条第1款第1项规定的部分损毁的情形［参见联邦最高法院于2007年1月10日的裁定——法院档案编号：5 StR 401/06，《新刑法杂志》（NStZ）2007，270；2008年5月6日的裁定——法院档案编号：4 StR 20/08，《新刑法杂志》（NStZ）2008，519］。事实审法官要根据个案的具体情况判断是否造成损毁的后果，在判断时要注意其具体的使用目的［联邦最高法院于2011年10月20日的裁定——法院档案编号：4 StR 344/11，《联邦最高法院刑事裁判集》（BGHSt）57，50，52的边码8］。

aa）原审法院作出的非常简短的事实查明勉强支持了对建筑物商住混用性质的认定。但是，其并不能证明出现了导致供人居住的建筑物遭到部分损毁的犯罪结果。被告的犯罪行为毁坏了电缆和地下配电房中的电表箱，但是这没有直接影响到整个建筑中供人居住的部分。同样地，就地下室公共使用区域的"大部分"遭到损毁和地下室中"大量的烟熏痕迹"而言，原审法院没有查明具体是怎样的毁坏和痕迹，而且这也没有直接影响到整个建筑中供人居住的部分。尽管对犯罪对象造成严重的烟熏痕迹原则上也可能足以构成纵火所造成部分损毁的犯罪结果［联邦最高法院于2001年12月5日的裁定——法院档案编号：3 StR 422/01，《刑事辩护律师》（StV）2002，145；联邦最高法院于2010年11月17日的判决——法院档案编号：2 StR 399/10，《联邦最高法院刑事裁判集》（BGHSt）56，94，95的边码8；联邦最高法院于2011年10月20日的裁定——法院档案编号：4 StR 344/11，《联邦最高法院刑事裁判集》（BGHSt）57，50，52的边码7结尾部分］。但是，在犯罪对象是混用建筑物时，若要将该建筑物认定为《德国刑法典》第 306a 条第 1 款第 1 项意义上的建筑物,根据最新的判例,需要(至少)一个居住单位本身遭到损毁的犯罪结果。地下室以及楼梯间被烟熏不属于《德国刑法典》在此要求的严重程度的损毁。

bb)原审法院查明,公寓内的烟熏痕迹显然是通过通风管道造成的,但这并不足以以《德国刑法典》第 306a 条第 1 款第 1 项和第 306b 条第 2 款第 3 项的规定对被告定罪。即使从整体上看,原判决也没有确定公寓内遭到损毁的严重程度。如上所述,只有在对犯罪对象的可使用性方面在一定时间内至少造成了严重限制,才能构成严重程度的损毁。一段时间的使用限制或完全的使用排除是否构成纵火所导致的部分损毁,这要以"理性的住户"标准来进行客观评判〔联邦最高法院于 2002 年 9 月 12 日的判决——法院档案编号:4 StR 165/02,《联邦最高法院刑事裁判集》(BGHSt)48,14,20 及下一页;联邦最高法院于 2008 年 5 月 6 日的裁定——法院档案编号:4 StR 20/08,《新刑法杂志》(NStZ)2008,519〕。如果这个时间段仅是短短的几个小时或者一天,则通常不构成严重的使用限制或完全的使用排除〔联邦最高法院于 2008 年 5 月 6 日的裁定——法院档案编号:4 StR 20/08,《新刑法杂志》2008,519〕。

被撤销的原判决并没有说明火灾导致的烟熏是否事实上至少对其中一个公寓造成了一段时间的使用限制或使用排除。原审法院也没有查明公寓内的烟熏程度。建筑物所有权人 M. 的证词以及提交的证据只能证明几套公寓需要重新粉刷。原判决也没有说明粉刷的方式及其耗费的时间,亦没有提到粉刷工作将会给公寓的使用造成怎样的影响。原审法院在其他方面查明的事实,如在案发当日就安装了应急供电设备、建筑物内中断供暖四天等,证明的不是公寓由于对供电和供暖设备的必要修缮而被迫暂停使用,反而更多地表明了实际上没有中断对公寓的使用。但原判决中没有与此相关确切的事实认定。

cc）综上所述，中断供应热水和暖气四天以及中断供电八天这些事实不能支持原审法院认定供人居住的建筑物遭到部分损毁，从而以构成《德国刑法典》第 306a 条第 1 款第 1 项规定的基本犯为由作出判决。原审法院要以下面的事实来作出法律上的评价，即造成供人居住的建筑物遭到部分损毁，这一问题同样缺乏足够的事实认定。本案中，中断供电八天的情况还不足以构成刑法意义上的部分损毁，因为应急供电设备在案发当日就投入使用，尽管其供应的电力只够公寓住户两台电器设备的用电需求。再者，原审法院既没有说明应急供电设备对公寓的实际使用造成什么样的影响，也显然没有查明这方面的事实。就纵火造成公寓遭到部分损毁的情况，由于缺乏对这一犯罪结果的查明，所以《德国刑法典》第 306a 条第 1 款第 1 项规定的基本犯的构成要件未能得以满足。由于没有查明对公寓使用（严重）限制的性质和程度，审判庭就无须跳脱出以往的判例，对通过纵火给混用且供人居住的建筑物造成的《德国刑法典》第 306a 条第 1 款第 1 项意义上的完全损毁或者部分损毁的犯罪结果是否可以仅指向非供人居住的建筑部分受到纵火的影响，但其引起的损毁导致建筑物中用于居住的部分在很长的时间内不能被使用的情况而作出裁判。

b）从对供人居住的建筑物纵火的角度来看，原审法院查明的事实也不足以依据《德国刑法典》第 306b 条第 2 款第 3 项会同第 306a 条第 1 款第 1 项来认定被告构成情节特别严重的纵火罪。该犯罪要求对实现犯罪对象用途的重要组成部分予以纵火，即使引燃物已经熄灭，火焰也有可能独立地在纵火对象上蔓延［固有判例，如联邦最高法院于 1989 年 7 月 4 日的判决——法院档案编号：1

StR 153/89,《联邦最高法院刑事裁判集》(BGHSt) 36, 221, 222; 1998年8月11日的判决——法院档案编号：1 StR 326/98,《联邦最高法院刑事裁判集》(BGHSt) 44, 175, 176]。根据查明的事实，本案虽然已经涉及建筑物的地下室，但是并不明显涉及上述犯罪结果。现已查明的事实不能证明是建筑物的组成部分本身被纵火而成为被点燃的部分。因此，在包含公寓的混合用途的建筑物的情况下，如果相应的犯罪结果只发生在同一建筑中不用于居住的部分，即使火焰从这一部分可能蔓延至用于居住的部分，这也并非决定性的［例如联邦最高法院于2002年9月12日的判决——法院档案编号：4 StR 165/02,《联邦最高法院刑事裁判集》(BGHSt) 48, 14, 19；联邦最高法院于2009年10月20日的裁定——法院档案编号：3 StR 392/09,《新刑法杂志——判例报告》(NStZ-RR) 2010, 279; 2010年1月26日的裁定——法院档案编号：3 StR 442/09,《新刑法杂志》(NStZ) 2010, 452］。

c) 正如联邦总检察长在其申请文书的结论中准确指出的那样，审判庭不能依据《德国刑事诉讼法》第354条第1款的相应规定，仅因《德国刑法典》第306条第1款第1项规定的纵火罪而进行有罪判决的更正。

aa) 目前查明的事实可以支持作出这样一个有罪判决。原因在于，被告通过纵火造成地下室尤其是配电房毁损，这是通过纵火造成他人建筑物部分毁损的行为。地下室因火灾遭到的毁损如果对建筑物的既定使用目的在一定时间内造成了影响，则构成《德国刑法典》第306条第1款第1项规定的对建筑物造成部分毁损的犯罪行为［联邦最高法院于2010年11月17日的判决——法院档案编号：2 StR 399/10,《联邦最高法院刑事裁判集》(BGHSt) 56, 94, 97, 边码10和11］。从目前查明的事实来看，本案至少涉及建筑物的配电房。配电房内的电缆、建筑物的总供电装置以及所有电表由于大火遭到毁损，对此的修复持续了八天，基于上述原因，在此期间配电房无法按照其正常用途投入使用。

bb）不考虑对原有罪判决进行更正的另一个原因是还没有排除以下一种可能性，即对案件2的第2组犯罪行为的进一步调查中，会依据《德国刑法典》第306b条第2款第3项作出构成情节特别严重的纵火罪既遂的判决。该构成要件条文中提到的"实施第306a条之罪"，涵盖了所有严重纵火罪的情况，因此也包含《德国刑法典》第306a条第2款所规定的行为［Radtke，《慕尼黑刑法典评注》（MünchKomm-StGB），2006年版，第306b条边码5；Norouzi，《贝克网络刑法典评注》（BeckOK StGB），第306b条边码4；质疑：Fischer，《费舍尔刑法典评注》（Fischer，StGB），第60版，第306b条边码6］，即将第306条第1款第1项至第6项所述之物纵火，并因此使他人有危害健康之具体危险。

根据联邦最高法院的判例，向一栋居住用的建筑物（《德国刑法典》第306a条第1款第1项）——其必然也是一个《德国刑法典》第306条第1款第1项意义上的"建筑物"——纵火，并导致了对他人健康的具体危险，即使纵火没有毁损居住空间，但是建筑物的其他功能性部分遭到了部分毁损，从而导致其在相当长的时间内无法按照其正常用途使用，在造成他人健康的具体危险的情况下，也可能构成《德国刑法典》第306a条第2款的严重纵火罪［联邦最高法院于2010年11月17日的判决——法院档案编号：2 StR 399/10，《联邦最高法院刑事裁判集》（BGHSt）56，94，97，边码10］。正如上文（二1.c）所述，大火造成的毁损导致地下室在一定时间内不能按照其正常用途使用，就足以符合这一情形（联邦最高法院，同上）。

原判决查明的事实，即纵火对配电房正常用途的使用造成足够大的影响，尽管这符合《德国刑法典》第 306 条第 1 款第 1 项规定的导致建筑物部分毁损的情形，然而，关于《德国刑法典》第 306a 条第 2 款所要求的使除行为人之外的其他人有危害健康之具体危险，尚缺乏可靠的事实。原判决中仅仅提到，烟雾通过通风井进入公寓内，一些公寓因此需要重新粉刷。对于这一情况，审判庭不认为这对住户或其他受构成要件保护之人造成危害健康的具体危险。在案发当日，一台应急发电装置就投入使用，因此可能有住户在案发后仍在案发现场。然而，仅凭他们的存在不能推断其因为烟雾蔓延等原因而陷入危害健康的具体危险中。在这方面，原判决中没有提供进一步的线索，比如被纵火对象的建筑特性，在着火不久后就发现火情的房屋管理员对住户发出的警告，如果疏散的话所需要的时长，以及烟雾中毒的可能等。这些事实对判断是否存在危害健康的具体危险至关重要。

d）对于《德国刑法典》第 306b 条第 2 款第 3 项会同第 306a 条第 2 款以及第 306 条第 1 款第 1 项规定的情节特别严重的纵火罪（既遂）的定罪前提的进一步事实查明而言，则不需要推翻迄今为止针对 2011 年 4 月 15 日的行为（案件 2 的第 2 组犯罪行为）所查明的事实。在安放点火装置、引燃以及由此造成的毁损等方面，原刑事审判庭准确无误地查明了《德国刑法典》第 306b 条第 2 款第 3 项规定的加重犯所需的事实前提。鉴于法律评价的一致性，其仅未查明进一步的案件事实。然而，对于《德国刑法典》第 306a 条第 1 款第 1 项或第 306a 条第 2 款规定的基本犯的构成，恰恰需要这些事实。因此，新的事实审法官有机会查明整栋建筑物包括其中的公寓因火灾遭到的毁损、暂时不能使用的可能性以及造成对住户和其他人的具体健康危险等案件事实，与此同时还有机会查明救火的过程以及对住户施救的必要措施。

审判庭不担心新查明的事实与现已查明并采纳的事实相矛盾。相反，那些补充查明的事实就尤为必要，若其确定，就会支持依据《德国刑法典》第 306b 条第 2 款第 3 项规定的情节特别严重的纵火罪定罪。通过被告对通往燃烧的电炉的两道木门采取的操纵措施以及由此造成救火工作被延误的事实，原审法院对上述加重犯的前提，即增加灭火困难，进行了准确无误的认定。

2. 对案件 2 的第 2 组犯罪行为有罪判决的撤销也意味着对相应判处的总刑期的撤销。针对情节特别严重的纵火罪判处的单一刑为 6 年零 9 个月，这被视为最终刑（《德国刑法典》第 54 条第 1 款），但审判庭认为这一量刑没有影响到对其他犯罪刑期的准确裁量。

3. 考虑到采纳案件 2 的第 2 组犯罪行为中的事实，不需要撤销对被告因犯胁迫罪（《德国刑法典》第 241 条）判处的 6 个月自由刑（判决理由的案件 2 的第 5 组犯罪行为），即使原审法院认为针对被害人 M.（默示）的犯罪以"2011 年 4 月 15 日"行为予以实现。尽管迄今为止查明的事实不支持认定构成情节特别严重的纵火罪（《德国刑法典》第 306b 条第 2 款第 3 项），但所涉行为构成《德国刑法典》第 306 条第 1 款第 1 项规定的犯罪［参见上述（二 1.c）］。从现在准确查明的事实至少可以认定被告在 2011 年 9 月 14 日写给被害人的书信中默示威胁再次实施此类犯罪。

4. 被告在法律审上诉中也提出对其 2011 年 3 月 9 日或者 10 日的行为依照《德国刑法典》第 306a 条第 1 款第 1 项被认定为情节特别严重的纵火罪未遂（判决理由的案件 2 的第 1 组犯罪行为）不服，在此范围内，鉴于联邦总检察长在申请书中提到的原因，该上诉不予支持。仅作为补充，并考虑到辩护人在 2013 年 2 月 13 日辩护意见中的反驳观点，审判庭注意到：

a）被告在建筑物的阁楼安放点火装置，故意将建筑物点燃，原审法院就此事实的认定没有错误。查明的客观发生的事实以及对此加以证明的证据可以支持上述判断。

被告辩称其不想让火灾发生，原审法院基于准确无误的证据反驳了被告的这一辩解。被告安放点火装置的高度客观危险性已对此加以证实。联邦最高法院的判例已经认定，可鉴于实行犯罪的相关客观情形从对纵火对象纵火的概率高低来推断是否存在纵火故意〔参见联邦最高法院于 1994 年 10 月 19 日的判决——法院档案编号：2 StR 359/94，《新刑法杂志》(NStZ) 1995，86；以及联邦最高法院，2009 年 7 月 14 日裁定——法院档案编号：3 StR 276/09），《新刑法杂志》(NStZ) 2010，151，152；联邦最高法院于 2010 年 2 月 4 日的判决——法院档案编号：4 StR 394/09，《新刑法杂志——判例报告》(NStZ-RR) 2010，178，179；联邦最高法院于 2010 年 3 月 4 日的裁定——法院档案编号：4 StR 62/10，《新刑法杂志——判例报告》(NStZ-RR) 2010，241；相同还可见萨尔兰州高等法院，《新刑法杂志——判例报告》(NStZ-RR) 2009，80，81〕。原审法院查明的事实虽然简要，但也足以证明被告在阁楼隐蔽处安放的装置具有极高的潜在危险。从判决的整体关联性可以看出，房屋的阁楼是木制的，因此特别容易失火。分离式电炉在屋顶下被精心安放，以致证人 G. 尽管检查了阁楼的电缆，但仍然没有发现被告安放的装置。此外，被告在计划的起火点周围放置了相当数量的装有助燃物质的桶。在以上客观情形下，如果阁楼着火，那么可以预计其火情会非常严重。即使原审法院没有进一步查明本案所涉建筑物的建筑特性，但是以上述客观情形总体来看已经足以认定被告具有《德国刑法典》第 306a 条第 1 款第 1 项规定的严重的纵火罪的行为决意。实际情形表明，尽管本案的建筑物具有混合使用的情况，但被告此前在此建筑物内长期居住，熟知该建筑物的整体性以及供人居住这一性质。

b）原审法院还准确地认定了，被告安放点火装置的行为就是严重纵火罪的直接着手。在区分（原则上）不受刑事处罚的预备阶段和应受到刑事处罚的未遂阶段时，关键在于行为人实施构成要件实行行为前，从其角度来看，他所实行终了的行为在没有受到干扰的情况下，是否不需要中间步骤就能顺利实现构成要件或者与实现构成要件形成了直接的时空关联。根据联邦最高法院的判例，这一抽象标准用于个案时要进行具体的判断；在这个框架内，可以考虑行为计划的精细程度以及从行为人的角度来看，其所采取的行为对法益的危害程度等因素［联邦最高法院于 2006 年 3 月 9 日的判决——法院档案编号：3 StR 28/06,《新刑法杂志》（NStZ）2006，331 及下一页，附有进一步的引证］。如此来看，当行为人已经按照自己的设想采取了所有必要行为来引发火灾时，包括预期会发生的其他情形，如短路或者被害人的确定参与［联邦最高法院于 1997 年 8 月 12 日的判决——法院档案编号：1 StR 234/97,《联邦最高法院刑事裁判集》（BGHSt）43，177］，再如通过打开一个事先被动过手脚的电灯开关而引发火灾［联邦最高法院于 1989 年 7 月 4 日的判决——法院档案编号：1 StR 153/89,《联邦最高法院刑事裁判集》（BGHSt）36，221，222］，纵火行为就已进入未遂阶段。在具体的个案中，若行为人启动定时装置后离开安装地点，并任事件进一步发展，那么使用——被行为人视为适宜的——定时装置来引发火灾通常构成纵火未遂［Radtke,《纵火犯罪的教义学》（Die Dogmatik der Brandstiftungsdelikte）（1998），第 248 页及下一页］。

根据上述原则判断，本案中存在直接着手。在电炉上以及电炉周围安放多个装有助燃物质的桶，把电炉通过设置好的定时开关接入电网，在被告看来，他已经做了纵火必要的所有行为。如果被告设想的进程未受到干扰，则只要等设置的时间一到，电炉就会加热从而引燃在电炉上放置的桶中的汽油，纵火便得以实现。因此，从启动点火装置到引燃这个过程不需要进一步的中间步骤或者第三人的无意识参与。原审法院准确地查明了被告在作案当日十五点半之前安放好了点火装置并将定时开关设置在了一点至两点半之间，这与被告预期的火灾存在一个时间上的紧密关联。从被告的角度来看，他由此已经给行为对象以及构成要件所保护的法益造成潜在的巨大危险。即便在设置的时间点之前可以通过切断供电或者完全拆除装置来消除这种危险，这也并不妨碍构成直接着手。根据行为人的设想所引发的对法益侵害的消除，恰恰需要通过因中止而未遂（《德国刑法典》第 24 条）来实现。

联邦最高法院法官：瓦尔、罗特富斯、瓦尔、西雷纳、拉特克
（联邦最高法院法官耶格尔教授因休假而无法履行签字）

《参考资料集》：是

《联邦最高法院刑事裁判集》：是

公开：是

上诉法院：联邦最高法院

裁定时间：2013 年 3 月 6 日

法院档案编号：1 StR 578/12

初审法院：慕尼黑第一州法院

案例 Ⅶ

引爆爆炸物罪

在认定爆炸物时,物质的存在形式,如固态、液态或气态,物质的特性是否能长久持续或者只能在刚被制造出时可用和有效,爆炸是由于外部点燃或者自燃引起,都不是决定性因素。

摘要

本案涉及故意引爆爆炸物罪的问题。被告在进行结伙盗窃时，另外一名犯罪嫌疑人以可燃气体和酸性物质的混合物注入取款机，利用电子引信引爆，意图达到取得取款机内财物的目的。被告在整个案件中负责准备可燃气体和在犯罪现场望风。初审法院认定被告构成故意引爆爆炸物罪并实施了严重结伙盗窃罪。联邦最高法院驳回了被告的法律审上诉请求。

本案对于德国法律中爆炸物范畴的界定进行了详尽论述，并阐述了《德国爆炸物法》对于危险品处理规则的立法目的是预防风险。本案从规范角度，体现了联邦最高法院在进行爆炸物的认定时，首先关注一般情况下引起爆炸反应的灵敏度，其次关注破坏力大小。

同时，本案还对犯罪预备形态的可罚性进行了探讨。

案例 Ⅶ

【法院档案编号】 3 StR 438/15
【裁定时间】 2015 年 12 月 8 日
【案件类型】 刑事案件
【案由】 引爆爆炸物罪等
【裁定结果】
联邦最高法院第 3 刑事审判庭基于联邦总检察长的申请并听取了上诉人的意见，于 2015 年 12 月 8 日依据《德国刑事诉讼法》第 349 条第 2 款的规定，一致同意作出如下裁定：
驳回被告对欧登堡州法院 2015 年 3 月 18 日判决提出的法律审上诉。上诉人承担本次法律救济程序的费用。

裁定理由

州法院因被告：

以行为单数形式实施的严重结伙盗窃罪以及在三起案件中故意引爆爆炸物罪；

以行为单数形式实施的严重结伙盗窃罪未遂以及在三起案件中故意引爆爆炸物罪；

以行为单数形式预备实施爆炸犯罪并在两起案件中共谋引爆爆炸物、实施严重结伙盗窃罪；

以行为单数形式预备实施爆炸犯罪以及共谋引爆爆炸物、实施严重结伙盗窃罪；

判处被告自由刑总刑期三年零九个月。

被告在法律审上诉中提出原判决实体法适用错误。鉴于联邦总检察长提交的申请中说明的理由，本院认为被告提出的法律审上诉无《德国刑事诉讼法》第 349 条第 2 款意义上的"显无理由"。但下列事项需要进一步研究。

1. 被告和其他四名共同被告共谋对取款机实施爆破，以将其中的现金据为己有。为此，他们计划将可燃气体和酸性物质的混合物注入取款机并插入电子引信引爆混合物。其中一名被告应首先进入事先踩点的银行网点内，安装引爆装置；与此同时，其他人应准备好需要的气瓶并在周边守候。被告的任务是在犯罪现场望风。从判决理由的案件 2 的第 8 组、第 10 组以及第 11 组犯罪行为得知，各被告虽然按照约定前往了经踩点的银行网点，但是出于意料之外的原因，即警察的追捕，他们只得放弃采取进一步的行动。

2. 州法院准确地认定了，上述案件中的所有被告还预备实施爆炸犯罪（《德国刑法典》第 310 条第 1 款第 2 项）。作为犯罪工具而准备的混合气体构成爆炸物。

a）《德国刑法典》第 308 条第 1 款、第 310 条第 1 款第 2 项规定的爆炸物应具有哪些性质，联邦最高法院至今未给出最终的说明。尤其是在使用"气体、空气混合物"的案件中，联邦最高法院只是结合《德国刑法典》第 308 条规定的犯罪或者结合先前的规定来认定爆炸物，于是，个案中是否借助爆炸物或者其他手段实施或试图实施爆炸的具体划分就不再是决定性的了［参见 1965 年 6 月 11 日的判决——法院档案编号：4 StR 245/65，《联邦最高法院刑事裁判集》（BGHSt）20, 230；1978 年 11 月 15 日的判决——法院档案编号：2 StR 456/78，《联邦最高法院刑事裁判集》（BGHSt）28, 196；2002 年 10 月 17 日的判决——法院档案编号：3 StR 153/02，《新刑法杂志》（NStZ）2003, 253；2002 年 12 月 20 日的裁定——法院档案编号：2 StR 251/02，《联邦最高法院刑事裁判集》（BGHSt）48, 147；2003 年 7 月 24 日的判决——法院档案编号：3 StR 212/02，《刑事辩护律师》（StV）2003, 540；2004 年

4月27日的裁定——法院档案编号：3 StR 112/04，《新刑法杂志》（NStZ）2004，614；2010年4月15日的裁定——法院档案编号：5 StR 75/10，《新刑法杂志》（NStZ）2010，503］。在这个问题上，刑法学界也没有形成统一的认识。学者尝试对爆炸物进行界定，还部分援引了《德国爆炸物法》里的概念，但大部分尝试缺乏系统性或详细的论证［参见Wolff，见于《莱比锡刑法典评注》（LK），第12版，第308条边码4以及第310条边码5；Krack，见于《慕尼黑刑法典评注》（MünchKomm-StGB），第2版，第310条边码5；Heine/Bosch，见于《徐恩克/施罗德刑法典评注》（Schönke/Schröder StGB），第29版，第308条边码4及以下数个边码以及第310条边码4；《拉克纳/屈尔刑法典评注》（Lackner/Kühl StGB），第28版，第308条边码2；《费舍尔刑法典评注》（Fischer，StGB），第63版，第308条边码3］。

b）《德国刑法典》最开始没有规定与爆炸物有关的犯罪。与爆炸物有关的犯罪此前规定在1884年6月9日颁布的《禁止爆炸犯罪和危害公共安全法》中［《德国爆炸物法》第5条至第7条（《帝国法律公报》（RGBl.），第61页）］，这些条款在1941年8月8日被修订［《帝国法律公报Ⅰ》（RGBl.Ⅰ），第531页］。基于该法的立法理由，帝国法院认为爆炸物是所有具有爆炸性的能够用于爆破的物质，也即所有在点燃时能使可膨胀（有弹性）的液体或气体产生强烈而迅速的膨胀并因此能造成破坏的物质［参见帝国法院于1913年12月22日的判决——法院档案编号：Ⅲ 389/13，《帝国法院刑事裁判集》（RGSt）48，72，74；1932年12月8日的判决——法院档案编号：Ⅲ 872/32，《帝国法院刑事裁判集》（RGSt）67，35，37］。帝国法院认为物质的物态不重要。其明确在爆炸物的认定方面，物质的物态，如固态、液态或气态，物质的特性是否能长久持续或只能在刚被制造出时可用和有效,爆炸是由于外部点燃引起或者自燃引起,这些都不是决定性因素[帝国法院于 1932 年 12 月 8 日的判决——法院档案编号:Ⅲ 872/32,《帝国法院刑事裁判集》(RGSt)67,35,38]。按照帝国法院的观点,物质在通常情况下是否作为爆炸物质使用或者在通常的语境下是否被理解为爆炸物,这对认定该物质是否为爆炸物也不是决定性的[帝国法院于 1913 年 12 月 22 日的判决——法院档案编号:Ⅲ 389/13,《帝国法院刑事裁判集》48,72,75 及下一页;1932 年 12 月 8 日的判决——法院档案编号:Ⅲ 872/32,《帝国法院刑事裁判集》67,35,38]。

c)帝国法院确定的"爆炸物"标准与当下的语言含义和立法目的相符,本审判庭予以采纳。这一标准也适用于《德国刑法典》第 308 条第 1 款以及第 310 条第 1 款第 2 项。

aa)上述规定的版本与 1964 年 6 月 1 日《第七部刑法修正法》[《联邦法律公报Ⅰ》(BGBl. Ⅰ),第 337 页]首次引入的第 311 条第 1 款和第 311a 条第 1 款基本一致,而当时引入的这两个条款又可以追溯至 1962 年改革草案(联邦议院出版物Ⅳ/650 第 63 页及下一页)中的第 323 条第 1 款和第 326 条第 1 款第 2 项。这一草案的目的在于将分散于各个实体法中的严重危害公共安全的犯罪,包括 1884 年《德国爆炸物法》第 5 条至第 7 条规定的犯罪,一起整合到《德国刑法典》中,同时按照法治国原则的要求科处刑罚(联邦议院出版物Ⅳ/650 第 495 页及下一页、第 498 页、第 502 页及下一页;联邦议院出版物Ⅳ/2186 第 1 页及以下数页)。由帝国法院发展出的对爆炸物概念的限制却并没有出现在法律文本中。

bb)从《德国刑法典》第 308 条第 1 款和第 310 条第 1 款第 2 项(旧《德国刑法典》第 311 条第 1 款和第 311a 条第 1 款)的内部体系中不能得出上述限制。《德国刑法典》第 308 条第 1 款意义上的爆炸也可能不是由爆炸物引发的，典型的如通过超高压引发的爆炸。与（向外）爆炸字面上相对应的内爆是否可以被认定为上述条款中规定的爆炸，对于这一问题，上文引用的文献中有部分对此表示肯定，但本审判庭对此不发表明确意见。1962年改革草案第326条第1款第2项已经包含了与爆炸物相关的犯罪预备的构成要件，构成这类犯罪预备唯一要考虑的就是行为人的行为使第三人处于一定的严重危险状况中（联邦议院出版物Ⅳ/650 第504页）。同样地，1962年刑法改革草案第323条第1款也吸收了爆炸物的概念，其中的原因显然是人们认为爆炸物是引发爆炸的主要情形（联邦议院出版物Ⅳ/650 第502页）。立法者在此将水蒸气以及照明煤气（家用燃气）与爆炸物进行了对比，但是不能因为仅仅没有对照明煤气进行进一步规定就认为立法者希望将气态的爆炸物排除在传统刑法的爆炸物概念之外。

d）1884年《德国爆炸物法》的解体也没有改变帝国法院发展出来的爆炸物概念。

aa）现代形式的《德国爆炸物法》首次在1969年8月25日通过［《联邦法律公报Ⅰ》（BGBl I），第1358页］，随后于1976年9月13日被重新修订［《联邦法律公报Ⅰ》（BGBl I），第2737页］。现行规定则可以追溯到1986年4月17日再次修订的文本［《联邦法律公报Ⅰ》（BGBl I），第577页］。尽管官方沿用了《德国爆炸物法》这样的简称，但自1969年以来，该法的完整名称以及具体的法律条文中都只使用了"有爆炸危险的物质"这一概念并在此范围内对这类物质的处理、运输和进口作出规定。

（1）直到1986年还生效的《德国爆炸物法》在界定有爆炸危险的物质时，按照其第1条的规定用化学名称编制了一个包含大量物质的附录。1976年《德国爆炸物法》在第1条第2款第1项则进一步将那些虽不具有爆炸危险但具有爆炸能力并可以用于爆破的物质也等同于爆炸物。爆炸物原则上不需要以某种要求的物态存在；但是一直以来，收录在附录中的物质在通常情况下都是固态或液态的。未列入附录但被证明是具有爆炸力的（"新"）物质适用特殊规定；这些物质被明确限定为固态物质和液态物质（1969年《德国爆炸物法》第2条第1款，1976年《德国爆炸物法》第3条第1款）。

（2）自1986年4月17日修法［《联邦法律公报Ⅰ》（BGBl Ⅰ），第577页］以来，《德国爆炸物法》不再沿用附录的方式具体列举有爆炸危险的物质，而是在第1条第1款第1句确定了延续至今的法律适用范围，即"非受到特殊的热力、机械或其他激发就可能引起爆炸的固态或液态物质以及制剂（物质）（有爆炸危险的物质）的处理、运输和进口……"紧接着，第2句作出了进一步限制，只有经精准条件下的测试（后依据欧洲规定制定了后续的版本）证明后，才能认定某种物质具有爆炸危险［就此参见联邦议院出版物10/2621第10页］。因为第1条第1款第1句对"物质"的法律定义也要适用于其他相应的条款，如第1条第2款第1句第1项（"有爆炸能力的物质虽然不具有爆炸危险，但是也可以作为爆炸物质来使用"）以及第2条规定的"新物质"，所以现在可以明确的是，《德国爆炸物法》不适用于气态物质。

bb）修订后的《德国爆炸物法》中的炸药概念禁止用于《德国刑法典》第308条第1款以及第310条第1款第2项。

（1）《德国爆炸物法》规定的是对危险品的处理规则，其立法目的是预防危险。该法的核心概念是"具有爆炸危险的物质"，这种物质的特点是，对其采取的"非不寻常的"，亦即通常的处理就可能引起燃烧、爆炸，而不需要热力、机械或静电等激发方式。《德国爆炸物法》旨在为处理这些物质以及赋予行政机关相应的行政权力创造可靠的法律基础。从《德国爆炸物法》第 1 条第 1 款第 2 句规定的限制条款就可以得出上述结论，据此，只有经过官方测试证明的才是该法所指的具有爆炸危险的物质，而法律规定中的其他物质则属于所谓的新物质（第 2 条）。就上述刑法条款保护的法益而言，仅涉及那些经过测试被证明是在"非不寻常"的处理下就具有爆炸危险的物质，本质上就会具有行政从属性，从而引发体系上的问题。刑法所指的爆炸物更多的是任何只有在"不寻常"的操作下发生反应的物质，从这个意义上讲，不寻常的手段，如引爆，在多数情况下至少都是具有主观故意的行为。在借助不寻常的手段的情况下，引爆行为所需要的能量本身不能达到对公共安全造成危险的程度。其他物质尽管也可能"同样"具有爆炸危险，但是这只取决于对这些物质的主观用途（《德国爆炸物法》第 1 条第 2 款第 1 句第 1 项）。若将这样的爆炸物概念界定标准纳入《德国刑法典》，那么在界定爆炸物的概念时就不再需要进行客观上的审查。

从立法理由来看，《德国爆炸物法》的适用范围没有限于固态物质和液态物质［联邦议院出版物 V/1268；联邦议院出版物 7/4824；联邦议院出版物 10/2621］。然而，气体通常并不会造成《德国爆炸物法》中所要求的典型危险，原因在于，气体通常是在坚固的密闭容器中处理和运输。在这种情况下引爆气体必须以"不寻常"的情状为前提。再者，其他公法条文已经在多个方面对气态物质的危险防护进行了规定。

（2）综上所述，《德国刑法典》和《德国爆炸物法》中各自使用的概念在字面意思上就有所不同，所以，两者也在各自不同的规范目的范围内被使用。这一点已经证明刑法在确定"爆炸物"这一概念时具有自主性。1969 年 8 月 25 日的立法理由［联邦议院出版物 V/1268 第 43 页及下一页］也提供了进一步的依据。立法理由指出,《德国爆炸物法》出于自身的规范目的而将"爆炸物"的概念抛诸脑后,进而不把其犯罪构成要件与之联系起来。而更早以前的 1884 年 6 月 9 日的《德国爆炸物法》也曾提到过"爆炸物",依据当时的立法理由,爆炸物是指所有可以用于爆破的物质。帝国法院在立法理由的基础上,在判例中解释了爆炸物的概念。帝国法院认为,爆炸物是指所有在点燃时能使可膨胀(有弹性)的液体或气体产生强烈而迅速的膨胀,因而适用于爆破也即能够造成破坏的物质。帝国法院的这一标准在某些情形下也被证明是过于狭窄的,因为随着经济和技术的发展,能够产生爆炸的物质也可以用来获得、制造以及加工其他具有经济价值的物质。但是,在某些情况下这一概念的外延又显得过于宽泛,因为在这一概念之下还包括起爆物质、黑火药、无烟火药以及液态空气炸药,若如此宽泛地理解《德国爆炸物法》中的爆炸物,则该法就不能实现其规范目的。因此,有必要将一系列低易爆性的爆炸物从该法的适用范围中排除。

由此我们可以再次明确:从规范目的来看,《德国爆炸物法》首先要关注的是对常规处理极为重要的爆炸物质反应的灵敏度,其次才关注反应引起的冲击波的破坏力大小。比如典型的无烟火药(如硝酸纤维素),至今仍是众多商用爆破物质的主要成分。

3. 州法院准确地认定被告在上述案件中的行为既构成预备实施爆炸犯罪(《德国刑法典》第 310 条第 1 款第 1 项),又(以行为单数的形式)共谋引爆爆炸物(《德国刑法典》第 308 条第 1 款,第 30 条第 2 款),应承担刑事责任。如果《德国刑法典》第 30 条第 1 款所规定的法定刑超过了犯罪预备的法定刑,那么《德国刑法典》第 30 条第 2 款意义上的参与犯罪未遂与可罚的犯罪预备同样构成行为单数的关系 [参见相同结论,联邦最高法院于 2001 年 1 月 24 日的判决——法院档案编号:3 StR 324/00,《联邦最高法院刑事裁判集》（BGHSt）46，266，267；同样观点见 Wolff，同上，第310条边码19；《费舍尔刑法典评注》（Fischer，StGB），同上，第310条边码9］。本案便是这一情形。

此处根据《德国刑法典》第310条第1款第2项的规定，犯罪预备不仅要求纯粹的共谋，而且要朝着完成犯罪的方向在进行。在共谋的计划未实现时，采纳层级关系理论（Stufenverhältnis）［可参见 Zaczyk，见于《诺莫斯刑法典评注》（NK-StGB），第4版，第30条边码80］对上述案件进行法律上的评价是不可行的，因为依据《德国刑法典》第308条第1款、第30条第2款以及第49条第1款的规定，共谋行为的法定刑更高。具体来说，如果《德国刑法典》第30条的规定将实行行为与共谋行为按照相同的量刑标准处以刑罚，则存在众人密谋协作的风险，在这种情况下群体效应会出现，参与人在心理上连接在一起，从而增大他们之后实施犯罪的可能性。不需要其他参与人构成要件式参与的单独的预备行为就不具有这种特殊的不法内涵。相反，这里并不是说相较于共谋，预备行为要退居次位［可参见 Heine/Bosch，见于《徐恩克/施罗德刑法典评注》（Schönke/Schröder StGB），同上，第310条边码11；Krack，见于《慕尼黑刑法典评注》（MünchKomm-StGB），同上，第310条边码15；《拉克纳/屈尔刑法典评注》（Lackner/Kühl StGB），同上，第310条边码5］，原因在于，《德国刑法典》第30条本身并不涵盖那些立法者由于其包含实质迈向犯罪既遂的步骤，而将未达到未遂阶段的预备行为评价为具有应罚性的构成要件的其他阶段的不法内涵。

联邦最高法院法官：贝克尔、胡贝特、迈尔、格里克、斯帕尼奥尔

《参考资料集》：是

《联邦最高法院刑事裁判集》: 是
公开: 是
《德国刑法典》第 30 条第 2 款、第 308 条第 1 款、第 310 条第 1 款第 2 项

1.《德国刑法典》第 308 条第 1 款、第 310 条第 1 款第 2 项规定的爆炸物是指所有在点燃时能使可膨胀（有弹性）的液体或气体产生强烈而迅速的膨胀并因此能造成破坏的物质。在认定爆炸物时，物质的存在形式，如固态、液态或气态，物质的特性是否能长久持续或者只能在刚被制造出时可用和有效，爆炸是由于外部点燃引起或者自燃引起，都不是决定性因素 [参见《帝国法院刑事裁判集》(RGSt) 67，35]。

2. 如果《德国刑法典》第 30 条第 1 款和第 2 款规定的法定刑超过了犯罪预备的法定刑，那么《德国刑法典》第 30 条第 2 款意义上的参与犯罪未遂与可罚的犯罪预备同样处于行为单数关系（《德国刑法典》第 52 条第 1 款）[参见联邦最高法院于 2001 年 1 月 24 日的判决——法院档案编号: 3 StR 324/00,《联邦最高法院刑事裁判集》(BGHSt) 46，266]。

上诉法院: 联邦最高法院
裁定时间: 2015 年 12 月 8 日
法院档案编号: 3 StR 438/15
初审法院: 欧登堡州法院

案例 Ⅷ

掳人勒索罪

积极悔罪的前提条件是，行为人让被害人回到其生活环境，放弃其所追求的目标。就此，行为人必须完全舍弃其提出的要求。

摘要

　　本案涉及的罪名是掳人勒索（指诱拐或绑架他人，从而达到勒索的目的），核心是被告是否构成"积极悔罪"。被告向被害人兜售兴奋剂药丸，并试图从中收取 500 欧元价款。由于被害人缺席了约定会面，被告感觉遭到了轻视，于是决定殴打被害人，并设计了一个圈套。被害人看到被告，立即开始逃跑却摔倒了。被告对其进行殴打并索要钱款。经过一番交涉后，被告打电话给被害人的父亲索要钱财，交钱地点为停车场。经过较长时间的谈判后，被告同意让被害人回到他父亲的车里，但仍然要求支付 500 欧元，直到警察到场。法院不认为被告的行为构成"积极悔罪"。

　　联邦最高法院认为，积极悔罪的前提条件是，行为人让被害人回到其生活环境，放弃其所追求的目标。就此，他必须完全舍弃其提出的要求。而只有当积极悔罪的全部构成要件都存在的情况下，才可能由认定事实的法官开启自由裁量、减轻处罚。

【法院档案编号】1 StR 293/16
【裁定时间】2016 年 9 月 7 日
【案件类型】刑事案件
【案由】掳人勒索罪等
【裁定结果】
经过对申诉人及联邦总检察长的听证，联邦最高法院第 1 刑事审判庭于 2016 年 9 月 7 日依据《德国刑事诉讼法》第 349 条第 2 款作出裁定：
1. 被告针对赫辛根州法院 2016 年 2 月 1 日所作判决的法律审上诉因没有根据而不被采纳。
2. 申诉人承担本法律救济程序的费用。

裁定理由

州法院分别基于掳人勒索罪与行为单数形式的危险伤害罪以及行为单数形式的两例抢劫性勒索罪未遂，对两位被告作出有罪判决。被告 J 被判处两年零十个月的自由刑。考虑到被告 S 曾有 3 次前科，对其处以三年零六个月的青少年刑罚。依据《德国刑事诉讼法》第 349 条第 2 款，被告的法律审上诉理由不成立。

一

州法院作出了如下认定和评价：

出于无法查证的原因，被告 J 和 S 向 B 兜售了 50 颗兴奋剂药丸。他们试图从 2015 年 3 月 2 日开始收取 500 欧元钱款，并据为己有。由于 B 缺席了约定于 2015 年 3 月 9 日的会面，被告感觉遭到轻视，于是决定殴打 B，主要目的是拿到钱款，其次是树立威严。被告 J

表示，必要时他会挟持及殴打 B，直到其付款。为实现这一计划，两名被告与另外被追诉的 BI 和 V 共同给 B 设了一个圈套，在 2015 年 3 月 14 日 7 时，找借口引诱 B 去了 H 地的中学。B 看到两名被告及另外两名被追诉人，马上就明白了怎么回事，于是他立即开始逃跑，却在逃跑途中摔倒。从而被两名被告、BI 和 V 追上并对其拳打脚踢。由此，B 出现了轻微脑震荡、脊椎扭伤、多处淤青和擦伤以及右太阳穴有约 1 厘米长的浅层开裂伤口，并带有栗子大小的肿血块。B 首先说，他身上没有钱，但是其住处有。

因此，两名被告与 BI 和 V 默示约定，与 B 一同开车前往其住处拿钱。他们一起上了 V 的车，为防止 B 脱离控制，他们让 B 坐在后座的中间位置。途中 B 承认，其住处也没有 500 欧元。但是，两名被告不想放弃，因此在 B 的提议下，他们决定向 B 的父亲 Bü 讨要钱款。他们打电话给 Bü，威胁如果他不替儿子交出 500 欧元，他的儿子就会被痛揍一顿。交钱地点被指定为 E 停车场。由于 Bü 表现得相当坚定，经过较长时间的谈判后，两名被告及 BI 和 V 同意让 B 回到他父亲的车里。但他们仍然要求 Bü 支付 500 欧元，直到最后同样在场的 Bü 的兄弟 M 叫来警察时，钱款仍未交付。

二

从联邦总检察长在其 2016 年 6 月 24 日的申请书中详细阐述的理由来看，无法认定存在违反《德国刑事诉讼法》第 265 条的程序异议。

三

1. 有罪判决是在无瑕疵的证据评价基础之上作出的。
2. 有关刑罚的判决中也未见明显有不利于被告的法律瑕疵。虽然存在被告让被害人回到其父亲车上的情节，接近《德国刑法典》第239a条第4款第1句所指的积极悔罪。因为在前述条文的意义上，基于被告的行为，B回到了他的生活环境。但是，未对积极悔罪作出解释并不会对被告造成不利影响。因为该案中积极悔罪的所有条件并非全部成立，故不会产生基于《德国刑法典》第239a条第4款第1句（会同《德国刑法典》第49条第1款）减轻处罚的法律效果。而只有当积极悔罪的全部前提都符合的情况下，事实审法官才有可能开启自由裁量、减轻处罚。

a）与刑法学中提倡的一种观点不同［《费舍尔刑法典评注》（Fischer, StGB），第63版，第239a条边码20；Renzikowski，见于《慕尼黑刑法典评注》（MünchKomm-StGB），第2版，第239a条边码96］，行为人仅仅不再采用《德国刑法典》第239a条第1款中的方式追求其目标，并不能迈入积极悔罪的适用领域。更多的时候，只有当行为人让被害人返回其生活环境，并且放弃其目标时，《德国刑法典》第239a条第4款第1句中可以减轻处罚的前提条件才成立。为此，行为人必须完全放弃其要求［参见Schluckebier，《莱比锡刑法典评注》（LK），第12版，第239a条边码58；相应的问题还可参见《德国刑法典》第239b条第2款会同第239a条第4款第1句，以及联邦最高法院于2003年5月21日的裁定——法院档案编号：1 StR 152/03，《新刑法杂志》（NStZ）2003, 605；2001年5月31日的裁定——法院档案编号：1 StR 182/01，《新法学周刊》（NJW）2001, 2895以及1999年12月8日的裁定——法院档案编号：3 StR 516/99，《联邦最高法院判例集》（BGHR）中针对《德国刑法典》第239a条第3款"放弃"的第2个判例］。但是，通常情况下，从释放被害人这一行为往往就能够推断出构成上述放弃行为。

aa）从法条文义中就可以得出两项前提同时成立的必要性，除了释放被害人外，法条文义还特别将放弃所追求目标作为构成积极悔罪的前提加以强调。

bb）立法资料也表明，常常相伴出现的释放被害人与放弃追求目标这两个要素是《德国刑法典》第239a条第4款第1句所规定的两个独立要件。原本只涵盖绑架儿童的《德国刑法典》第239a条，其条文前身在1971《第十二次刑法修订法》中进行了修改，使得此前的第3款、现如今的第4款中出现了关于积极悔罪的规定。当时的法律草案中仍然还是"如行为人自愿释放儿童，且不使其陷入危险，法院可行裁量减轻刑罚（第15条）……"[联邦议院出版物Ⅵ/2139第2页]，但立法者最终有意识地采纳了"放弃所追求目标"这一限制。

立法者试图通过增设当时的第3款来保护被害人。根据第3款的规定，行为人只要在行为实施终了后让被害人回到其生活环境，他就仍然有获得减刑的可能。但即便如此，立法者似乎认为"放弃所追求目标"这一限制仍然有其必要，否则行为人在拿到赎金后释放被害人这类情形也可以被涵摄到该条款的文义之下，而这种情况是无论如何不应该获得减刑的。选择这一表达方式，给予了司法实践即便在极端案件中也可以找到合适解决办法的可能性[联邦议院出版物Ⅵ/2722第3页]。对此，立法者既考虑到了预防目的，又兼顾了被害人保护，但也导致了没有被刑罚威胁吓退的行为人，不会出于对减刑的预期停止实施其计划，特别是对于现今第3款中的轻率杀人的情形。

最后，法条的形成历史以及草案增加"放弃所追求目标"这一限制性前提的有意识的决定也表明了立法者希望在停止劫持行为外，赋予"放弃所追求目标"这一要件独立的实体内容。而如果我们将"放弃所追求目标"解释为，任何放弃采用《德国刑法典》第239a条第1款中的手段去追求目标的情形就已经属于此列，则会偏离这一明确的立法决定。

cc）这一解释与条文体系也不存在矛盾。其他关于积极悔罪的条款也同样没有为行为人提供不受限制地实现减刑的"黄金通道"。仅仅停止实现其他构成要件原则上还不充分。例如，《德国刑法典》第 306e 条的前提条件是，行为人在产生较大损失前自愿扑灭了大火（类似地，《德国刑法典》第 320 条第 2 款也是如此）。始终要注意的是，即便已经越过了行为实施终了这道门槛，积极悔罪也只会在例外的情况下导致减刑。因此，积极悔罪需要满足哪些要求，完全只能从条文例外性质的角度去判断。

dd）最后，本决定所采纳的法律解释也与中止未实行终了的未遂这一平行问题中的要求相一致。对于这种情况，要满足《德国刑法典》第 24 条意义上的中止的前提条件，行为人必须全然和彻底地放弃其决意［参见联邦最高法院于 1955 年 4 月 14 日的判决——法院档案编号：4 StR 16/55，《联邦最高法院刑事裁判集》（BGHSt）7，296 以及 1979 年 8 月 23 日的判决——法院档案编号：4 StR 379/79，《新法学周刊》（NJW）1980，602］。由于一项犯罪行为是否还在未遂阶段还是已经终了，往往受意外事件的影响，因此可以主张，对积极悔罪也应当提出与中止犯罪相似的要求。

b）被告仅仅是让被害人 B 回到了其生活环境，由于他们继续坚持要被害人父亲支付 500 欧元的不法要求，因此他们没有作出《德国刑法典》第 239a 条第 4 款第 1 句中的积极悔罪。因为被告明确坚持支付 500 欧元的要求，在上述案例中也不能将释放被害人认定为他们放弃了所追求的目标。

四

有关被告 J 支付以及垫付费用的决定以《德国刑事诉讼法》第

473 条第 1 款为基础。根据《德国刑事诉讼法》第 109 条第 2 款第 1 句会同《德国少年法庭法》第 74 条，已有自己生活来源的被告 S 同样需要承担法律救济程序的费用。

联邦最高法院法官：劳姆、西雷纳、拉特克、莫斯巴赫、贝尔

《联邦最高法院刑事裁判集》：否

《联邦最高法院判例集》：是

《参考资料集》：是

公开：是

《德国刑法典》第 239a 条第 4 款第 1 句

《德国刑法典》第 239a 条第 4 款第 1 句所称的积极悔罪的前提条件是，行为人让被害人回到其生活环境，放弃其所追求的目标。就此，行为人必须完全舍弃其提出的要求。

上诉法院：联邦最高法院

裁定时间：2016 年 9 月 7 日

法院档案编号：1 StR 293/16

初审法院：赫辛根州法院

案例 IX

入室盗窃罪

房车及宿营车也是密闭的空间,能够提供更强的所有权和占有保护,当它们被作为住宅时,便形成了一种空间上的个人和私密领域。

摘要

　　入室盗窃属盗窃的特殊情形，在域外各国也多成立加重要件，然而"室"的判定标准却众说纷纭。本案中被告于晚上撬开停在高速公路停车场、内有乘客在睡觉的房车及宿营车，从车内窃取贵重物品和现金，并通过撬锁及砸窗造成了大量的财物损坏。

　　房车和宿营车是否可以构成《德国刑法典》意义上的住宅，仍然存在争议。由于入室盗窃这种犯罪行为深刻介入被害人的私密领域，并且入室还时常伴随对人的暴力以及对建筑物的毁坏，立法者加重了对入室盗窃的刑罚。因此，入室盗窃处罚较为严厉的理由，不是出于对住宅内保存物品的特别保护，而是入侵住宅对被害人的私密领域的侵犯。正是出于此种考虑，联邦最高法院认定房车及宿营车也可以成为《德国刑法典》意义上的住宅。因为它们也是密闭的空间，能够提供更强的所有权和占有保护，以及当它们被作为住宅时，形成了一种空间上的个人和私密领域，应对其予以特别保护。

【法院档案编号】1 StR 462/16
【裁定时间】2016 年 10 月 11 日
【案件类型】刑事案件
【案由】入室盗窃罪
【裁定结果】

经过对上诉人及联邦总检察长的听证，经申请，联邦最高法院第 1 刑事审判庭于 2016 年 10 月 11 日，根据《德国刑事诉讼法》第 349 条第 2 款及第 4 款、第 357 条以及第 354 条第 1 款，作出以下裁定：
1. 经由被告 K 提起法律审上诉，对维尔茨堡州法院于 2016 年 6 月 1 日所作的判决进行改判，该判决的更改同时也涉及其他两位被告 De 和 D。改判后，案件 3 的第 8 组犯罪行为中对被告的判决理由变更为行为单数形式的盗窃罪未遂以及损坏财物罪未遂。
2. 被告 K 针对以上判决的其他法律审上诉因没有根据而不被采纳。
3. 上诉人承担本次法律救济的费用。

裁定理由

1. 州法院基于被告 K 在四个案件中构成入室盗窃罪，并以行为复数的形式同时构成盗窃罪、盗窃罪未遂，其中这两项罪名又各自以行为单数的形式构成损坏财物罪，对被告 K 处以总计四年零六个月的自由刑。被告以一般性实体法适用错误为依据提起的法律审上诉，仅导致对判决理由的案件 3 的第 8 组犯罪行为中的定罪作出改变（《德国刑事诉讼法》第 349 条第 4 款，第 354 条第 1 款）；综合联邦总检察长在申请书中陈述的理由，根据《德国刑事诉讼法》第 349 条第 2 款，其他法律审上诉理由不成立。根据《德国刑事诉讼法》第 357 条，上述对定罪的改变同时也延伸适用于同案被告 De 及 D，虽然他们没有提起法律审上诉。

2. 对此，仅需要说明以下几点情况：

a）案件 3 的第 1 组犯罪行为至案件 3 的第 3 组犯罪行为以及案件 3 的第 6 组犯罪行为中对被告 K 基于入室盗窃罪（《德国刑法典》第 244 条第 1 款第 3 项），同时以行为单数形式构成损坏财物罪（《德国刑法典》第 303 条）而作出的判决理由没有法律错误。

aa）根据州法院的认定，在案件 3 的第 1 组犯罪行为和案件 3 的第 3 组犯罪行为中，被告 K 和 De，以及在案件 3 的第 6 组犯罪行为中被告 K 和 De 连同被告 D，于晚上撬开停在高速公路停车场、内有乘客在睡觉的房车及宿营车。被告从车内窃取贵重物品如手机、戒指和现金等，据为己有。撬锁及砸窗分别造成了大量的财物损坏。在判决理由的案件 3 的第 1 组犯罪行为中，被害人 V 与其一家五口睡在宿营车里，案发过程中因听到响声醒来，照进宿营车中的手电筒的灯光也照到了 V 的脸。从此，被害人 V 经常梦到这一作案行为，出现睡眠障碍，晚上经常被惊醒。

bb）停在高速公路停车场上，案发时被乘客用于过夜的房车及宿营车，属于《德国刑法典》第 244 条第 1 款第 3 项所指的住宅。

（1）联邦最高法院迄今为止还未判决房车或宿营车是否以及在满足何种条件的情况下可以被涵盖在《德国刑法典》第 244 条第 1 款第 3 项所指的"住宅"这一构成要件中。然而，根据其判例，如果房车的使用者至少临时性地将房车作为生活的中心，即不仅只是作为移动工具，而是也同时作为睡觉及饮食准备、进食的场所时，其就可以构成《德国刑法典》第 306a 条第 1 款第 1 项意义上的"作为人类住宅使用的其他空间"[联邦最高法院于 2010 年 4 月 1 日的裁定——法院档案编号：3 StR 456/09，《新刑法杂志》（NStZ）2010，519，评述参见，Bachmann/Goeck，《法律综览》（JR）2011，41 及下一页］。房车不会仅仅由于其具有两种用途就丧失了住宅性质（联邦最高法院，同上）。据此，甚至在房车在案发当时未被具体用作居住的场合，联邦最高法院也将其评价为《德国刑法典》第306a条第1款第1项意义上的作为人类住宅使用的空间。

（2）在刑法学中，房车和宿营车是否可以作为《德国刑法典》第244条第1款第3项意义上的住宅，仍然存在争议［持肯定观点的有例如Vogel，见于《莱比锡刑法典评注》(LK)，第12版，第244条边码75；Duttge，见于《德林/杜特格/勒斯纳整体刑法手册评注》(Dölling/Duttge/Rössner, Handkommentar Gesamtes Strafrecht)，第3版，第244条边码28；以及《费舍尔刑法典评注》(Fischer, StGB)，第63版，第244条边码46以及Kretschmer，见于《德国刑法典律师评注》(AnwaltKommentar StGB)，第2版，第24条边码46；在移动住宿车未长期作为住宅使用的场合持否定观点的有Kudlich，见于《查致格/施卢克比尔/维德迈尔刑法典评注》(SSW-StGB)，第3版，第244条边码42；认为任何仅仅是临时用来居住的空间不构成住宅的有Schmitz，见于《慕尼黑刑法典评注》(MünchKomm-StGB)，第2版，第244条边码58以及Schmidt，见于《马特/伦琴科夫斯基刑法典评注》(Matt/Renzikowski, StGB)，第244条边码14；对《德国刑法典》244条第1款第3项构成要件中的"住宅"这一要素进行的解释可参见Brehm，《戈尔特达默刑法档案》(GA) 2002, 153；Hellmich，《新刑法杂志》(NStZ) 2001, 511；Seier，《Günter Kohlmann祝寿文集》(2003)，第295页］。

（3）《德国刑法典》第244条第1款第3项的形成历史，特别是其条文目的，表明至少当案发时房车和宿营车确实在被用于居住，才可以将其视为"住宅"。

（aa）1998年1月26日生效的第六部刑法改革法［《联邦法律公报Ⅰ》(BGBl. Ⅰ)，第164页、第178页］，将入室盗窃从《德国刑法典》第 243 条第 1 款第 2 句第 1 项中的规则范例中分离出来，开始作为加重构成要件来评价。从此，入侵住宅盗窃的法定刑至少是其他入侵盗窃的法定刑的两倍，而且不再可以适用罚金刑。《德国刑法典》第 243 条第 2 款针对小额盗窃的宽待，也不适用于入室盗窃。对严重性略低的情形，《德国刑法典》第 244 条未作具体规定。因此，这一明显强化了刑罚的法律修订，要求对《德国刑法典》第 244 条第 1 款第 3 项意义上的住宅概念与其他属于《德国刑法典》第 243 条第 1 款第 2 句第 1 项保护范围的空间进行谨慎区分［参见联邦最高法院于 2008 年 4 月 24 日的裁定——法院档案编号：4 StR 126/08，《新刑法杂志》(NStZ) 2008，514］。《德国刑法典》第 244 条第 1 款第 3 项中的住宅概念是独立的，且应当根据该条文的特定保护目的来确定［参见 Vogel，见于《莱比锡刑法典评注》(LK)，第 12 版，第 244 条边码 75］。

入室盗窃这种犯罪行为深入侵犯到被害人的私密领域，可能导致严重的精神障碍，如长期的恐惧状态，并且入室还时常伴随对人的暴力以及对建筑物的毁坏，因此，立法者出于对这些因素的考量，加重了对入室盗窃的刑罚［联邦议院出版物 13/8587 第 43 页］。由此，特别可以确定的是，入户盗窃更为严重的理由不是出于对房屋内保存物品的特别保护，而是入侵住所对被害人的私密领域的侵犯［参见联邦最高法院于 2014 年 6 月 24 日的判决——法院档案编号：4 StR 94/01，《联邦最高法院判例集》(BGHR) 中针对《德国刑法典》第 244 条第 1 款第 3 项"住宅"的第 1 个判例；2008 年 4 月 24 日的裁定——法院档案编号：4 StR 126/08，《新刑法杂志》(NStZ) 2008，514；均附有进一步的引证］。也就是说，《德国刑法典》244 条第 1 款第 3 项中的构成要件的目的除了保护所有权，还出于加强对住宅个人和私密领域保护的目的。因此，如果行为人进入或侵入的空间不能被归入这种特别保护领域之下，则排除了该构成要件的适用。

（bb）从条文的保护目的出发，房车及宿营车也可以成为《德国刑法典》第 244 条第 1 款第 3 项意义上的住宅。因为它们也是密闭的空间，能够提供更强的所有权和占有保护，当它们被作为住宅时，便形成了一种空间上的个人和私密领域［参见 Vogel，见于《莱比锡刑法典评注》（LK），第 12 版，第 244 条边码 75；可同时参见联邦最高法院于 2010 年 4 月 1 日的裁定——法院档案编号：3 StR 456/09，《新刑法杂志》（NStZ）2010，159 涉及《德国刑法典》第 306a 条第 1 款第 1 项］。

（cc）文献中有部分观点认为，《德国刑法典》第 244 条第 1 款第 3 项的保护范围仅限于长期作为开展私人生活的核心领域的空间［参见 Schmitz，见于《慕尼黑刑法典评注》（MünchKomm-StGB），第 2 版，第 244 条边码 57；Schmidt，见于《马特/伦琴科夫斯基刑法典评注》（Matt/Renzikowski, StGB），第 244 条边码 14］或者至少是在较长时间内构成私人生活的核心领域的空间［参见 Kühl，见于《拉克纳/屈尔刑法典评注》（Lackner/Kühl StGB），第 28 版，边码 11］，审判庭不采纳这一观点。即便是仅仅被作为临时住处使用的空间，常见的如房车及宿营车，也可以成为《德国刑法典》第 244 条第 1 款第 3 项意义上的住宅，只要对它们的使用符合相应要求［参见联邦最高法院于 2001 年 5 月 1 日的裁定——法院档案编号：4 StR 59/01，《新刑法杂志——判例报告》（NStZ-RR）2002，68］。理由是，在它们被当作住处使用的期间，它们也同样可以营造出一种空间上的个人和私密领域［参见 Duttge，见于《德林/杜特格/勒斯纳整体刑法手册评注》（Dölling/Duttge/Rössner, Handkommentar Gesamtes Strafrecht），第 3 版，第 244 条边码 28；Eser/Bosch，见于《徐恩克/施罗德刑法典评注》（Schönke/

Schröder StGB 》，第 29 版，第 244 条边码 30]。即便仅作为临时使用，房车或宿营车的使用者在居留期间也将它选定为个人停留和开展活动的中心点 [参见 Kretschmer，见于《德国刑法典律师评注》（AnwaltKommentar StGB），第 2 版，第 244 条边码 46；有关宾馆房间还可参见联邦最高法院，同上，《新刑法杂志——判例报告》（NStZ-RR）2002，68；Vogel，见于《莱比锡刑法典评注》（LK），第 12 版，第 244 条边码 75 以及 Eser/Bosch，同上]。具备睡眠场所是住宅的典型特征，但这不是住宅的必要特征 [参见 Duttge，同上；《费舍尔刑法典评注》（Fischer，StGB），第 63 版，第 244 条边码 46]。尤其是，如果房车或宿营车被用于睡眠，服务于乘客的住宿，则它就是《德国刑法典》第 244 条第 1 款第 3 项意义上的住宅。对此，即便是在度假旅行中才在房车或宿营车中过夜，也足以符合。相反，并不需要以持续使用该移动住宿车为前提 [其他观点见 Kudlich，见于《查致格 / 施卢克比尔 / 维德迈尔刑法典评注》（SSW-StGB），第 3 版，第 244 条边码 42]。

（4）因此，当房车和宿营车至少被暂时性地用于住宿时，它们无论如何可以构成《德国刑法典》第 244 条第 1 款第 3 项意义上的住宅。在高速公路上的停车场过夜已经满足暂时作为住宅的条件。因此，在判决理由的案件 2 的第 1 组犯罪行为至案件 3 的第 3 组犯罪行为以及案件 3 的第 6 组犯罪行为中，侵入房车及宿营车，随后窃走车上的贵重物品，均满足《德国刑法典》第 244 条第 1 款第 3 项中入室盗窃的构成要件。

b）州法院在判决理由的案件 3 的第 8 组犯罪行为中，认定被告 K 除了构成盗窃罪未遂，还以行为单数的形式构成了（既遂的）损坏财物罪，这一判决经法律审查不成立。在这一案件中，虽然存在损坏车锁的事实，但仅仅成立损坏财物罪未遂（《德国刑法典》

第 303 条第 3 款）。审判庭同时更改对三名被告的定罪。

aa）根据州法院对此作出的认定，警察在"打击公路服务区 H 范围内的撬房车行为"这一警力投入行动的框架下，将属于巴伐利亚州所有的一辆"诱饵车"放置在公路服务区 H 内，并征调警力进行监视。2015 年 8 月 21 日 3 时 50 分左右，被告试图窃取车中位于挡风玻璃后部的钱包，据为己有。被告根据他们的作案计划分工合作。被告 De 屈膝至副驾驶位置的门锁高度，用一把刀撬开了门锁，被告 K 为其提供掩护，被告 D 坐在约 100 米开外的长椅上，保障作案现场的安全。撬车行为产生了 1000 欧元的损失。也许是由于钱包"展现"得太过明显，被告开始起了疑心，由于作案风险已经显得过高，他们中断了计划，放弃窃取钱包，一起逃入了一片相邻的树林中。

bb）虽然撬开门锁产生了显著的损失。但由于车辆所有人巴伐利亚州，通过执勤警察已然作出了同意，撬车行为客观上阻却了违法。理由是，"诱饵车"恰好就是警察作为抓捕盗窃人的诱饵而投放的。警察同意被告撬开车辆，以便监视被告试图窃取挡风玻璃后面的钱包，并基于被告的这一行为突袭他们。只是从被告并不知晓该同意来看，还缺少主观阻却违法要素。因此，虽然存在财产损坏，但被告仅因以行为单数的形式同时构成特别严重情形下的盗窃罪未遂（《德国刑法典》第 242 条、第 243 条第 1 款第 2 句第 1 项）与损坏财物罪未遂（《德国刑法典》第 303 条 3 款）而受到刑罚处罚。并且，由于诱饵车不是一辆用于居住的车辆，且被告也没有对此产生认识错误，州法院没有将该行为认定为入室盗窃罪未遂（《德国刑法典》第 244 条第 1 款第 3 项及第 2 款、第 22 条），也是正确的。

cc）因此，根据《德国刑事诉讼法》第 354 条第 1 款，审判庭改变判决理由的案件 3 的第 8 组犯罪行为中的定罪，改为以行为单数形式同时触犯特别严重情形下的盗窃罪未遂与损坏财物罪未遂。该判决不违反《德国刑事诉讼法》第 265 条。审判庭不认为，假设州法院在即使存在财物损坏的情况下，仍然认定盗窃罪未遂以行为单数形式同时触犯的损坏财物罪仅仅成立未遂，就会对被告 K 的该行为判处更低的单一刑罚。

dd）根据《德国刑事诉讼法》第 357 条，对定罪的改变也同时延伸适用于其他未提出法律审上诉的同案被告。同样地，在此范围内，审判庭不认为法院在涵摄不存在法律错误的情况下会对被告判处更低的刑罚。

3. 根据《德国刑事诉讼法》第 473 条第 1 款及第 4 款，作出费用承担决定，鉴于法律审上诉只取得了轻微的部分胜诉，由被告 K 承担全部的法律救济程序费用并非不合理。

联邦最高法院法官：格拉夫、耶格尔、西雷纳、拉特克、莫斯巴赫

《联邦最高法院刑事裁判集》：是

《联邦最高法院判例集》：是

《参考资料集》：是

公开：是

《德国刑法典》第 244 条第 1 款第 3 项

房车及宿营车至少被暂时性用于住宿时，无论如何都可以构成《德国刑法典》第 244 条第 1 款第 3 项意义上的住宅。

上诉法院：联邦最高法院

裁定时间：2016 年 10 月 11 日

法院档案编号：1 StR 462/16

初审法院：维尔茨堡州法院

案例 X

严重伤害罪

在归责的思考中构建被害人的一种义务，使其在更高层面上接受"可期待的"（后续）手术和其他艰难的治疗措施，以免除给行为人施加更重的刑罚，这与正义感是背道而驰的。

摘要

本案涉及严重伤害罪和危险伤害罪适用的问题。被告使用遥控器和刀具攻击被害人，造成被害人严重伤害，由于被害人放弃了必要的康复治疗，造成其左手基本丧失了使用功能。联邦最高法院驳回了被告法律审上诉请求，但基于检察机关的法律审上诉请求，撤销原判。

本案着重对因被害人放弃治疗造成的严重伤害结果能否减轻犯罪人刑罚这一问题进行了探讨。联邦最高法院倾向于在判决时考量故意伤害是否造成肢体的功能丧失，以至于其不能再被继续使用，并且该肢体损伤造成了重大的实质性影响；相反，并不一定要求其功能全部丧失。即使被害人未采取医疗措施以消除或减轻已产生的损害，也不会导致将这种由行为人所带来的严重结果排除出其应罚性的衡量标准。

同时，本案也对严重挑衅在具体量刑时的影响进行了论述。

【法院档案编号】5 StR 483/16
【判决时间】2017 年 2 月 7 日
【案件类型】刑事案件
【案由】严重伤害罪等
【判决结果】
联邦最高法院第 5 刑事审判庭于 2017 年 2 月 7 日开庭审判，作出如下判决：
1. 驳回被告于 2016 年 6 月 9 日就开姆尼茨州法院的判决提出的法律审上诉请求。
法律审上诉费用以及附加诉讼人因此产生的必要费用由被告承担。
2. 基于检察机关的法律审上诉，撤销之前的判决及相关决定。
在撤销的判决中所有关于本案应重新判决以及审理费用和法律审上诉程序中附加诉讼人产生的必要费用等事宜都将发回给州法院普通刑事审判庭重新审理。

判决理由

州法院因行为单数形式的严重伤害罪和由初级法院判处罚金刑的危险伤害罪，对被告判处自由刑总刑期两年，缓期执行。对此，被告基于实体法适用错误提出法律审上诉；被告上诉理由不成立。而检察院同样基于实体法适用错误提出不利于被告的法律审上诉，该法律审上诉由联邦总检察长代理，相反，在法律后果裁定的范围内，该上诉取得了成功。

一

1. 州法院确定了以下事实：
被告与附加诉讼人居住在难民营的同一间房间，由于被告在附加诉讼人服刑期间一直追求其女友，被告与附加诉讼人的关系逐渐恶化。因此附加诉讼人在其被释放后于 2013 年 6 月 6 日搬离该房间，并在每次碰见被告时都以具有攻击性的言语相向。

2013 年 6 月 26 日晚，附加诉讼人与一名熟人共同来到被告与其新室友所居住的难民营的房间。附加诉讼人想要拿走属于他的天线电缆，此时被告正在看电视。二人因此发生口角（原判决第 9 页）。附加诉讼人辱骂被告，然后动手打了被告一个耳光。接着被告拿起电视遥控器用力打了附加诉讼人的嘴。与附加诉讼人共同前往的该名熟人和被告的室友努力将二人分开。与此同时，附加诉讼人退到房间前的过道，而被告去取了一把菜刀。被告追向附加诉讼人并持刀多次砍向其身体和脖子的方向，附加诉讼人出于防卫用手挡住了刀。扭打过程中，附加诉讼人退到了该楼层的公共厨房。他接着对被告说："你够了吗？你要停止还是要继续？"于是被告放下刀，退到一边。这样附加诉讼人才能够离开该厨房。

被告使用遥控器的殴打造成附加诉讼人的上颚骨断裂、上颚骨前侧两颗牙齿脱落及多颗牙齿的松动。由于被告持刀攻击附加诉讼人，致使其左手掌四指的屈肌腱和神经断裂，还有一处可能危及生命的动脉损伤。因此其不得不接受紧急手术。该损伤致使附加诉讼人左手无法完全伸展开手指或握紧拳头。其左臂在天气寒冷、快速抓取或负重时都会产生电击般的疼痛。根据州法院作为判决依据的医学专家的鉴定陈述，附加诉讼人左手基本已经丧失了使用功能，不存在明显改善的可能。然而其手指的功能受限在一定程度上也要归咎于附加诉讼人放弃了对损伤的愈后护理。他没有根据第一次手术后神经外科及外科的会诊结果，进行建议的恢复性物理治疗。如果其正常进行该物理治疗，其手指活动受限的状况会明显得到改善（原判决第 20 页）。

2. 州法院认定，被告致使附加诉讼人左手手指不能再使用，构成行为单数形式的严重伤害罪（《德国刑法典》第 226 条第 1 款第 2 项第二种情况）和危险伤害罪（《德国刑法典》第 224 条第 1 款第 2 项、第 5 项）。由于双方争执的起因是附加诉讼人的挑衅行为，因此在量刑时认定存在《德国刑法典》第 226 条第 3 款意义上的情节较轻的严重伤害罪。出于对相同的因素的考量，也认定存在《德国刑法典》第 224 条第 1 款第二种情况意义上的情节较轻的危险伤害罪。

在具体量刑时，刑事陪审法庭也将附加诉讼人"在先的挑衅和侮辱行为"、其"无理入侵被告房间"，以及该犯罪行为已经发生较长时间等有利于被告的事实纳入考虑。另外，量刑时也考虑了附加诉讼人所受伤害导致其无法继续从事理发师职业的刑罚加重因素。但对此有所保留的原因在于，"附加诉讼人无法从事理发工作的一部分原因，是由于其没有遵医嘱进行必要的术后护理及恢复性治疗"（原判决第 21 页及下一页）。

二

被告的上诉理由不成立。

1. 查明的事实为《德国刑法典》第 226 条第 1 款第 2 项第二种情况的适用提供了正当化依据。

a）判断某一重要肢体是否在《德国刑法典》第 226 条第 1 款第 2 项的意义上不能再使用时，应查明全部事实，即该故意伤害是否造成如此多的功能丧失，以至于该肢体不能再被继续使用，并且该肢体损伤造成了重大的实质性影响；相反，并不一定要求该肢体功能全部丧失［参见联邦最高法院于 2007 年 3 月 15 日的判决——法院档案编号：4 StR 522/06,《联邦最高法院刑事裁判集》（BGHSt）

51，252，257；2008 年 11 月 6 日的判决——法院档案编号：4 StR 375/08，边码 9；2014 年 1 月 15 日的裁定——法院档案编号：4 StR 509/13，《新刑法杂志》（NStZ）2014，213，均附有进一步的引证］因此，对于州法院所持观点，即根据《德国刑法典》第 226 条第 1 款第 2 项，本案所涉及的人身伤害不仅仅导致附加诉讼人的手指不能使用，而是其整个左手在很大程度上不能再使用，从法律角度而言并不存在问题。

b）毋庸置疑的是，本案中持刀殴打行为所固有的危险在严重结果中得以实现，这正是《德国刑法典》第 226 条及第 227 条范围内所需的［参见《拉克纳/屈尔刑法典评注》（Lackner/Kühl StGB），第 28 版，第 226 条边码 1］。对于该严重结果的可预见性，应以具体情境以及行为人的个人认知和能力为标准；如果从该角度来看，结果超出了生活盖然性的范围，那么该结果便不能归责于行为人［有关《德国刑法典》第 227 条均参见联邦最高法院于 2006 年 3 月 16 日的判决——法院档案编号：4 StR 536/05，《联邦最高法院刑事裁判集》（BGHSt）51，18，21；2012 年 6 月 20 日的判决——法院档案编号：5 StR 536/11，《新法学周刊》（NJW）2012，2453］。

以此为依据，被告能够预见加重结果的发生。对于被告而言，附加诉讼人用手抵挡朝其脖子和头部方向而来的猛烈刀击以及因此造成严重伤害的危险是显而易见的。即使附加诉讼人放弃后续治疗"共同导致"了部分运动受限的后果，也不能改变其可预见性。因为从医学的角度来看，一个严重受伤的人可能表现出的非理性行为，在被告了解附加诉讼人社会生活环境的背景下，并未完全超出常识范围［参见联邦最高法院于 1994 年 3 月 9 日关于伤害致死罪的判决——法院档案编号：3 StR 711/93，《新刑法杂志》（NStZ）1994，394；2000 年 3 月 8 日的裁定——法院档案编号：3

StR 69/00]。

c）州法院没有审查，是否出于上述原因，缺少对"不能再使用"这一构成要件要素的归责关联。但是，与联邦总检察长的观点相反，此处并不存在法律错误。

aa）但是，根据文献中的观点，如果严重结果的持续性或"长期性"本可以通过被害人自己采取措施来消除或减轻，那么这个后果就不能归责于行为人 [详见 Hardtung，见于《慕尼黑刑法典评注》（MünchKomm-StGB），第 2 版，第 226 条边码 42；Stree/Sternberg-Lieben，见于《徐恩克/施罗德刑法典评注》（Schönke/Schröder StGB），第 29 版，第 226 条边码 5；Hirsch，见于《莱比锡刑法典评注》（LK），第 11 版，第 226 条边码 17]。而手术的成功预期以及手术所存在的风险应作为重要的评价标准；否定可期待性的情形则可能包含例如被害人无法负担必要的医疗费用，而且没有第三方为其出资 [参见 Hardtung，见于《慕尼黑刑法典评注》（MünchKomm-StGB），同上；Stree/Sternberg-Lieben，见于《徐恩克/施罗德刑法典评注》（Schönke/Schröder StGB），同上，第 226 条边码 1a]。

bb）本审判庭无法采纳上述观点，而是与联邦最高法院此前的判例持相同观点 [参见联邦最高法院于 1962 年 3 月 2 日的判决——法院档案编号：4 StR 536/61，《联邦最高法院刑事裁判集》（BGHSt）17，161，164 及下一页；联邦最高法院于 1966 年 11 月 8 日的裁定——法院档案编号：1 StR 450/66，《新法学周刊》（NJW）1967，297，298；1972 年 2 月 29 日的判决——法院档案编号：5 StR 400/71——对此保留意见，《联邦最高法院刑事裁判集》（BGHSt）24，315，318；以及联邦最高法院于 2008 年 7 月 8 日的裁定——法院档案编号：3 StR 190/08，《新刑法杂志》（NStZ）2009，92，93（针对《德国刑法典》第 227 条）]。

（1）《德国刑法典》第 226 条规定的升高的法定刑与行为人有责造成的法益侵害程度相关。对这一判断而言，判决的时间点原则上是决定性的［Stree/Sternberg-Lieben，见于《徐恩克/施罗德刑法典评注》（Schönke/Schröder StGB），同上，第 226 条边码 5］。基于其伤害行为，即持刀砍伤附加诉讼人手指屈肌腱和神经，被告可以预见到被害人左手功能永久丧失的持续性。身体伤害不必是造成不可挽回损害的唯一原因［参见《帝国法院刑事裁判集》（RGSt）27，80］。因此完全实现了《德国刑法典》第 226 条第 1 款第 2 项的构成要件。

（2）即使被害人未采取医疗措施以消除或减轻已产生的损害，也不会导致将这种由行为人所带来的严重结果排除出其应罚性的衡量标准［参见联邦最高法院于 1962 年 3 月 2 日的判决——法院档案编号：4 StR 536/61，同上］。《德国刑法典》第 226 条适用范围内的伤情极度严重的被害人，除非其存在极端恶意等特殊情况，否则通常不会从行为人的角度来审视其没有继续接受进一步治疗的理由，即使根据医疗评估看来，治疗是有意义的。对此尤其要提到每项手术所带来的风险、伤痛以及对后续治疗带来的疼痛的恐惧感。在归责的思考中构建被害人的一种义务，使其在更高层面上接受"可期待的"（后续）手术和其他艰难的治疗措施，以免除给行为人施加更重的刑罚，这与正义感是背道而驰的［联邦最高法院，同上；《帝国法院刑事裁判集》（RGSt）27，80］。此外，法院的判决可能会证明，遭受了不可逆转的伤害的被害人并不一定会受到持久的损害［Stree/Sternberg-Lieben，同上，第 226 条边码 1a］。

（3）进一步而言，文献中所援引的所谓重要的评价标准，事实上也是"含混不清"的［对此也可见 Hardtung，见于《慕尼黑刑法典评注》(MünchKomm-StGB)，同上]。对于被害人所经受的治疗风险、痛苦以及其他艰辛而言，也没有一个可据此衡量"期待"被害人承受以及令人信服的法律标准。在此范围内，刑事司法的任务也不应该是评估那些通常受到多种因素影响，且阻碍被害人接受进一步治疗的动机。审判庭曾多次就一些案件作出裁决，在这些案件中，伤势严重的被害人在庭审阶段就已饱受多次手术痛苦。尚不清楚如何通过"可期待性"的标准来判断筋疲力尽的被害人是否还应该进行进一步的手术，经专家评估，进一步的手术可能在很大程度上改善被害人的健康状况，从而使其不再达到《德国刑法典》第226条第1款所要求的严重程度。如果在可期待性考虑的框架下，还要考虑被害人所需治疗的经济可负担性，并对其现有的财务资源进行"合理"的使用[正如 Hardtung，见于《慕尼黑刑法典评注》(MünchKomm-StGB)，同上]，那么最终的裁决就只能取决于偶然[联邦最高法院于1962年3月2日的判决——法院档案编号：4 StR 536/61]。因此，文献中所支持的观点恰如其分地质疑了法定刑的明确性(《德国基本法》第103条第2款，《德国刑法典》第1条、第2条)。

2. 对被告以行为单数形式构成的危险伤害罪的定罪维持原判。被告实施了一个严重伤害行为(《德国刑法典》第226条第1款第2项)以及一个以危害生命的方式伤害他人的行为(《德国刑法典》第224条第1款第5项)。至少在这种犯罪实施形式中，危险伤害行为与严重伤害行为构成行为单数，原因在于，《德国刑法典》第226条第1款第2项中规定的严重结果既非必然、也不通常通过(抽象)危害生命的行为来实现[联邦最高法院于2008年10月21日的裁定——法院档案编号：3 StR 408/08，《联邦最高法院刑事裁判集》(BGHSt) 53，23，24]。

3. 本案的量刑没有不利于被告的法律错误。州法院在量刑时也将附加诉讼人"共同造成"本案严重结果这一事实作为一个刑罚减轻的因素纳入了考量范围。

三

根据检察院提出的法律审上诉,撤销原有判决。刑事陪审法庭的量刑在选择刑罚幅度上存在重大法律错误。

刑事陪审法庭依据本案附加诉讼人在案发前的挑衅行为以及联邦最高法院的相关司法判例,认定被告构成情节较轻的严重伤害罪及危险伤害罪。据此,如果被告的严重伤害行为以及危险伤害行为是因为毫无缘由的严重挑衅而刺激的,那么通常应当认定为情节较轻。在这种情况下,若被认定为故意杀人罪(未遂),根据《德国刑法典》第213条第一种情形则必然导致刑罚的减轻[联邦最高法院于2004年8月10日的裁定——法院档案编号:3 StR 263/04,《刑事辩护律师》(StV)2004,654;2011年3月17日的判决——法院档案编号:5 StR 4/11,《刑事辩护律师论坛》(StraFo)2012,24,均附有进一步的引证]。

然而,《德国刑法典》第213条的构成要件要求挑衅和行为人的犯行应有必要的相关性,而这一相关性在本案的判决理由中未被提及。本案中被告多次被附加诉讼人针对,因此决定和附加诉讼人"一次性把所有问题解决"(原判决第20页),并追逐因刀伤变得虚弱且已离开其房间的附加诉讼人。因此,被告对受到侮辱或对其施加身体伤害的愤怒,至少在持刀砍伤这一行为上,不是触犯犯罪的直接原因[Jähnke,见于《莱比锡刑法典评注》(LK),同上,第213条边码11附有进一步的引证]。由于州法院在选择刑罚幅度时没有明确这一问题,因此存在重大法律错误,使得整个判决丧失了依据。

四

1. 本案须重新进行审理和判决。根据《德国法院组织法》第 74 条第 2 款，本案不存在故意杀人情节，因此将该案交由另一普通刑事审判庭重新审理。

2. 对于即将进行的审理，本审判庭在此指明：

a）如果接下来负责此案的法院仍认定此案涉及《德国刑法典》第 213 条第一种情形，则不应在对被告量刑时，将附加诉讼人的挑衅行为再次作为刑罚减轻的因素。尽管可能有必要对各种导致刑罚幅度减轻的具体情况的性质和程度进行考量，且在刑罚轻重裁量时考虑其所占比重[参见联邦最高法院于 1984 年 7 月 21 日的判决——法院档案编号：1 StR 330/84，《新刑法杂志》（NStZ）1984，548；1976 年 3 月 24 日的裁定——法院档案编号：2 StR 101/76，《联邦最高法院刑事裁判集》（BGHSt）26，311，312；1987 年 4 月 8 日的裁定——法院档案编号：2 StR 91/87，1992 年 12 月 9 日的裁定——法院档案编号：2 StR 535/92，《联邦最高法院判例集》（BGHR）中针对《德国刑法典》第 50 条"刑罚轻重裁量"的第 2 个与第 5 个判例]。然而导致刑罚幅度减轻的理由本身在此方面就被排除[参见《联邦最高法院判例集》（BGHR）中针对旧版《德国刑法典》第 223a 条第 1 款"共同性"的第 2 个判例；《联邦最高法院判例集》（BGHR）中针对《德国刑法典》第 46 条第 2 款"整体评价"的第 2 个与第 5 个判例]。

b）在被撤销的判决中，并未找到刑事陪审法庭将附加诉讼人"未经允许擅自闯入他人房间"视为刑罚减轻的依据。

c）在对本案总刑期进行计算时，应将弗莱贝格初级法院于 2014 年 11 月 20 日就 2012 年 11 月 19 日的犯罪行为所判处的单一自由刑纳入考量。因本案发生于 2014 年 11 月 20 日之前，这是唯一需要考虑的因素，所以与州法院的观点相反（原判决第 23 页）。由于之前弗莱贝格初级法院及德累斯顿初级法院所作出的判决已生效，故不（再）产生分隔作用 [参见 Schäfer/Sander/van Gemmeren,《量刑实务》(Praxis der Strafzumessung)，第 5 版，边码 1247；Sander,《新刑法杂志》(NStZ) 2016，584，588]。

联邦最高法院法官：桑德尔、施耐德、德尔普、克尼格、贝尔格尔

《参考资料集》：是

《联邦最高法院刑事裁判集》：是

公开：是

《德国刑法典》第 226 条第 1 款第 2 项

某一肢体不能再使用原则上并不取决于被害人是否没有接受对其可能的医学治疗。

上诉法院：联邦最高法院

判决时间：2017 年 2 月 7 日

法院档案编号：5 StR 483/16

初审法院：开姆尼茨州法院

缩写翻译

缩写	德语全称	中文翻译
AfP	Zeitschrift für Medien-und Kommunikationsrecht	《媒体通信法杂志》
AHKG	Gesetz der Alliierten Hohen Kommission	《同盟国高级委员会法》
Aufl.	Auflage	版数
AZR	Registerzeichen, das beim Bundesarbeitsgericht für Revisionsverfahren verwendet wird	德国联邦劳动法院法律审上诉案件的登记标识
BAGE	Sammlung der Entscheidungen des Bundesarbeitsgerichts	《联邦劳动法院裁判集》
BeckOK BGB	Beck'scher Online-Kommentar zum BGB	《贝克网络民法典评注》
BeckOK StGB	Beck'scher Online-Kommentar StGB	《贝克网络刑法典评注》
BeckRS	Beck-Rechtsprechung	《贝克裁判数据库》
BGBl.	Bundesgesetzblatt	《联邦法律公报》
BGHSt	Entscheidungen des Bundesgerichtshofes in Strafsachen	《联邦最高法院刑事裁判集》
BGHR	Rechtsprechung（sammlung）des BGH	《联邦最高法院判例集》
BGHZ	Entscheidungssammlung des Bundesgerichtshofes in Zivilsachen	《联邦最高法院民事裁判集》

续表

缩写	德语全称	中文翻译
BT-Drucks.	Bundestag-Drucksache	《联邦议院出版物》
BVerfGE	Entscheidungen des Bundesverfassungsgerichts	《联邦宪法法院裁判集》
BvL	Registerzeichen, das beim Bundesverfassungsgericht für Normenkontrollverfahren verwendet wird	德国联邦宪法法院法规审查程序的登记标识
DAR	Deutsches Autorecht（Fachzeitschrift）	《德国汽车法（杂志）》
DB	Der Betrieb	《企业（杂志）》
DJZ	Deutsche Juristen-Zeitung	《德意志法学家报》
DR	Deutsches Recht（Zeitschrift）	《德国法（杂志）》
EWiR	Entscheidungen zum Wirtschaftsrecht（Zeitschrift）	《经济法裁判（杂志）》
Fischer, StGB	Fischer Strafgesetzbuch: StGB	《费舍尔刑法典评注》
GA	Goltdammer's Archiv für Strafrecht	《戈尔特达默刑法档案》
GRUR	Gewerblicher Rechtsschutz und Urheberrecht	《工业产权和著作权（杂志）》
GSSt	Großer Senat für Strafsachen	大刑事审判庭
GuT	Gewerbemiete und Teileigentum	《商业租赁和部分所有权（杂志）》
HmbKomm-InsO	Hamburger Kommentar zum Insolvenzrecht	《汉堡破产法评注》
IPRspr（JPRspr）	Deutsche Rechtsprechung auf dem Gebiet des Internationalen Privatrechts（Zeitschrift）	《德国国际私法司法实践（杂志）》
JA	Juristische Arbeitsblätter	《法律工作报》

续表

缩写	德语全称	中文翻译
JR	Juristische Rundschau	《法律综览》
Jura	Juristische Ausbildung	《法学教育》
JurBüro	Das juristische Büro	《司法办公室（杂志）》
juris-PK-BGB	Juris PraxisKommentar BGB	《Juris民法典实务评注》
JuS	Juristische Schulung（Zeitschrift）	《法学训练（杂志）》
JW	Juristische Wochenschrift	《法学周刊》
JZ	Juristenzeitung	《法律人报》
KGR	Rechtsprechungsreport des Kammergerichts Berlin	《柏林高等法院判例集》
Lackner/Kühl StGB	Lackner/Kühl Strafgesetzbuch Kommentar	《拉克纳/屈尔刑法典评注》
LK	Leipziger Kommentar Strafgesetzbuch	《莱比锡刑法典评注》
LM	Nachschlagewerk des BGH（herausgegeben von Lindenmaier-Möhring）	《联邦最高法院参考文献》（林登迈尔-莫林主编）
LR, StPO	Löwe/Rosenberg Die Strafprozessordnung und das Gerichtsverfassungsgesetz	《罗威-罗森贝格刑事诉讼法评注》
Matt/Renzikowski, StGB	Matt/Renzikowski Strafgesetzbuch Kommentar	《马特/伦琴科夫斯基刑法典评注》
MDR	Monatszeitschrift des Deutschen Rechts	《德国法月刊》
MünchKomm-AktG	Münchener Kommentar zum Aktiengesetz	《慕尼黑股份公司法评注》

续表

缩写	德语全称	中文翻译
MünchKomm-BGB	Münchener Kommentar zum Bürgerlichen Gesetzbuch	《慕尼黑民法典评注》
MünchKomm-InsO	Münchener Kommentar zur Insolvenzordnung	《慕尼黑破产法评注》
MünchKomm-StGB	Münchener Kommentar zum Strafgesetzbuch	《慕尼黑刑法典评注》
NJOZ	Neue Juristische Online Zeitschrift	《新法学在线杂志》
NJW	Neue juristische Wochenschrift	《新法学周刊》
NJW-RR	Neue Juristische Wochenschrift – RechtsprechungsReport	《新法学周刊：判例报告》
NK-BGB	Nomos-Kommentar zum BGB	《诺莫斯民法典评注》
NK-StGB	Nomos-Kommentar zum Strafgesetzbuch	《诺莫斯刑法典评注》
NStZ	Neue Zeitschrift für Strafrecht	《新刑法杂志》
NStZ-RR	Neue Zeitschrift für Strafrecht Rechtsprechungsreport	《新刑法杂志——判例报告》
NVwZ	Neue Zeitschrift für Verwaltungsrecht	《新行政法杂志》
NZG	Neue Zeitschrift für Gesellschaftsrecht	《新公司法杂志》
NZI	Neue Zeitschrift für das Recht der Insolvenz und Sanierung	《新破产和重组法杂志》
NZM	Neue Zeitschrift für Miet- und Wohnungsrecht	《新租赁和住房法杂志》
OGHZ	Entscheidungen des Obersten Gerichtshofs für die britische Zone in Zivilsachen	《英占区最高法院民事裁判集》

续表

缩写	德语全称	中文翻译
OLGE	Sammlung der Rechtsprechung der Oberlandesgerichte（Band und Seite）	《州高等法院民事裁判汇编》（册数和页数）
OLGZ	Entscheidungen der Oberlandesgerichte in Zivilsachen（Jahr und Seite）	《州高等法院民事裁判集》（年份和页数）
Palandt BGB	Palandt Bürgerliches Gesetzbuch	《帕兰特民法典评注》
RdL	Recht der Landwirtschaft（Zeitschrift）	《农业法（杂志）》
Rdn.	Randnummer	边码
RG	Reichsgericht	帝国法院
RGBl.	Reichsgesetzblatt	《帝国法律公报》
RG Rspr.	Rechtsprechung des Reichsgericht	《帝国法院判例集》
RGSt	Entscheidungen des Reichsgerichts in Strafsachen	《帝国法院刑事裁判集》
RGZ	Entscheidungssammlung des Reichsgerichts in Zivilsachen	《帝国法院民事裁判集》
SchlHA	Die Schleswig-Holsteinische Anzeigen	《石荷州通报》
SchwarzArbG	Schwarzarbeitsbekämpfungsgesetz	《反非法劳工法》
Schönke/Schröder StGB	Schönke/Schröder Strafgesetzbuch Kommentar	《徐恩克/施罗德刑法典评注》
SeuffA	Seufferts Archiv für Entscheidungen der obersten Gerichte in den deutschen Staaten	《佐伊费特德意志帝国各邦最高法院裁决档案》
SK-StGB	Systematischer Kommentar zum Strafgesetzbuch	《刑法典体系性评注》
SpuRt	Zeitschrift für Sport und Recht	《体育与法律杂志》

续表

缩写	德语全称	中文翻译
SSW-StGB	Satzger / Schluckebier / Widmaier Strafgesetzbuch - Kommentar	《查致格/施卢克比尔/维德迈尔刑法典评注》
StV	Strafverteidiger	《刑事辩护律师》
StraFo	Strafverteidiger Forum	《刑事辩护律师论坛》
StrRG	Gesetz zur Reform des Strafrechts	《刑法改革法》
Tröndle/Fischer StGB	Tröndle/Fischer Strafgesetzbuch und Nebengesetze	《特伦德尔/费舍尔刑法典评注》
UFITA	Archiv für Medienrecht und Medienwissenschaft	《媒体法和媒体学档案》
UrhRspr.	Rechtsprechung zum Urheberrecht: : Entscheidungssammlung mit Anmerkungen	《著作权法判裁判集》
VersR	Versicherungsrecht	《保险法（杂志）》
VIZ	Zeitschrift für Vermögens- und Investitionsrecht	《财产和投资法杂志》
wistra	Zeitschrift für Wirtschafts- und Steuerstrafrecht	《经济与税务刑法杂志》
WM	Zeitschrift für Wirtschafts- und Bankrecht	《经济与银行法杂志》
WRP	Wettbewerb in Recht und Praxis	《竞争法与实践（杂志）》
WuM	Wohnungswirtschaft und Mietrecht （Zeitschrift）	《住房经济和租赁法（杂志）》
ZfBR	Zeitschrift für deutsches und internationales Bau- und Vergaberecht	《德国和国际建筑法杂志》

续表

缩写	德语全称	中文翻译
Zfs	Zeitschrift für Schadensrecht	《赔偿法杂志》
ZfWG	Zeitschrift für Wett- und Glücksspielrecht	《博彩与赌博法杂志》
ZGS	Zeitschrift für das Gesamte Schuldrecht	《全债法杂志》
ZMR	Zeitschrift für Miet- und Raumrecht	《租赁和场所法杂志》
ZR	Zivilrecht	民法
ZStW	Zeitschrift für die gesamte Strafrechtswissenschaft	《整体刑法学杂志》

图书在版编目(CIP)数据

德国联邦最高法院裁判精选 / 国家法官学院,德国国际合作机构编著. -- 北京:中国法治出版社,2025.6. -- ISBN 978-7-5216-4975-8

Ⅰ. D951.6.

中国国家版本馆 CIP 数据核字第 2025QC2195 号

责任编辑:周琼妮　　　　　　　　　　装帧设计:杨泽江

德国联邦最高法院裁判精选
DEGUO LIANBANG ZUIGAO FAYUAN CAIPAN JINGXUAN

编著 / 国家法官学院　德国国际合作机构
经销 / 新华书店
印刷 / 应信印务(北京)有限公司
开本 / 880 毫米×1230 毫米　32 开　　　　印张 / 9.25　字数 / 223 千
版次 / 2025 年 6 月第 1 版　　　　　　　　2025 年 6 月第 1 次印刷

中国法治出版社出版
书号 ISBN 978-7-5216-4975-8　　　　　　　定价:45.00 元

北京市西城区西便门西里甲 16 号西便门办公区
邮政编码:100053　　　　　　　　　　　传真:010-63141600
网址:http://www.zgfzs.com　　　　　　　编辑部电话:010-63141805
市场营销部电话:010-63141612　　　　　印务部电话:010-63141606

(如有印装质量问题,请与本社印务部联系。)